租税法

浅妻章如・酒井貴子

［著］

NBS
Nippyo
Basic Series

日評ベーシック・シリーズ

日本評論社

はしがき

　多くの場合、教科書・概説書は限られた紙幅で網羅的かつ体系的に知識を学生に伝達するため、浅く広く解説することを目指します。本書の筆者二人のこれまでの執筆経験と教育経験に照らして、少なからずの学生にとって、教科書・概説書の情報を咀嚼することが難しくなっている場合もあるのではないか、という懸念があります。

　本書は、浅く広く解説するというスタイルを採らない代わりに、租税法の面白さを感じ取っていただくべく、初学者が躓きやすい核となる判例・裁判例等を紙幅の割には深めに掘り下げて解説することを試みました。紙幅を増やせば（それこそ法学部三種の鈍器と呼ばれる体系書等のように）、網羅性と深さを両立できますが、学生に手に取ってもらいにくくなります。同程度の紙幅であれば、網羅性を重視することと深さを重視することとの間にはトレードオフが生じます。ですから、既存の教科書・概説書のあり方が間違いで本書が正しいと主張するつもりはありません。しかし、幾つかの点で、他の教科書・概説書では分かりにくかったところが分かるようになるということがあればいいな、と考えています。例えば、減価償却資産の移転と所得税法69条１項の損益通算との関係は、租税法の判例・裁判例で頻出の問題ですが、どのような計算で納税者が複雑な取引を仕組んでいるかについて既存の教科書・概説書ではなかなか紙幅をとれないところ、詳しめに解説することを試みたりしています。

　本書のもう一つの特徴は、章・節・款・目といった体系性を重視した構成ではなく、８頁×28回という講義をイメージした構成を作っている、というところにあります。多くの大学では半年で14週または15週の講義をしていることに合わせようという試みです（13週で講義している場合は、うまいこと省略するか合体させるかしていただけますと幸いです）。先ほど、核となる判例・裁判例等と申しました。連続もののドラマ等では、全体としての話の盛り上げ方の構成を練る

他に、一話ごとの話の盛り上げ方も重要である、ということと同様に、大学での講義においても、半年または1年間の講義の中でどの項目をどういうバランスで話すかが練られると同時に、100分または90分の講義の中で〇〇を重点的に理解してもらおうということも意識されているものと思います。ドラマ等の一話ごとの話の盛り上がり部分が、核となる判例・裁判例等に相当する、というわけです。また、各回が8頁で構成されていることで、学生が予習・復習しやすくなるであろうということも期待しています。

　要するにメリハリです。どの教科書・概説書も、限られた紙幅に収める際に浅く広くという方針であろうともメリハリを付けることを意識しますが、本書の筆者二人はこれまでの執筆経験よりも強くメリハリを付けようとしているということです。大学で教わったことは社会で役に立たないなどと言っている人を時折見かけますが、租税法に関してその心配はありません。他方で、租税法は他の法と比べても難しめであると思われている傾向はあるように見受けられます。必ずしも学生全員が弁護士や税理士を目指すわけではない中で、租税法受講者に租税法は楽しいと感じていただきたいということを優先させようとした末の、メリハリです。

　2020年8月

浅妻章如・酒井貴子

租税法

略語一覧

Ⅰ　判決

最判（決）	最高裁判所判決（決定）
最大判	最高裁判所大法廷判決
高判（決）	高等裁判所判決（決定）
地判（決）	地方裁判所判決（決定）

Ⅱ　判例集

民集	最高裁判所民事判例集
刑集	最高裁判所刑事判例集
行集	行政事件裁判例集
訟月	訟務月報
税資	税務訴訟資料
判時	判例時報
判タ	判例タイムズ
金判	金融・商事判例
裁判所 Web	裁判所ホームページ

Ⅲ　百選

租税判例百選　第 6 版
中里実・佐藤英明・増井良啓・渋谷雅弘編
有斐閣、2016年

第1章

導入

I　租税法律主義と租税公平主義

大嶋訴訟：
サラリーマンが実額経費を控除できないことは違憲となる差別か？

1　学生が学ぶ租税法学とは

　租税法学は法学の一分野である。だが、扱う対象が租税であるため経済学的な説明も本書では随所に出てくる。歴史、哲学などの話も含まれる。それでも法学独特の問題はある。納税者目線で租税回避などをどう仕組むか、また課税庁目線でどう対応すべきかは、租税法学の華といえよう。しかし、租税負担を免れることの是非を論ずるためには、通常はどう課税されているかを先に知らねばならない。IおよびIIで憲法や行政手続などとの関係を概観し、所得税・法人税・消費税・相続税・国際課税という租税実体法を一とおりみたうえで、最も面白く悩ましい租税回避の問題を最終章で堪能していただきたい。

　実定租税法令の全てを一冊に記すことは困難であるうえ、通達や裁判例も膨大であり、さらに租税法令は頻繁に改正される。神は細部に宿るというとおり、細かな違いが莫大な税額の帰趨を左右する。租税実務家は細部まで気を遣う。しかし学生が最初からその域を目指すのは無謀である。むしろ、租税法令改正後も通用する基本的な勘所を摑むことに注力されたい。どの法分野でも、一見しただけでは納得しがたいが周辺問題を合わせて勉強すると整合性が理解できる、という裁判例や規定の構造がある。そういった勘所を各回の冒頭に掲げ、その理解に繋がる説明を各回で学ぶ、というスタイルを本書は採用した。

2 租税の存在意義・機能

(1) 公共財提供のための資金調達

ほとんどの人が租税を嫌う。ではなぜ租税は存在するのであろうか。伝統的に租税の存在意義・機能は(1)、(2)の二つの点から説明されてきた。

租税の存在意義・機能の一つ目は、自衛隊などを組織するためである。

私たちは八百屋でトマトを買ったり床屋で髪を切ってもらったりという取引を市場で行う。「トマト」や「髪を切ってもらう」という財は通常、市場で取引される。なお、財・サービスと区別することもあるが、ここでは両者ひっくるめて財と呼ぶ。財の中には市場取引に馴染まないものもある。その代表例として国防が挙げられる。トマトと国防という財を比較しよう。

第一に、トマトという財の消費は競合するが、国防という財の消費は競合しない。例えば、二人が一つのトマトを食べたい時、半分こして我慢しなければならない一方、日本に住む人が増えても国防の便益は変わらない。

第二に、トマトには排除性があるが、国防には排除性がない。例えば、八百屋はお金を払わない人にトマトを渡さないということができる一方で、対価を払わない人を国防の便益から締め出すことはできない。

国防には、第一に非競合性、第二に非排除性という性格があるため、対価を払わないでその便益を受けるというただ乗り（free rider）問題が発生する。市場に任せると供給が過少になる。これを市場の失敗という。そこで多くの場合、政府が国防を担う。その資金調達として租税が要請される。

国防に限らず、非競合性・非排除性を備えた財を公共財という。外交や立法も公共財である。また、これまで非競合性・非排除性の有無を論じたが、程度問題である例もある。例えば、治安も公共財として挙げられるが、警察官だけでは足りず高度の安全を享受するために多くの警備員を雇うことがあるという点で、非競合性が国防より弱い。また、柵で囲うなどして特定の地域のみ安全性を高めるということもあるという点で、非排除性が国防より弱い。

公共財の「公共」から、例えば国有地を公共財の一例であると考えてはいけない。国有地には競合性も排除性もある。公共財か否かは、非競合性・非排除性という性格を備えているかで判断され、公共性で判断されるわけではない。

(2)　再分配（格差の緩和）

　租税の存在意義・機能の二つ目は弱者救済のための再分配である。篤志家・宗教施設などが孤児を養うといった例もある。しかし現在の日本国民は、憲法25条で政府が弱者救済機能を担うことを期待している。なお、政府による再分配は、税制だけでなく社会保障法制と合わせて、税財政で図られる。

　近年の実証研究に照らすと、格差が大きい社会のほうが経済的に発展する傾向があるとはいえず、格差が大きい社会のほうが健康状態が悪い傾向がある。再分配による格差縮小は、社会の構成員の満足度すなわち社会厚生を増大させる可能性が高い。社会厚生の測り方については論争があるが、個々の効用の足し算または単純平均で社会厚生を測る功利主義を仮に前提とするとしても、富める者から1万円を奪い貧しい者に1万円を渡せば、富者のマイナスの効用よりも貧者のプラスの効用が大きいであろう。課税による労働意欲への阻害効果が深刻にならない限度で再分配は支持されよう。しかし、再分配が社会厚生の改善に資するとしても、奪うこと自体が教条主義的に許されない、という価値観もありうる。憲法問題としても政治問題としても、再分配の是非・程度は、究極的には日本国民が政府にどこまで期待するかで決まる。

　ところで、税財政で「奪う」と表現したが、市場による分配状態に税財政が介入して「再」分配するという表現方法には異論もある。私法上の権限配分が神聖である保証はなく、私法も税財政もひっくるめて再分配ではなく分配の是正の問題として考えるべきである、という立場である。他方で、分配の是正による社会厚生の改善は、税財政のみで図るべきであるという立場も有力である。どの段階で分配状態に配慮すべきか、読者にも考えていただきたい。

(3)　租税以外の資源調達方法との比較

　公共財提供の資金調達のため、および再分配のため、政府は資源を要するということが分かった。しかし租税以外の方法ではいけないのか。

　国防という公共財の資源調達方法の一例として徴兵制がある。読者は高校時代に防人歌を勉強したであろう。しかし、適材適所という効率性の観点から見ても、兵士の練度という軍事の観点から見ても、徴兵制よりお金で兵士を雇う（志願兵制）ほうが優れていると一般的には考えられている。なお、徴兵や自衛

隊の合憲・違憲については憲法学の先生に尋ねてほしい。

　別の資源調達方法として、油田などを政府が保有する、国有事業を経営する、といった方法もある。しかし現代の財政需要を賄えるだけの資源は日本にないし、共産主義という20世紀の壮大な実験は失敗に終わったと評価できる。租税は皆が嫌いであろうけれども、他の資源調達方法よりマシといえよう。

3　租税法律主義（憲法84条）

　租税がないよりあるほうがマシであるという経済学的説明は分かった。では法律論として租税の賦課徴収につきどのような枠が設定されるべきであろうか。憲法84条は「あらたに租税を課し、又は現行の租税を変更するには、法律又は法律の定める条件によることを必要とする。」と規定する。租税の賦課徴収には法律による根拠が必要であるという意味で、租税法律主義という。租税法律主義の思想的基礎は、民主主義と自由主義である。なお、地方税については地方税条例主義という。

(1)　課税要件法定主義（民主主義）

　租税が課される要件を「課税要件」という。刑法学での「構成要件」に相当する。課税要件は「法」律によって「定」められなければならない、ということを課税要件法定主義という。これは民主主義の思想と結びついている。

　読者は高校時代に世界史で、英国のマグナ・カルタや、アメリカ独立前夜のボストン茶党事件における「代表なくして課税なし」の標語などを学んだであろう。国王などの権力者による恣意的な課税を防止するということと民主主義とは歴史的に深く結びついてきたのである。ただし、課税対象者の同意なしでも課税するという場面は現代において皆無ではない。課税対象者の範囲については、国際租税法で詳しく見ていく（⇒第6章Ⅰ参照）。

　課税要件法定主義の現代的意義は、例えば法人税法と法人税法施行令との関係のように、法律が政省令に委任することがどの程度許されるかという問題としても現れる。行政府の官僚は私たち主権者の代表ではなく、代表たる議員が立法府たる議会で制定する法律こそが課税要件の根拠でなければならないからである。とはいえ、法律で細目まで定めることは現実的ではなく、立法府が行

政府に委任することもある程度は認めざるをえない。租税法令に限った話ではないが、委任が一般的・白紙的（概括的・白地的と表現されることもある）である場合は違憲・無効であるというべきであり、委任は個別的・具体的なものでなければならない。これはお題目のように聞こえるかもしれないが、裁判例の中にも、政省令への委任が概括的・白地的であるため無効であるとしたものがある（大阪高判昭和43・6・28行集19巻6号1130頁⇒第3章Ⅳ2）。

(2) 課税要件明確主義（自由主義）

　課税要件が法定されていればそれで足りるわけではなく、明確でなければならない、ということを課税要件明確主義という。これは自由主義の要請である。どのようなことをすると課税されるのかについての予測可能性ないし法的安定性が確保されていなければ、私たちの自由が侵害されてしまうからである。例えば、所得税法に「所得に課税する」とだけ定められていたとしたならば、どのような条件で「所得」が認定されるか不分明である。

　様々な実験結果から、人間は一般に不確実性を嫌う傾向があることが分かっている。課税結果が予測できなければ、取引が萎縮してしまう。強制でない限り取引というものは、両当事者にとって取引しないよりも得になるから、なされるものである。取引の萎縮は社会厚生の悪化をもたらしてしまう。

(3) 自由主義と遡及課税の是非との関係

　ところで、憲法84条の租税法律主義は憲法31条の罪刑法定主義と類似するものの、憲法37条の遡及処罰禁止に相当する条文は租税について存在しない。では遡及課税は許されるのであろうか。

　遡及課税が許されるとなると、自由主義が要請する予測可能性・法的安定性が害される。しかし、少なからずの租税法令の変更は、予測可能性・法的安定性を害す。例えば、固定資産税が増税されると地価などが下がり、増税される前に土地などを買った者は損する。だからといって、固定資産税の税率を変えてはならない、とは考え難く、民主主義下で税率を変えることもあろう。

　判例（最判平成23・9・22民集65巻6号2756頁、百選3）は、憲法84条が「法的安定」性も要請していることを前提としつつ、事後法による変更の是非につい

て「変更が当該財産権に対する合理的な制約として容認されるべきものであるかどうかによって判断すべき」という枠組みを採用している（事案の詳細は省略。結論は合憲）。これは、憲法29条の財産権保障に関するリーディング・ケースである最判昭和53・7・12民集32巻5号946頁に依拠している。

　もっとも租税に関する事後法が全て容認されてきたわけではない。物品税の課税対象に掲げられていなかった魚介類について納付された税額があったところ、納税者に還付請求権が生じるが、その還付を防ぐ立法がなされた。福岡高那覇支判昭和48・10・31訟月19巻13号220頁は、法的安定性を著しく害するため無効であるとし、「違憲」とは述べてないが課税庁の主張を斥けた。

4　租税公平主義と平等原則（equal treatment）（憲法14条1項）

(1)　水平的公平（horizontal equity）と垂直的公平（vertical equity）

　課税要件法定主義と課税要件明確主義に適っていれば租税法令は合憲となるとは言い切れない。租税負担は公平に配分されるべきである。等しき二者を等しく扱うべきことを水平的公平といい、異なる二者を等しく扱うべきでない（累進税制を示唆する）ことを垂直的公平という。しかし、何を基準に等しい／異なるというべきか、こそが問題である。特に租税法学では、所得を基準とすべきか消費を基準とすべきかで対立がある。水平的公平・垂直的公平という語は知っておくべきだが、そこで話は終わらないという限界も弁えねばならない。憲法に租税公平主義を示す明示規定はないが、裁判では憲法14条1項が問題となる（公平と似ているが、中立性について、⇒コラム6Ⅲ）。

(2)　大嶋訴訟・最判昭和60・3・27民集39巻2号247頁（百選1）

　第2章で詳述するが、所得税法で課税対象となる所得は、原則として収入金額から必要経費を控除したものである。例えば八百屋などの自営業者について、ある年の収入金額が900万円であり必要経費が600万円であるならば、事業所得という種類の所得の金額は900−600＝300（万円）である。

　他方、サラリーマンの給与収入について、実額の必要経費の控除は主張できない仕組みになっている。代わりに、所得税法が一定の計算式で控除額を定めている。これを給与所得控除という。例えば給与収入金額が500万円の場合、

給与所得控除額は所得税法28条3項3号の計算式に従い（500－360）×0.2＋116＝144（万円）と算出される。給与所得は500－144＝356（万円）となる。もし実額の必要経費が230万円だったならば、実体として給与所得は270万円になるべきであるが、そうした実額経費の主張が認められない。この例では所得が356－270＝86（万円）だけ過大に認定され、所得税額が過大になってしまう。

大嶋訴訟の原告は、こうした事業所得と給与所得との扱いの違いが憲法14条1項違反であると主張した。サラリーマンが税制上不利に扱われているという意識が社会の一部にあったことから、サラリーマン税金訴訟とも呼ばれる。結論は原告敗訴であるが、後に所得税法57条の2が立法されて実額経費控除が一部認められるようになった。政策形成訴訟としての意義が本訴訟にはある。

なお、自営業者から見れば、実額経費が少なくても給与所得控除額だけ課税所得が減るサラリーマンこそ、税制上優遇されている、という意見もある。

(3) 判旨における緩やかな基準と補足意見

大嶋訴訟の判決文は、租税法律主義、租税の機能、違憲審査基準を述べたものとして、何度も引用されている（下線および［　］は引用者による）。

判旨は、まず租税法律主義について「民主主義国家にあっては、国家の維持及び活動に必要な経費は、<u>主権者たる国民が共同の費用として代表者を通じて定めるところにより自ら負担すべき</u>［⇒3(1)］ものであり、我が国の憲法も、かかる見地の下に、国民がその総意を反映する租税立法に基づいて納税の義務を負うことを定め（30条）、新たに租税を課し又は現行の租税を変更するには、法律又は法律の定める条件によることを必要としている（84条）。それゆえ、<u>課税要件及び租税の賦課徴収の手続は、法律で明確に定めることが必要</u>［⇒3(2)］であるが、憲法自体は、その内容について特に定めることをせず、これを法律の定めるところにゆだねている」と述べた。

租税の機能、および立法府・司法府の関係について「租税は、今日では、<u>国家の財政需要を充足する</u>［⇒2(1)］という本来の機能に加え、<u>所得の再分配</u>［⇒2(2)］、資源の適正配分、景気の調整等の諸機能をも有しており、国民の租税負担を定めるについて、財政・経済・社会政策等の国政全般からの総合的な政策判断を必要とするばかりでなく、課税要件等を定めるについて、極めて専

門技術的な判断を必要とすることも明らかである。したがって、租税法の定立については、国家財政、社会経済、国民所得、国民生活等の実態についての正確な資料を基礎とする立法府の政策的、技術的な判断にゆだねるほかはなく、裁判所は、基本的にはその裁量的判断を尊重せざるを得ない」と述べた。

そして、違憲審査基準として「租税法の分野における所得の性質の違い等を理由とする取扱いの区別は、その立法目的が正当なものであり、かつ、当該立法において具体的に採用された区別の態様が右目的との関連で著しく不合理であることが明らかでない限り、その合理性を否定することができず、これを憲法14条１項の規定に違反するものということはできない」と述べた。表現の自由に関する規制法令などに関する違憲審査基準と異なり、区別が「著しく不合理」かつ「明らか」な不合理でない限り、違憲とならないとする緩やかな基準を採用した。緩やかな基準は合憲性の推定ともいわれる。

当てはめとして、事業所得と給与所得の扱いの区別の「立法目的が正当」であるかにつき、給与所得者の必要経費と消費支出とを区別することが困難であること、給与所得者の数が多いことなどに鑑み、「概算控除」として給与所得控除を法が画一的に定めることには正当性があるとした。次に、給与所得控除の制度が「著しく不合理であることが明らか」であるかについて、給与所得控除は「専ら給与所得に係る必要経費の控除」として制定されたものと捉えるべきであり、かつ、実額経費の額が給与所得控除額を上回る可能性は少ないため、結論として合憲と判断した。

ただし租税法令の全てに緩やかな基準が適用されるかについては異論の余地もある。とりわけ伊藤正己補足意見が「性別のような憲法14条１項後段所定の事由に基いて差別が行われるときには、合憲性の推定は排除され、裁判所は厳格な基準によってその差別が合理的であるかどうかを審査すべき」と述べたことが注目に値する（性差別について⇒第２章Ⅸ４の寡婦（夫）控除）。

5　まとめ

租税はないよりはマシである、憲法84条は民主主義・自由主義と関わる、租税法令における区別の違憲性の論証は難しい、と学んだ。租税を嫌っても無関係ではいられないので、本書で租税の面白さを味わっていただきたい。

II　租税手続法

特別の更正の請求：

過大納付となった10年前の税金は返ってくるのだろうか？

1　租税手続法と租税法律主義

(1)　租税法学と行政法

　租税法学は、行政法の各論から独立したという背景があり、沿革的には租税手続法から発展して、租税実体法中心の学問になったといえる。しかし、租税手続法の重要性が薄れたということではない。いかに優れた租税政策を掲げ、精緻な課税要件を備えようとも、税務執行がしっかり機能していなければ、画餅に帰すといわれる。ここでは租税手続法のエッセンスをまとめ学習しておきたい。なお、租税手続法といった場合、租税争訟法も含む場合もあるが、ここでは狭義による。租税法律主義からの租税手続法への要請をまずみておこう。

(2)　合法性の原則と信義則

　「この税金もう少し安くしてくれない？」との要求に課税庁は応えない（ことになっている）。租税法律主義の下、課税要件が充足されている限り、課税庁は、納税者との交渉で税金を減免することはできず、租税法が定めるとおりの税額を徴収しなければならないからである。このことは、租税法律主義が要請する執行上のルールであって、合法性の原則と呼ばれる。また、法律の根拠によらない課税庁の判断による税の減免があれば、それがない納税者との間で不公平性があるので、合法性の原則は、租税公平主義からの要請ともいえる。

　合法性の原則はしばしば信義則との関係で問題となる。単純化した例を使って考えてみよう。納税者Ｘは、ある事由Ａにつき課税庁から非課税との通知を受け、それを信頼して租税の納付に係る手続も何もしないでいた。だが、後になって、課税庁からＡが非課税扱いにならないとして課税処分を受けた。実際、Ａの非課税は違法であるという。このような場合、民法１条２項の信義則

により、Xの信頼は保護されるべきではないだろうか。

　しかし、適法な課税処分である限りそれを維持すべきことが、合法性の原則からだけでなく、租税公平主義からも要請されることになる。裁判所は、租税法分野における信義則の適用可能性を排除していないものの、その適用場面を極めて制限的に解している（最判昭和62・10・30判時1262号91頁、百選16）（通達の改正について⇒第2章Ⅷ2(7)）。なお、国税庁の公的見解（法令解釈通達）を信じた納税者の信頼保護は、本税の減免ではなく過少申告加算税の免除（⇒2(1)）に至る傾向にある（最判平成18・10・24民集60巻8号3128頁）。

(3)　手続保障原則と徴収確保の要請

　租税法律主義からの要請として、手続保障原則も重要である。手続保障原則は、租税の賦課徴収は適正に行われなければならないとする。また、租税の違法な賦課徴収があれば、それを是正でき、さらに争う手段が用意されていなければならないことも要請され、手続保障原則が、租税争訟過程にも及ぶと理解される。

　租税賦課徴収の手続に関しては、行政法の一般法である行政手続法がほぼ適用除外とされ（国税通則法74条の14）、国税通則法が適用される。手続保障原則の実現にあって、公共財の資金調達と再分配といった租税の機能から、租税の徴収確保が民主主義的に要請され、さらに次のような特殊性から個別的対応が求められるからである。①租税法律関係の早期安定の要請が強く現れる。②納税義務の履行を確実なものとするため、課税庁は、権力的手段を必要とする。そこではおのずと権力的手段を抑止する方策もまた不可欠となる。③現実問題として、大量性・回帰性および専門技術性の高さから相当の事務量が指摘でき、人的資源の制約から効率的な税務行政の執行が重要になる。

　以下、租税手続について具体的にみていこう。

2　申告納税制度

(1)　納税義務と申告納税制度

　ある人を巡る諸事実が課税要件を充足すれば、なんらかの納税義務が法律上「成立」している。成立した納税義務は、納税義務者または課税庁による「確

定」がなされてはじめて、その履行または請求が可能となる。納税義務者がその確定された税額を支払うことで納税義務が消滅する。これがおおまかな納税の一連の流れである。

確定の方法としては、納税者自らが納税義務を第一次的に確定するという申告納税方式が重要である（国税通則法16条1項1号）。例えば、所得税では、原則として、納税者自らある年の所得税額を計算し、翌年2月16日から3月15日までの間に申告による確定を行い、納付する（所得税法120条・128条）。納税者は自分のことを最もよく知るのであり、その者自身に申告させるのが合理的かつ民主主義的である。

申告納税制度と異なり、課税庁が専ら税額を確定し納税者に通知する方式を賦課課税方式という（国税通則法16条1項2号）。現行では、主に固定資産税などの地方税において賦課課税方式が採られる。また、納税義務の成立と同時に特別の手続を要せず納付すべき税額が確定する方式を、自動確定方式といい、印紙税や源泉徴収税などがこれにより確定する（同法15条3項）。

戦前は賦課課税方式が主流であったが、戦後シャウプ勧告に従い、申告納税制度の奨励・定着のため、青色申告制度が創設された。青色申告制度とは、税務署長の承認を受け、所定の帳簿書類を備え付け、青色の申告書で申告を行う制度であり、対象となる納税者は、事業所得など一定の所得を有する個人と法人である（所得税法143条以下、法人税法121条以下）。適正な記帳を行うことを条件に、様々な所得計算上および手続上の特典が付与されている。青色以外の申告書は、一般に白色申告書と呼ばれる。

申告納税制度の実効性を確保するための制度としては、加算税制度がある。過少申告や無申告に対して、「正当な理由」のない限り、過少申告加算税や無申告加算税が課される（国税通則法65条・66条）。法令解釈通達を信じてした納税者の申告について後に通達が改正され、改正後の通達による課税が正しいと裁判所が判断した場合、本税が減免された例はないが（信義則について⇒1(2)）、過少申告加算税については「正当な理由」ありとして免ぜられる例がある。過少申告や無申告が隠蔽仮装による場合は、重加算税が課される（同法68条）。

(2) 課税庁による確定

　申告納税制度の下、課税庁は、二次的に納税義務を確定する権限を有する。納税者が申告を行わない、または、納税者の申告が正しくない場合、課税庁は、納税者に代わって納税義務の確定を行い、または、すでになされた納税義務の確定を変更できる。前者は「決定」（国税通則法25条）、後者は「更正」（同法24条）、これらをさらに変更する課税庁による確定は「再更正」（同法26条）と呼ばれる。次の３つを確認しておく。

　第一に、更正等は行政処分にあたる。処分に不服がある場合、納税者は、その処分の取消しを求めて争うことができる。まず納税者は、国税不服審判所に審査請求か、あるいは、審査請求の前段階として、処分を行った課税庁に対する再調査の請求のいずれかの不服申立を行いうる（国税通則法75条）。審査請求が棄却された場合、処分の取消しを求めて裁判所に出訴することができる（同法115条、行政事件訴訟法３条２項・８条）。

　第二に、更正等は通知書の送達により行われ（国税通則法28条１項）、更正通知書には理由附記が求められる。理由附記は、処分の適正化および争点明確化のために有用であり、納税者権利保護に資する。理由附記を欠く場合には、更正が無効となると解されてきた。また、理由附記は、青色申告への手続上の特典として位置づけられてきたが（所得税法155条２項、法人税法130条２項）、2011年改正で行政手続法の適用除外を受けなくなり（国税通則法74条の14第１項）、白色申告への更正にも必要である（行政手続法14条）。

　第三に、更正等の行える期間に制限がある。更正等は、法定申告期限から５年を経過した日以降はこれをすることができないと定められている（国税通則法70条１項）。いつまでも更正等ができる状態は、納税者の地位を不安定にするからである。ただし、偽りその他不正が絡む場合は、法定申告期限から７年となる（同条４項）。

(3) 税務調査と質問検査権

　課税庁は、更正等を行うためやその他必要がある場合、一般に「税務調査」と呼ばれる手続を通して、納税者の情報を集めることができる。課税庁には、納税者の帳簿等を調査する権限が与えられており（国税通則法74条の２以下）、

この権限を、質問検査権という。この権限に基づく調査には、納税者本人に対する調査と、取引先等に対する反面調査がある。これら調査は強制ではないが、正当な理由なく帳簿書類等の提示等を拒む場合、処罰される（同法128条2・3号）。したがって、納税者は質問検査権の行使を受忍する義務があり、故に、この調査は、間接強制を伴う調査と呼ばれることがある。

　課税庁は、適正な調査が遂行できないと判断される場合を除き、納税者に対して調査を事前通知するものとされている（同法74条の9・74条の10）。調査時において税務職員は、身分証を携帯しなければならない（同法74条の13）。調査において必要があるとき、課税庁は、調査時に提出された帳簿書類等を留め置く（預かる）措置を取ることができる（同法74条の7）。

　調査終了時の手続として、説明責任を強化するため、課税庁は、納税者に結果を報告することとされ、不足税額がある場合には修正申告の勧奨を行い、応じない場合には更正を行う（同法74条の11）。いきなり更正によらず、修正申告の勧奨がなされるのは、更正による場合、理由附記などの事務負担があるからであろう。なお、調査終了後に再び調査が行われることもある（同条6項）。

　課税庁が調査しようとも、納税者が非協力的で直接資料が入手できない、あるいは、そもそも帳簿がないといった場合があろう。このような場合、課税庁は、帳簿資料などの直接資料によらず、現金収支や販売量などといった各種間接資料に基づき、税額を確定できる（所得税法156条、法人税法131条）。これを推計課税という。ただし、課税庁による推計に対して、納税者による実額反証は認められてきた（東京高判平成6・3・30行集45巻3号857頁、百選110）。なお、青色申告の場合には推計課税はできず、推計課税をするとなると、青色申告の承認を取り消してからとなろう。

3　納税者による確定の是正

(1)　修正申告と通常の更正の請求

　申告後、その申告に誤りがあることに気づいたとき、納税者自身はこれをどのように是正できるだろうか。申告税額200を700に増額する場合には、修正申告という方法によって納税者自らが700に確定し直すことができ、500を追加納付することになる（国税通則法19条）。

しかし、申告税額700を200に減額する場合には、過大納付となる分の500の払戻し（還付）を伴う。これも納税者の意のままだと濫用されかねず、そもそも申告期限を設けた意味がなくなる。そこで、この場合には、課税庁に申告税額の減額の更正を求めるという手続が必要とされる。国税通則法23条1項は、納税申告書を提出した者が、法定申告期限から5年以内に限り、「更正の請求」ができることを規定する。これは、次の3(2)と区別して「通常の更正の請求」と呼ばれることがある。課税庁は、調査の結果、納税者の請求が適正な場合に、更正を行う。更正をすべき理由がない場合は、その旨を納税者に通知することになる（同条4項）。更正の請求を拒否する通知は、更正の請求を拒否する行政処分であるから、納税者は、これを争うことができる。なお、更正の請求に係る調査が税務行政にとり事務的負担となることから、更正の請求に当たり虚偽の記載をなした者には処罰規定が設けられている（同法128条1号）。

(2) 特別の更正の請求（国税通則法23条2項）

　法定申告期限から5年超えると一切是正ができないわけではない。国税通則法23条2項のもと、法定期間内に通常の更正の請求ができなくとも、次の各号に定められた後発的事由が生じた場合、それら事由が生じた時から2ヵ月以内に更正の請求ができる。これを「特別の更正の請求」という。1号では、後の判決によって課税要件を充足しない結果となる場合、2号では、所得が他者に帰属するとの更正等があった場合、3号では、やむを得ない理由のある場合が、後発的事由として挙げられている。

　ただし、裁判所や租税実務は、「特別の更正の請求」の適用場面を限定的に解してきた。例えば、もっぱら納税を免れる目的でされた馴れ合い判決は、1号の「判決」にあたらない（東京高判平成10・7・15訟月45巻4号774頁）。また、特に、貸倒れなど後に判明した所得の消滅の事実があれば、それに応じて、その事実のあった年度の所得から減算する処理がなされ、特別の更正の請求の対象とはされてこなかった（法人税基本通達2-2-16）。「特別の更正の請求」は、納税者のおよそ予想もつかない事柄が後に生じたことにより課税の基礎事実に変更があれば、例外的に課税権の期間制限を崩してでも、納税者の経済的実態に合った課税を行うことで納税者の権利を救済しようとするものといえる。次

に、相続税の事例をみておこう。

(3) 特別の更正の請求事件・最判平成15・4・25訟月50巻7号2221頁（百選 105）

　納税者Ｘは、遺産相続にあって、母親Ａおよび兄弟のＢらの他の相続人と共に遺産分割協議を成立させ、それに基づき税務署長Ｙに申告を行った。後にＢらは、上記遺産分割協議が通謀虚偽表示により無効であると主張して、別の訴訟で争った。裁判所は、Ｘ主導の下に行われた仮装による遺産分割協議として無効として、Ｂらの請求を認容する判決を出し、これが確定したため、上記遺産が未分割の状態となった。そこで、Ｘは、無効となった遺産分割協議に基づき納めた相続税額が過大となったとして、税務署長Ｙに対し、国税通則法23条2項1号に基づき特別の更正の請求を行ったが、Ｙは、更正すべき理由がないとの通知処分を行った。Ｘは、この通知処分の取消しを求めて争った。

　下級審は判断が分かれたが、最高裁はＸが「自らの主導の下に、通謀虚偽表示により本件遺産分割協議が成立した外形を作出」したといえるから、通常の更正の請求をしなかったことにつき「やむを得ない理由がある」とはいえないとして通知処分を適法とした。最高裁は、自ら虚偽の外観を作った者に「特別の更正の請求」という救済を利用させないという判断を示したものといえる。

　本件では、後の判決によって課税要件を充足しない結果となったから国税通則法23条2項1号の適用がＸにより主張されたが、最高裁は、これを排除するのに、3号の「やむを得ない理由」という1号にはない文言を使った点も注意である。このような解釈に批判もあるところだが、許容範囲であるとされる。現実問題としてＸの更正の請求を認め相続税を還付しても、課税庁は、期間制限により他の相続人に対して更正を行うことができない。他方、Ｘは、Ｂら他の相続人らに対して不当利得返還請求権や求償権の行使を通じて、Ｂら他の相続人から払い過ぎとなった税額の取返しも可能だろう。結果として「特別の更正の請求」は、それ以外に救済手段がない場合にしか認められないと示されたともいえる。また、そもそも別訴の判決により上記遺産分割協議が無効とされ、遺産が未分割となっただけであり、新たな租税の確定につながったわけでないという指摘もある。

4　納税の納付と源泉徴収

(1)　納税義務の消滅

　納税義務の履行は、現金納付が原則だが、口座振替やコンビニ納付等も可能である（国税通則法34条以下）。また、高額になりがちな相続税に限り物納も認められる（同法34条3項、相続税法41条⇒第5章I4）。

　もし納税者により納税義務が履行されなければ国税徴収法に基づき徴収処分が行われる。すなわち、法定納期限から50日経過後も租税の納付がない場合、督促後、納税者の保有する資産の調査、差押え、換価、配当の手順で、課税庁により強制的に租税の徴収がなされる（国税徴収法47条以下）。注意したいのは、課税庁は、裁判所の手を借りずにこれらの手続を進めることができるという自力執行力が与えられていることである。ただし、納税義務は、法定納期限から5年間の消滅時効により、完全に消滅する（国税通則法72条1項）。偽りその他不正の行為により免れた国税に係る徴収権の消滅時効は、法定納期限から7年間とされる（同法73条3項）。

(2)　源泉徴収制度

　所得税法上、配当や給与等の一定の支払をなす時、その支払者は一定の税額を天引きして翌月10日までに国に納付しなければならない（所得税法181条・183条）。これを源泉徴収という。源泉徴収制度では、給与等の支払者が源泉徴収義務を負い、この義務が履行されない場合、国は、受給者の本来の納税者ではなく、源泉徴収義務者たるその支払者に対して告知処分を行い、所得税を徴収する（国税通則法36条）。

　源泉徴収に係る一般手続として、源泉徴収された所得税を申告時に本来の納税者が清算しなければならない場合もあれば、源泉徴収で課税関係が終了する場合もある。特に給与所得者では、源泉徴収に加え年末調整を伴って課税関係が終了する場合が多い（所得税法190条。⇒第2章VIII2(2)）。年末調整は、1年間に源泉徴収をした所得税の合計額と1年間に納めるべき所得税を一致させる手続で、支払者側が行う。給与所得者に申告機会がないことで納税意識を希薄にするとの指摘がある。

第2章

所得税

Ⅰ　所得概念

マンション建設承諾料事件：
損害賠償金は、課税されるか？それとも、非課税か？

1　所得とは何か？

(1)　包括的所得概念（comprehensive income concept）

　所得税は、個人の所得に課せられる租税であり、日本の予算において、消費税や法人税と並ぶ重要な税財源である。所得税の計算は、3で概観する通り、他の租税と同様に、課税標準×税率となる。税率の方は法定された比率であって、課税標準として計算された金額に機械的に適用されるが、課税標準とそれを構成する所得の決定・計算過程はそう単純ではなく、その過程こそ所得税法を学ぶときの中心課題となる。ここでは、まず所得とは何か、また、どのような考え方の下で課税対象となる所得が決定されるかをみる。

　所得税法には、所得の定義規定がなく、何を所得とみるかは、一定の所得概念をもとに考えることになる。所得概念の大枠として、取得型所得概念と消費型所得概念がある。前者は、各人が収入等の形で新たに得る経済的価値を所得とみるという考え方であり、日本のみならず各国の租税制度で一般に採用されている。後者は、各人が消費したものを所得とみるという考え方であって、経済学上これを支持するものもあるが、現在どの国の租税制度も原則としてはこの考え方を採っていない。

　取得型所得概念には、各人が得た経済的価値のうちどの範囲のものを所得と

みて課税の対象とするかで、制限的所得概念と包括的所得概念の2つがあり、これらは、経済的社会的背景と理論を背景に展開してきた。制限的所得概念は、所得源泉説とも呼ばれ、利子や給与、地代といった反復継続的に獲得されるものだけを課税の対象とし、譲渡所得、賞金やギャンブルで得た利益など一時的・偶発的な所得を課税の対象としない。英国や大陸欧州諸国においてはこの考え方に基づく税制が作られており、今でも譲渡所得への課税を制限する国がある。日本でも所得税創設当時1887年には、一時的な所得や譲渡益が課税対象外とされるなど、制限的所得概念に拠った税制を有していた。

　包括的所得概念は、純資産増加説とも呼ばれ、制限的所得概念への異論として、ドイツのシャンツ、次いで米国のヘイグやサイモンズによって提唱された。包括的所得概念は、あらゆる源泉からの経済的利益の流入を所得として課税の対象とする考え方であって、課税対象を可能な限り広くとらえることで、富の過度な集中を租税により修正していくことを主眼とした。具体的には、一定期間における消費にその期間における純資産増加分を加算した金額が所得とされ、定式としては、所得＝消費＋純資産増加となる。この定式からも、人が外から得る経済的価値をもれなく所得とすることが示される。包括的所得概念は、株式会社制度の発展と市場の国際化による所得源泉の多様化だけでなく、世界大戦に伴う莫大な戦費調達の必要性を背景に支持を得たといえる。

　包括的所得概念は、1913年に創設された米国の連邦所得制度において採用され、日本でも戦後シャウプ勧告を契機として導入された。所得税法は、7条1項1号において課税対象を「すべての所得」とし、3でみるように、所得を10種に分類し所得源泉別に所得の金額を計算するが、そのうちには譲渡所得や一時所得もあり、また、他の所得区分に収まらないものを取り込む雑所得という所得区分もあり、所得を包括的にとらえていることがわかる。

　包括的所得概念が支持される一つの理由は、より公平な課税を実現しうる点にある。すなわち、あらゆる経済的利益の流入を所得として捉え課税の対象に含めるから、累進税率の適用が可能となり、そういった課税は、垂直的公平（⇒第1章 I 4(1)）の要請を満たし、ひいては、所得再分配につながると考えられる。しかし、実際上、包括的所得概念が完全に貫かれた税制を実施するのは困難である。理念的には所得であっても、様々な理由から例外的に非課税とさ

れるべきものがあるからである。まずは未実現利益と帰属所得をみよう。

(2) 未実現利益（unrealized gain）

　未実現利益は、資産の値上がり益であり、経済的価値の上昇はあるが未換価の状態の利益のことである。包括的所得概念からはこれについても課税対象とすべきだが、本章Ⅳ1(1)にみる通り、現行法上、未実現利益の課税は、例外的にしか行われておらず、譲渡時まで課税が繰り延べられている。その理由は、多種多様な資産を毎年正確に評価し課税することは困難で、評価できたとしても納税資金が不足するためである。

(3) 帰属所得（imputed income）

　帰属所得とは、納税者が有する資産の利用や自らの労働から市場を経ずに自己に帰属する経済的利益である。典型例としては、帰属家賃がある（⇒本章Ⅵ6(5)）。自分が住む家を所有することで、借家や賃貸であったならば支払わなければならなかったであろう賃料を、実際には支払わなくて済むといった意味での利益がこれにあたる。また、自らまたは配偶者が家事や育児を行うことで、家政婦（夫）に支払わずにすんだ代金相当分の金銭価値も帰属所得となる。包括的所得概念からは、帰属所得も課税対象となる所得に含まれるべきであるが、棚卸資産の自家消費（所得税法39条・40条⇒本章Ⅲ1）を除き、非課税とされている。だが、その不公平さは、次の設例をみると明らかだ。

　1日の労働につき1万円の給与をもらう単身のAとBがいたとしよう。Aは週6日働き、家事等は2万円を支払って家政婦に任せている。Bは週4日働き、家事等は自らが行う。1週間単位でみると、Aについて、家政婦への支払2万円は消費であって控除ができないから、6万円の収入が課税対象となる。それに対し、Bについて、自らが行う家事労働は帰属所得であるが現行法上は非課税となることから、4万円の収入だけが課税対象となる。結果、AとBのいずれも1週間に正味4万円しか手元に残らないが、Aの方は2万円にかかる分だけ重く税を負担する。

　それでも帰属所得が非課税とされる理由は、執行に伴う困難さにある。すなわち、その把握と金銭評価の実際的な難しさや、外からの金銭流入が伴わない

ものへの課税という不自然さがある。また、例えば、居住用家屋に係る帰属家賃を課税するとしても、そこから住宅借入利息や固定資産税、減価償却費などを費用として控除するか、控除しきれない場合に損益通算や繰戻・繰越といった計算上の考慮をどこまで認めるかといった計算技術的な問題も生じうる。

2　非課税所得（exemption）

(1)　非課税所得（所得税法9条）

　さらに例外が所得税法9条にあり、各号に掲げる「所得については、所得税を課さない」と定められている。非課税所得は、「所得の金額」の計算からは最初から排除され、申告する必要がない点で控除項目と異なる。特定の所得を対象として、その支払を受けた者の属性に関係なく非課税となるものであるから、物的課税除外ともいわれる。また、非課税所得の定めは、所得税法だけでなく、租税特別措置法やその他の法令にも置かれている場合があることに留意されたい。

　非課税所得とされる趣旨は様々であるが、概ね、①社会政策的配慮、②実費弁償的性格、③少額免除、貯蓄・投資奨励、④公益目的、⑤二重課税の回避、⑥担税力の配慮、に分けられる。以下、主な項目を挙げそれぞれ説明する。

　①には、社会保障政策のもと主に最低生活の保障となる公的給付が該当し、例として、遺族の受ける恩給や年金（所得税法9条1項3号）、生活保護による手当（生活保護法57条）、雇用保険給付（雇用保険法12条）などがある。課税が、社会保障を妨げることがないようにとの配慮によると説明され、また、もし課税すれば課税分だけ給付を増やさなければならないことになる。

　②の例として、給与所得者に対して被用者から支給される諸費用で、勤務地を離れてその職務を遂行するために旅行をした場合の旅費（所得税法9条1項4号）や一定の通勤手当（同項5号）がある。他には、使用者から受ける金銭以外の物で、職務上欠くことのできない性質のもの（同項6号）であって、例えば、制服・作業着や、公邸に住む場合の経済的利益がこれに当たる。国外勤務の場合の在勤手当も非課税となる（同項7号）。消費が含まれる部分もあろうが、執行上区分が難しく最初から非課税とされたと解される。これらは、いわゆるフリンジ・ベネフィットの非課税が法定されている分といえる（⇒本章Ⅷ

2 (6))。

　③の例として、障害者等の少額預金から受ける利子所得うち一定のもの（所得税法10条、租税特別措置法3条の4）などが挙げられる。1987年まで少額貯蓄非課税制度、いわゆるマル優制度があったが、脱税に利用されたため、障害者等に限定して残った。なお、2014年以降マル優制度の株式版として、少額投資非課税制度、いわゆる NISA が施行されている（⇒第3章Ⅴ1(5)）。

　④の例として、文化、学術やスポーツ奨励政策的な公的給付として、文化功労者への年金やノーベル賞等の受賞時に交付される金品もまた非課税となる（所得税法9条1項13号）。オリンピックやパラリンピックでのメダル取得に伴う金品（同項14号）も同様である。さらに、宝くじに当選して得た金員（金銭当せん金付証票法13条）、toto（正式名称は、スポーツ振興くじ）での払戻金（スポーツ振興投票の実施に関する法律16条）なども非課税とされる。これらくじの購入代金の3-4割は、各法律の下、すでに公共事業等の財源に充てられているからである。

　⑤の例として、相続や贈与により得られた財産の非課税がある（所得税法9条1項16号）。相続や贈与で得られた財産には、相続税や贈与税が課されるから、所得税まで課されれば、二重課税となると一般に説明される。所得税と相続税・贈与税の関係についてはややこしい議論があり、本章Ⅹで詳しく述べる。

　⑥の例として、担税力がないと考えられる資産の譲渡益が挙げられ、自己やその配偶者その他親族が生活の用に供する家具や衣類等を売却して得られた利益（同項9号）、および、資力を喪失して債務を弁済することが著しく困難な場合の強制換価手続により譲渡された資産の譲渡益（同項10号）がある。前者は把握が難しいことも非課税の理由となろう。なお、これら非課税の裏返しとして、それら資産の譲渡の際に生じた損失の非控除が定められている（同条2項⇒本章Ⅸ）。また、扶養義務の履行に伴うものとして、生活に必要な物品を購入するための諸費用や、学費の仕送りなどからなる学資金（同条1項15号）があげられる。ここに月々のおこづかいは非課税と分かる。支払を受ける側での税負担能力の弱さが非課税の理由となろうが、本章Ⅱにおける課税単位の議論とも関係する。

　なお、非課税と免税の違いに注意されたい。免税とは、いったん成立した納

税義務を事後的に消滅させることであり、例えば、災害免除法による免税がある。また、租税特別措置法25条1項により一定の飼育肉用牛に係る農業所得は免税の対象とされているが、損失が出た場合、損益通算の対象となるので、非課税所得として定められている場合より有利な取扱いとなる。

(2) 損害賠償金（所得税法9条1項17号）

保険金や損害賠償金で、心身に加えられた損害または突発的な事故により資産に加えられた損害に基因して取得するもの（所得税法9条1項17号）が非課税とされるのもまた、担税力の配慮と説明される。ただ、これらは、損害の回復であって、純資産の増加がなく、ひいては所得ではないことから、非課税の扱いは包括所得概念と矛盾しないといえる。「心身」という言葉から、物的損害だけでなく精神的損害に対する賠償金、例えば、離婚の際に有責配偶者から支払を受ける慰謝料もまた非課税となることがわかる。

ただし、所得税法施行令94条1項によると、商品等のたな卸資産や売上の補償をしたような場合の損害賠償金は、非課税とはならない。したがって、例えば、自販機に自動車が衝突し破損した場合、その自販機そのものの損害に係る損害賠償金については非課税となるのに対し、内部の商品に係る補償金や修理等期間の収益補償金の支払を受けた場合については、課税される。このような物損がなければ売り上げて所得として課税されていたはずのものであるからである。このような取扱いがあることを知れば、交通事故の被害に遭い、入院期間中の給与補償を加害者から受けた場合、これも課税されると考えるかもしれない。しかし、非課税となる損害賠償金等の範囲を定めた所得税法施行令30条1号の最後の括弧書に「その損害に基因して勤務又は業務に従事することができなかつたことによる給与又は収益の補償として受けるものを含む。」とあり、給与補償は非課税とわかる。このような扱いは、社会通念によると一般に説明されるが、論理整合性に欠ける扱いではある。

(3) マンション建設承諾料事件・大阪地判昭和54・5・31行集30巻5号1077頁

上記2(1)でみた非課税所得については限定的な定め方がされているので解釈

の余地は少ないが、一定の損害賠償金等については、損害保険契約に基づく保険金と異なり、関係当事者間の合意によることから、非課税となる範囲に争いがある場合がある。あるマンション建設計画に反対派住民に支払われた損害賠償金の事例をみておこう。

建設会社Aが分譲マンション建設計画を実施するにあたり、何の相談も受けていないとして、個人Xは、近隣住民らと共に、マンション建設反対同盟を結成し、Aに対し、同建設に伴う環境権の侵害その他予想される公害に対する補償金として各310万円の支払を求めた。Aは、法的には損害賠償義務がないものの建設資金借入に係る利息の負担に耐えかね、Xからの承諾を早急に得るため、交渉の結果として上記補償金の支払に応じた。

Xの受け取ったその補償金は、所得税法9条1項17号の下で非課税所得となるかが争点である。裁判所は、上記マンション建設に伴いXが受ける影響として、日照阻害や眺望、その他建設中の騒音等を精査し、その損害は30万円を超えるものではなく、さらにXの近隣では中高層住宅の建設が予定された地域であったことから、もともと中高層住宅が建設されないという法律上の利益がなかったと判断し、AからXに対して支払われた310万円のうち30万円を非課税所得と認め、残りは課税対象となるとされた。裁判所は、非課税の範囲が、「客観的に発生し、または発生が見込まれる損害の限度に限られ」、「支払者と受領者の合意によって変更すること」が認められてはならないとし、その名目にこだわることなく、損害となる部分の実質的な判断を行ったといえる。

他に、不法行為により損害を受けた個人が損害賠償請求訴訟を提起したとしても、裁判上の和解が成立して和解金を得て終わることがある。これが非課税所得に当たるかは、当該事件の事実関係や和解に至る過程等を考慮して、その和解金の実質的な性質から判断されなければならないとされる（福岡高判平成22・10・12税資260号順号11530、名古屋地判平成21・9・30判時2100号28頁（百選33））。

3 所得税の基本構造（所得税法21条・22条・89条）

所得税法21条と22条をもとに、所得税の計算過程をざっと眺めておこう。

第一段階では、利子、配当、給与、事業、不動産、譲渡、一時、雑、退職、および、山林の10種に所得分類を行い（所得税法23-35条）、各「所得の金額」

が、収入金額または総収入金額から必要経費や取得費などを控除して計算される（⇒本章Ⅵ－Ⅶ）。

　第二段階として、各「所得の金額」のプラスとマイナスを相殺して計算、すなわち損益通算し、また、繰越損失を控除して（⇒本章Ⅸ３）、「山林所得の金額」と「退職所得の金額」、その他は「総所得金額」にまとめられ、３種類に区分される。ただし、総所得金額の計算上、雑所得の計算において算定された損失は損益通算できず、資産保有期間の長い資産の譲渡から得られた長期譲渡所得と一時所得の金額はそれぞれ２分の１だけが加算される。

　第三段階として、第二段階で計算された金額から、基礎控除や配偶者控除など15種類ある所得控除が差し引かれ（⇒本章Ⅸ４）、「課税所得金額」、「課税山林所得の金額」、および、「課税退職所得の金額」が計算される。これらが講学上の課税標準、すなわち税率の適用対象となる。

　第四段階として、これらに所得税法89条１項に定める超過累進税率がそれぞれ適用された後合計され、所得税の額が計算される。第五段階で、第四段階で算定された所得税の額から、配当税額控除や外国税額控除などの税額控除が行われ、納付されるべき所得税の額が計算される。

　上記計算過程の中で10種類や３種類に区分されるのは、所得区分ごとに所得の性質や税負担能力に差異があるため、計算方法を異ならせたり、別個に税率を適用したりすることが適切と考えられているからである。特に、第四段階での超過累進税率は、高い所得段階にはより高い税率、低い所得段階にはより低い税率を適用して税額を算定することを可能にし、再分配効果につながるとされるが、長期間かかって発生した所得にまで超過累進税率を適用すると、税負担が重くなり過ぎる結果となろう。累進課税の緩和措置は、所得税法上随所にみられる。例えば、生育に時間のかかる木材の譲渡益等から構成される山林所得の税額計算では、課税山林所得の金額の５分の１した金額に税率を適用しそれを５倍するという、五分五乗方式が採られる（所得税法89条１項）。

　また、上記の五段階からなる計算過程からは外れる項目が少なからずある。それらは、最終的にまとめて超過累進税率を適用するという総合課税には含められることなく、租税特別措置法により、個別に比例税率が適用されて税額が算定される分離課税という方法で課税される（⇒例えば、本章Ⅵ２の利子所得）。

Ⅱ 課税単位

「二分二乗」訴訟・弁護士夫婦事件：
敏腕弁護士の妻に今回の案件を依頼したいけれど、税負担がネックだな。

1 課税単位（tax unit）

(1) 個人単位主義と消費単位主義

　所得税を課すにあたっていかなる単位を基礎とするかは、累進課税を採る限り、重要な問題である。以下にみるように、税負担の公平性だけでなく、婚姻や就労への中立性にも関わるからである。

　課税単位のとらえ方には、個人単位主義と消費単位主義があり、後者はさらに、夫婦単位主義と家族単位主義とに分けられ、それぞれ、合算した金額に税率を適用する合算非分割方式、あるいは、合算した金額を均等または不均等に分割して税率を適用する合算分割方式との組み合わせがありうる。

　課税単位をめぐる議論に際しては、まず、異なる状況の納税者間で税負担の公平をどう実現するかが検討されなければならない。例えば、同じ所得を、独身者一人、片稼ぎ夫婦、共稼ぎ夫婦、または、独身者二人が稼得する場合において、次の3つの要素を考慮することによって税負担の差異化がなされるべきであるといわれる。すなわち、第一に、片稼ぎ夫婦は、共稼ぎ夫婦よりも重い税負担が課されるべきである。通常、主婦または主夫といった非就労配偶者による内助の功があり、そこでは帰属所得（⇒本章Ⅰ1(3)）の存在が考えられるからである。第二に、共稼ぎ夫婦と独身者二人との比較では、後者の方が、税負担が軽くなければならない。夫婦の場合、一緒に暮らすことによる生活費の軽減といった規模の利益があるからである。第三に、独身者一人は、生活費も一人分で済むから、少なくとも片稼ぎ夫婦よりは税負担能力が高いと考えられる。これら3つの考慮から、独身者一人の税負担が最も重く、次に片稼ぎ夫婦、共稼ぎ夫婦、独身者二人といった順で税負担が軽くなるべきであると考えられている。これは、提唱した研究者二人の名にちなんでオルドマン・テンプ

ルの法則と呼ばれる。

　日本では、1925年までは家族単位主義のもと合算非分割方式によって課税されていたが、現行においては、個人単位主義が採用されている（所得税法5条1項・21条）。個人単位主義について、簡単な設例を使って考えてみる。例えば、所得が600万円までは20％、600万円超は40％という超過累進税率で課税がなされるとする。所得1000万円に対する税負担は、①独身者一人で280万円、②片稼ぎ夫婦で280万円、③共働き夫婦200万円、④独身者二人で200万円となる（③と④では、500万円ずつ稼得したと想定）。このように、個人単位主義によれば、簡便で、独身であろうと既婚であろうと基本的には税負担が変わらず、婚姻への中立性が特徴といえる。しかし、実際のところ、夫婦は自らの収入を一つの家計にいれ、その中で生活のための支出等をやりくりしているから、夫婦や家族といった消費単位を考慮する必要があり、オルドマン・テンプルの原則からも、上記の①と②、および、③と④の間で差異化を図る必要があることになる。

　ドイツでは、夫婦について合算分割方式の選択が認められている。すなわち、夫婦の所得を合計し、夫婦それぞれが半分ずつ稼得したものとして、その半分の金額に税率を適用して二倍するという、いわゆる二分二乗方式の課税を選択できる。二分二乗方式では、夫婦の実態に応じた課税が可能となるが、上の例にこれを適用すると、②と③が200万円と同じ結果となる。これは、片稼ぎ夫婦に課税上大きな利益を与えるものとなり、ひいては、婚姻への中立性を損なうことが考えられる。また、非就労配偶者や共稼ぎでも低所得の方の配偶者の勤労意欲を削ぐ場合も考えられる。米国では、これらの難点を緩和するため、複数の税率表が用意されている。なお、フランスでは、家族単位主義のもと合算分割方式（Ｎ分Ｎ乗方式）が採用されている。それによると、家族が増えるほど税負担を軽減していけると考えられるから、独身者には不利であって、婚姻への中立性は損なわれるが、一種の少子化対策ともなりうるし、また、2(1)にみる所得分散の防止効果もある。

(2)　「二分二乗」訴訟・最大判昭和36・9・6民集15巻8号2047頁（百選28）
　納税者Ｘは、給与所得および事業所得について各半分を自らのものとして申

告し、残りの半分はＸの妻が申告をした。Ｘは、配当所得については二分することなく自己の所得として申告したので完全な二分二乗方式ではないが、給与所得および事業所得については、二分二乗方式での申告を行ったと評価できる。Ｘがこのような申告を行った理由は、これら所得獲得が妻の「内助の功」なしには得られないものであるから、それら所得の半分は、妻に帰属すると考えたことにある。これに対して、課税庁は、妻の申告については無視して、全てＸの所得として課税処分を行った。

Ｘは、課税処分が現行所得税法上の解釈としては正当であるとしても、妻の内助の功を認めず夫一人が独占することを許容する所得税法は、憲法24条に違反するものであると主張した。下級審は、夫婦別産制を定める民法762条１項が憲法24条に違反せず、それを基礎とした所得税法も憲法24条に反しないとして、請求を棄却したため、納税者が上告して争った。争点は、民法762条１項が憲法24条に違反し、よって、民法同規定を基礎とする所得税法も憲法24条に違反するか、である。

最高裁は、まず、男女両性の本質的平等を定めた憲法24条が「個々具体の法律関係において、常に必ず同一の権利を有するべきものであるというまでの要請を内包するものではない」とし、制度全体を見て評価するという立場を示した。次に、民法が法定財産制として夫婦別産制を採用するが、それは、「夫と妻の双方に平等に適用される」ものであることを指摘し、また、民法の他の規定では、「財産分与請求権、相続権ないし扶養請求権等」があることから、内助の功に関してこれらの権利の行使が可能である点をあげて、「実質上の不平等は生じないよう立法上の配慮がなされている」ことから、憲法24条に違反にしないとした。最高裁は、これらを前提に、所得税法の個人単位主義が「民法762条１項によるいわゆる夫婦別産主義に依拠しているものであるとしても、同条項が憲法24条に違反するものといえない」から、「所得税法もまた違憲ということはできない」とした。

本件判決自体はシンプルで、合憲とされる法制度を基礎とする所得税制は違憲でないという考え方が示されただけで、課税単位に係る法的論点や、所得税法それ自体に即した個人単位主義の合憲性について、積極的意味のあることは何ら示されなかった。なお、婚姻後に取得する財産を夫婦間で二分する旨の夫

婦財産契約によっても、所得税法上の所得を二分する効力はないと判断された例として、夫婦財産契約事件・東京地判昭和63・5・16判時1281号87頁（百選29）がある。

確かに、法制度上の根拠なく二分二乗方式を適用することには多くの問題がある。折半される所得の所得分類や、控除される費用等の取扱いなどの実務上の問題が生じるであろうし、また、(1)で前述したとおり、二分二乗方式そのものは、複数税率表を伴わなければ、税負担の公平性、婚姻や就労への中立性を損なうことがあろう。

2　個人単位主義に対する修正

(1)　所得分散への誘因

簡単な設例を使って考えてみよう。1(1)と同様の累進課税を前提とすれば、父親Dに年間1000万円の所得があるとすると、280万円の税がかかる。特に、上から400万円部分には最高税率40％が適用されるから、この部分に160万円もの税がかかっている。もし、この400万円が何らかの方法でDの娘の所得としえたならば、家計における経済状態には変化がないまま、上記税負担を200万円まで軽減できる。ここで、家族を課税単位とし、合算して課税するならば、このような税負担軽減はできなくなるだろう。

このように超過累進税率の下で個人単位主義を採用する場合には、所得分散の誘因があり、合算によるその阻止が必要とされる。上の例では比較的税率が低いが、日本では戦後において、最高税率が75％であったから、このような所得分散への対処が大きな課題であった。特に、他に所得のない親族に不動産を保有させて（贈与に当たり、贈与税が発生するが）、事業主がその親族に賃料を払うという形での所得分散が懸念された。1988年改正前までは、家族構成員の資産性所得（利子・配当・不動産所得）を、主たる所得者の所得に合算して税額を計算し、これを再び家族に所得金額割合で按分して課税するという資産合算制度というものがあった。現行の所得税法は、下記のような制度を用いて、所得分散に対応している。

(2) 親族への対価と所得税法56条・57条

　所得税法56条は、生計を一にする配偶者その他の親族が事業へ従事したこと等により支払った対価を必要経費に算入できないことを規定する（必要経費について⇒本章Ⅲ2(1)）。この取扱いに対応して、次の2つのこともまた定められている。一つは、必要経費に算入されないこととなった対価に発生している費用等は、必要経費の額に算入されること、もう一つは、必要経費に算入されないこととなった対価はその親族においてないものとみなされることである。

　例えば、食料品店を営む個人Sが、配偶者WがSの事業を手伝ったことに対して給与を、高齢の父親P所有の土地を顧客の駐車場として使用したことに対する賃料をそれぞれ支払う場合、その賃料および給与は、適正な金額であったとしても、同条の適用により、Sの必要経費として控除できない。また、PとWにその賃料や給与への課税はなく、P所有の当該土地に係る固定資産税など本来賃料収入から控除されるべき必要経費があれば、Sの必要経費に算入される。なお、ここでWについての給与所得控除分の必要経費算入はない。こうした計算を行うことの効果は、結局、家族内所得の合算であるので、所得税法56条は、個人単位課税を家族単位課税に修正するものと理解される。

　ここで、「生計を一にする」とは何を指すかについて、法律上定義規定はないが、一つの家計を共有するような関係であるとされ、必ずしも同居を要しない。租税実務では、療養、学校や勤務等の理由で別居状態にあっても、休暇には共に過ごし、送金等によって同一の財布を共有するときは、「生計を一にする」と解されている（所得税基本通達2-47(1)）。ここでは、実質的な消費単位というものが考慮されていることが示される。

　ただし、所得税法56条の例外として、所得税法57条は、一定の給与についてのみ、必要経費に算入することを認めている。すなわち、事業主が青色申告をしている場合で、生計を一にする配偶者や親族（15歳未満の者を除く）が、「専らその事業に従事」するときは、労務の対価として相当と認められる金額の給与については、所得税法56条の適用が排除され、事業主の必要経費として控除が認められる。これを、青色事業専従者控除と呼ぶ。上記の例では、Sが青色申告をし、WがSの事業に従事するとき、給与として適正な金額については、Sの必要経費に算入され、また、もちろん、Wは、受け取った給与につい

て課税されることになる。

さらに、青色申告をしない場合でも、一定額までの給与（配偶者であれば86万円、それ以外の親族であれば50万円）を必要経費として控除することが認められている（所得税法57条3項）。これを事業専従者控除と呼ぶ。所得税法57条のこうした取扱いは、給与に限って所得分割を認めるものとなるが、法人成りをした場合との均衡の必要性が背景にあると説明される（⇒本章Ⅴ3(2)）。

(3)　弁護士夫婦事件・最判平成16・11・2判時1883号43頁（百選30）

納税者Xとその配偶者Aは、同居し生計を一にする夫婦である。XもAも弁護士であるが、事務所はそれぞれ別に開設、当然、会計帳簿も別個に記録されていた。Xは、AがXの事業のために従事した対価として、Aに対して支払った分を必要経費として申告した。課税庁は、所得税法56条に基づき、当該支払を必要経費としない課税処分を行った。主な争点は、このように独立して事業を営む家族間の支払であっても、所得税法56条の適用を受けるかどうかである。

裁判所は、「同条の要件を満たす限りその適用がある」という立場をとった。すなわち、所得税法56条が適用されるのは、納税者と「生計を一にする」という生計要件と、納税者の「事業に従事したこと」により当該事業からの対価の支払を受けるという事業要件の2つを充足する場合であり、個別の事情によって同条の適用が左右されることはないと説明された。特に、最高裁は、所得税法56条の趣旨が所得分散による「納税者間における税負担の不均衡をもたらすおそれ」を排除することにあると説明しその趣旨が正当であるとしたうえで、「適用の対象を明確にし、簡便な税務処理を可能にする」という理由から、独立して事業活動を営む場合にも、生計要件と事業要件の両方を満たす家族間の支払には所得税法56条の適用があると判断した。

同時期にこれとは反対の判断を出した事件判決と照らし合わせておく。すなわち、弁護士である夫が別個独立に税理士業を営む妻と顧問税理士契約を締結して支払った税理士報酬につき同条適用の可否が争われた妻税理士事件において、一審（東京地判平成15・7・16判時1891号44頁）は、事業要件について、「事業の一員として参加し又は事業に雇用される等従たる立場で当該事業に関係」

する場合の対価の支払を指すものと解した。本件では、「別個独立の事業」を行う妻が「自己の事業の一環として」契約に基づき相当な対価の支払を受けたものであるから、夫の「事業に従たる立場で関係したということはでき」ず、生計要件は満たしていたとしても、事業要件が満たされていないとして、妻への対価は夫の必要経費として控除すべきと判断した。

　確かに、事業要件の存在理由が、一家族が一体的に同一の事業を行う場合に、事業主が支配的影響力を行使した恣意的な対価の支払を所得課税上無視することによる税負担の適正化にあるとすると、互いの事業の独立性が高い場合には、事業要件を満たさないという判断も可能だろう。しかし、この一審判決は、二審および最高裁（最判平成17・7・5税資255号順号10070）で覆された。

　現行においては、恣意的な所得分散に当たらないと考えられる家族への支払（例えば、土地を相続した妻から、事業に使用するため当該土地を貸借する場合の賃料の支払）もまた機械的に所得税法56条の対象となり、「簡便な税務処理」が優先されている（東京高判平成3・5・22税資183号799頁参照）。

(4)　配偶者控除・配偶者特別控除（所得税法83条・83条の2）

　個人単位主義に関連して、配偶者控除および配偶者特別控除といった人的所得控除も考慮されねばならない（所得控除全般につき⇒本章Ⅸ4）。包括的所得概念の考え方からは、家族の扶養による支出は消費であって、本来ならば課税の対象である。しかし、現実問題として、一家の稼ぎ手たる就労配偶者が非就労配偶者の生活費等を負担していること、および、基礎控除が一人当たりの課税最低限の一部として捉えられていることから、個人単位主義のもとでも消費単位での担税力を考慮する必要があり、人的所得控除を通じて、夫婦ないし家族単位主義的な考え方が持ち込まれている。なお、その前提として、学資や扶養義務者相互間の給付については非課税所得とされ（所得税法9条1項15号⇒本章Ⅰ2(1)）、同様に、扶養義務者相互間において生活費または教育費に充てるためにした贈与で、通常要するとされるものもまた、非課税とされている（相続税法21条の3第1項2号）。

　実際、専業主婦（主夫）世帯では、配偶者が基礎控除を受け、かつ、納税者本人も配偶者控除を受けるから、事実上基礎控除を二回享受する結果になるた

め、共働き世帯よりも、専業主婦（主夫）世帯を課税上優遇するといえる。このような世帯間での税負担の公平性が問題となり、2017年頃の改正論議では、配偶者控除を廃止して、配偶者の収入に関わらず夫婦で一定額控除する夫婦控除の新設も検討されたが導入には至っていない。以下、現行法を確認しておこう。

　配偶者控除は、納税者の合計所得金額が1000万円以下であり、かつ、控除対象配偶者を有する場合に、認められる（所得税法83条1項）。配偶者控除の金額は、一定ではない。2017年改正で消失方式が採られ、納税者の合計所得金額の多寡に応じて、38万円、26万円、13万円と逓減する。控除対象配偶者とは、生計を一にし、合計所得金額が48万円以下である者（同一生計配偶者）である（同法2条1項33号の2）。合計所得金額とは、総所得金額、退職所得金額、および、山林所得金額の合計額である（同法2条1項30号ロ）。例えば、給与所得者の場合、給与収入が給与所得控除の最低額である55万円を超えると合計所得金額が発生し、さらに48万円を稼ぎ合計額103万円を超えると、控除対象配偶者から外れる。

　配偶者控除の適用を受けるための就業調整が行われ、いわゆる「103万円の壁」が問題となろうが、103万円を超過して給与を稼いだときの税負担の増え方を緩やかにするため、配偶者特別控除が定められている（同法83条の2。ただし、納税者の合計所得金額が1000万円を超える場合には適用がない。同2項）。配偶者特別控除は最高38万円から、控除対象配偶者の合計所得金額が増えるにつれ漸次減少していきそれが123万円を超えると、控除額が0円となる（さらに消失方式も同時適用。同法83条1項2、3号）。このように「103万円の壁」は税制上解消されている。また、2017年改正では、配偶者特別控除として38万円満額の控除が受けられるのは、合計所得金額38万円から85万円までの枠とされ、「150万円の壁」への拡大があったといえる（2020年以降は給与所得控除減に伴い48万円〜95万円の枠となる。ただし、「150万円の壁」は変更なし）。しかし、例えば、配偶者の収入が103万円を超えると、勤務先が手当の支給を打ち切るといった慣行等から、いわゆるパートの労働抑制が依然続いていると指摘される。

　なお、2(2)に前述の所得税法57条の青色事業専従者および事業専従者は、同一生計配偶者から除かれている（同法2条1項33号括弧書）。その分は、個人単位主義に対する修正が完了しているとみるからである。

Ⅲ 収入金額・必要経費

利息制限法違反利息事件・高松市塩田宅地分譲事件：
違法な収入は課税されるのか？違法な支出は控除されるのか？

1 収入金額の範囲

(1) 収入金額の基本的考え方（所得税法36条）

　所得計算の出発点は、収入金額である。収入金額については、その範囲と、計上時期（年度帰属）が問題となり、2つは密接に関連する。ここでは、まず前者を概説する。

　所得税法36条1項は、収入金額を「その年において収入すべき金額」と定め、同括弧書において、「金銭以外の物又は権利その他経済的な利益の価額」もまた収入金額を構成することを定める。したがって、現金による収入があった場合だけでなく、現物による収入があった場合にも所得を構成しうる。ここに価額とは、時価のことであり、同条2項は、その価額の算定時期を「当該物若しくは権利を取得し、又は当該利益を享受する時」と定める。例えば、ある個人が時価1500万円の土地と交換に、時価1800万円の土地を受け取った場合の収入金額は、1800万円となる。

　所得税法36条は、収入金額についての通則的規定であり、「別段の定め」のあるときは、それに従う。例えば、政府が、政策的配慮から、一定の資産の取得や改良のために補助金を交付することがある。こうした補助金収入が所得として課税されれば、補助金の目的である資産の取得等をなしえないことがありうる。したがって、所得税法42条1項は、一定の補助金については、収入金額から除外することを定める。ただし、非課税とされた金額が控除項目を構成することがないよう圧縮記帳（取得費の圧縮）が行われる（所得税法42条5項、同法施行令90条1号）。

　他に、所得税法39条および40条は、棚卸資産（所得税法2条1項16号）の自家消費や贈与の場合、その価額を収入金額に算入することを定める。例えば、飲

食業を営む個人が、その店で提供するワインを飲み、あるいは、親戚にお土産として持たせるなどした場合、その時価は収入金額を構成する。また、コメや麦などの一定の農産物についても、自家消費分についても課税対象に含める趣旨から、販売時ではなく収穫時に、その時価（生産者販売価格）を収入金額に算入することが所得税法41条に定められている。収入金額の計上時期に着目して、収穫基準とも呼ばれる。これらは、帰属所得課税の一例と理解される（⇒本章Ⅰ2(3)）。

　収入金額は、別段の定めのない限り、あらゆる経済的利益の流入と考えられるから、例えば、航空会社やホテルなどの発行するマイレージやサービスポイント、ネットゲームで獲得した仮想通貨なども、収入金額を構成するものと考えられる。ただし、実際上、経済的利益をどのように客観的に把握するか、課税するとしても所得計算上どう扱うかは難しい問題である。給与所得者が雇用主から得るフリンジ・ベネフィットも同様に経済的利益だが、実際のところ、多くの場合非課税となっている（⇒本章Ⅴ2(6)）。

(2) 債務免除益

　借入金は、明文規定はないが、返済すべき債務が生じることから、収入金額には含まれないと解されている。借入時には課税がなかったことから、債務免除により、債務者がその債務から解放されたときには、その債務免除をうけた金額は、経済的利益として収入金額に算入されることになる。

　しかし、債務者が資力を喪失して債務を弁済することが困難である場合には、所得税の非課税が法律上明記されている（所得税法44条の2）。同様にして、贈与税もまた、非課税とされている（相続税法8条ただし書）。資力喪失の場合、債務免除益という経済的利益によって債務者の純資産が増加するものとは考えにくいから、所得として捉えることはできず、また、課税したとしても現実には徴収できないと考えられたためである。

2　必要経費・家事費・家事関連費

(1) 必要経費（所得税法37条）

　収入金額からその獲得に要した費用等を控除することを、費用控除という。

費用控除の趣旨は、所得計算において投下資本回収部分に課税が及ぶのを阻止することにある。費用控除の範囲は、その収入がどの所得に分類されるかにより異なる。ただし、利子所得に費用控除はない。

　費用控除の中でも重要なのが、必要経費の控除であり、所得税法37条は、必要経費についての通則的規定を定める。同1項は、事業所得、不動産所得、山林所得、および、雑所得の計算上、必要経費として、①「総収入金額に係る売上原価その他当該総収入金額を得るため直接に要した費用」、および、②「その年における販売費、一般管理費その他これらの所得を生ずべき業務について生じた費用」が控除されることを定める。

　①は、棚卸資産販売収入に応じて原価を必要経費として控除することを認めるもので、収入との間に個別的な対応関係があることから直接費用と呼ばれる。②は、収入との直接的な対応関係にはないが、収入を得るのに支出された諸経費について期間的な対応関係にあることから間接費用と呼ばれる。このように、収入とその獲得に貢献した費用を対応させて利益計算を行おうとする考え方を費用収益対応の原則といい、収益や費用の年度帰属を理解する上で重要な会計技術でもある（⇒本章Ⅳ2）。

　また、間接費用については個別的には費用収益対応が観念できない代わりに、年末までに債務が確定していなければならない（所得税法37条1項後段括弧書。償却費を除く）。これを債務確定要件と呼ぶ。見積計上を排除し、正確な所得計算を行うため必要とされる。ただし、債務確定要件の例外として、債務が確定しない場合でも必要経費として計上を認める別段の定めがある。

　例えば、退職給与規程により被用者の退職時に退職金支給がなされる場合には、その見積もり支給額の一部を退職給与引当金として必要経費に算入することができる（所得税法54条1項）。退職金を給与の後払と考えると、このように費用発生の原因である被用者の労働が提供された年度に費用化することは、費用収益対応の原則の要請にも合致する。このように特に費用発生が前もって確実であり、合理的に見積計算が可能な場合には引当金の計上が認められよう。他には、将来の貸倒れによる損失を見込んで計上される貸倒引当金（所得税法52条1・2項）がある。なお、将来の棚卸資産返品を見込んで計上される引当金として、返品調整引当金があったが、2018年改正で廃止された（⇒第3章Ⅲ

(2) 家事費・家事関連費（所得税法45条）

　包括的所得概念のもと、家事費といった消費に当たる部分は所得を構成することから、これを必要経費に算入することは認められない（所得税法45条1項1号）。ただし、例えば、クリーニング業を営み自宅兼店舗に住む個人の賃料や電気料金は、店舗で使用する分と、家庭で使用する分とからなるだろう。このように、必要経費と家事費が混じった経費を、家事関連費という。

　所得税法施行令96条1項は、家事関連費のうち必要経費の控除が認められる部分として、家事関連費の「主たる部分」が「業務の遂行上必要であり、かつ、その必要である部分を明らかに区分することができる場合」と定めている。したがって、ある支出について店舗部分と家庭部分への区別が、何らかの客観的な基準（例えば、床面積）によって明確に示されうる場合に限って、家事関連費の一部が必要経費と扱われる。また、所得税基本通達45-2は、同政令の「主たる部分」の解釈として、「業務の遂行上必要な部分が50%を超える」という判断基準を示す。しかし、同通達は、続けて「50%以下であっても、その必要である部分を明らかに区分することができる場合には、当該必要である部分に相当する金額を必要経費」とすると定め、租税実務においては、明確に区分できる限り納税者に有利な家事按分も認められている。

　また、問題となるのは、業務遂行に伴い、追加的な支出をした場合である。例えば、自営業を営む者が営業中の子供の世話に支払ったベビーシッター代は、もしその支出がなければ、業務に差し障りがあるものだが、子守自体は業務とは関係がないことから、家事費となる。映画に出かけている間に利用されたものか、営業中に利用されたものかの判別、すなわち、家事費か否かの判別が困難だからである。このような個々の支出についてその目的や理由を確認して必要経費控除を認めることになれば、執行上の負担からしても現実的ではない。なお、このような扶養義務等に伴う支出については、所得控除や手当という形で部分的に政府が負担しているといえる（⇒本章Ⅸ4）。

　なお、一定の租税や罰金等についても、必要経費から排除されている（所得税法45条1項2号以下）。租税のうち所得税や住民税は、収入を得るための費用

とは言えず課税後所得からの支出とされるためである。罰金等については、3(4)で説明する。

3 違法な収入と違法な支出

(1) 違法な収入

違法な収入に課税が及べば、国が犯罪行為を認めたことになり、その収入への課税から税収を得ることへの嫌悪感や、犯罪行為による収入であることから返還義務や損害賠償義務の故に最初から課税がなされるべきではないという主張がなされたこともある。しかし、現在では、租税の公平負担の考え方から、違法な所得についても課税の対象とすべきことに異論はない。例えば、所得税基本通達36-1は、所得税法36条の収入金額について、「その収入の基因となった行為が適法であるかどうかを問わない」と解釈している。

また、所得税法152条および同施行令274条は、無効な行為により生じた経済的成果がその行為の無効であることに基因して失われたことを、更正の請求を認めるべき事実として挙げる。たしかに、違法な収入については、返還義務等があることが考えられ、借入金の場合のように純資産の増加はないことになろうが、被害者等から現実に請求がなければ返還義務等が生じないことに鑑み、制定法全体の理解としても、違法な収入への課税に妨げがないといえる。

(2) 利息制限法違反利息事件・最判昭和46・11・9民集25巻8号1120頁（百選31）

金融業者である個人Xは、利息制限法所定の制限利率を超える利息（制限超過利息）によって融資を行い、そのうち未収分については収入金額から除外して、申告を行った。これに対して、税務署長Yは、未収であっても履行期の到来した制限超過利息については収入金額に含まれるとして、増額更正処分を行った。

裁判所は一貫して、制限超過利息の未収分の課税所得該当性を否定し、納税者の請求を認容した。下級審は、収入が所得原因を問わず課税されるとしながら、未収の制限超過利息については、その約定が無効であって法律上何らの債権も発生しないと理由づけた（権利確定主義の採用⇒本章Ⅳ1(2)）。通常、制限超

過利息は、私法上その約定が無効であるだけでなく、債務者が支払った場合でも、民法491条の適用により制限超過部分は元本に充当されると解され、法的には完済まで既収分も課税できないなどということになりかねない。

　そこで、最高裁は、争点となった未収の制限超過利息の扱いだけでなく、元本に充当される扱いの既収の制限超過利息が課税される理由にも触れながら、下級審とは異なる理由により結論を導いた。

　すなわち、最高裁は、既収の制限超過利息が課税されることにつき、「当該制限超過部分が元本に充当されたものとして処理」されることなく、「依然として従前どおりの元本が残存するもの」として扱われている以上、「制限超過をも含めて、現実に収受された約定の利息」すべてがXの所得として課税の対象となると述べた。また、実際に元本充当により計算上完済となった時でも「借主が民法に従い不当利得の返還を請求しうる」ことをもってしても、「現実に収受された超過部分」の課税を肯定した。

　次に、最高裁は、未収分につき判断するに当たり、まず一般に履行期到来時に適法な利息が収益計上される点に関し、「収入実現の可能性が高度であると認められる」と説示した。そのうえで、制限超過利息の場合、「その基礎となる約定自体が無効」であることから、履行期到来にあっても未収ならば、借主が「任意の支払を行うかもしれないことを、事実上期待しうるにとどまる」のであり、「収入実現の蓋然性があるものということはでき」ないと述べ、未収分の制限超過利息が収入金額を構成しないと判断した。

　このように、適法な利息の場合には、履行期到来により未収でも課税の対象となるものが、違法のゆえに課税されない結果となった。違法の場合、特に、既収か未収かで扱いが異なるのは、経済的な実質、すなわち、金銭の管理支配の有無が重視されるからである（管理支配基準⇒本章Ⅳ1(4)）。

　では、違法な支出は控除されるだろうか、次の裁判例をまず説明する。

(3)　高松市塩田宅地分譲事件・高松地判昭和48・6・28行集24巻6=7号511頁

　個人Xは、土地開発会社Aが開発・造成した宅地について、Aの依頼を受け、不動産仲介業者Bを通して末端買主に譲渡した。当時の宅地建物取引業法

は、不動産売買の仲介人が売主・買主から受け取る報酬の限度額につき、売買金額1000万円まではその３％以内と定めており、さらに同法は罰則を以って所定率以上の報酬を受け取ることを禁止していた。Ｘが扱った宅地は、すべて1000万円未満であったが、Ｂに支払った仲介手数料は、同法の許容する限度を上回る金額であった。争点は、同報酬額のうち法規の許容する限度を上回る部分について、Ｘの必要経費として控除しうるかである。

　裁判所は、同法の規定の趣旨が、「不動産仲介業者が不動産取引における代理ないしは仲介行為によって不当の利益を収めることを禁止」することにあると解し、法規に「違反する報酬契約の私法上の効力いかんは問題」としても、現実に法規が許容する以上の報酬が支払われた場合、所得税法上、「現実に支払われた金額」を必要経費として控除できるとした。この判断は、費用控除の趣旨と整合的である。また、所得税法37条は、適法かどうかを問うことなく、業務に関連して現実に支出された金額の控除を認めるものであることを考えれば、本判決は、租税法律主義に合致した妥当な判断といえる。

　さらに、裁判所は、同報酬の支払を受けたＢの側で、その報酬全額を所得として課税されることにも触れた。この点については、所得税法36条の解釈からも妥当である。なお、本件の報酬が未収であった場合には、上記利息制限法違反利息事件判決に従い、Ｂの収入金額とならないであろうし、これとの対比で、Ｘの側でも控除がないことになろう。

(4)　違法な支出

　違法な支出については、直感的にもその控除に対する抵抗がありそうである。所得計算において、違法な支出を控除できれば、その控除により税額が減少し、違法な行為を国が承認しただけでなく、補助金を出したともいえるからである。仮に税率が一律30％であるとすると、違法な行為による支出の控除が1000万円である場合、300万円の税負担の減少分を考えれば、1000万円の支出について、納税者自らの持出し分は、700万円になる。しかも、税率が高いほど国が片棒を担ぐ割合は増加する。

　たしかに、控除によるこのような結果に鑑み、罰金、損害賠償金（ただし、故意または重過失により他人の権利を侵害した場合に支払われるものに限る。所得税法

施行令98条）や、一定の課徴金等については、制裁の経済的効果を弱めないために、必要経費から除外されている（所得税法45条1項3・5〜7号）。

では、違法な支出について、明文の規定がなくても、控除が認められないと考えられるべきか。否であろう。そもそも租税は、国家活動の資金調達を目的としたものであり、制裁目的で課されるものではない。租税法に期待されているのは、あくまでも正確な税額計算であり、社会的制裁については他の法律によってなされるべきである。

米国では、公序（public policy）の理論と呼ばれる判例法理によって、違法な費用の控除は否認されてきた。このような法理を日本でも解釈上取り入れようという主張はある（裁判例として例えば、東光商事事件最高裁判決⇒第3章V(1)4）。

だが、日本では、所得税法45条において、控除が認められない支出は限定列挙されており、違法な支出であっても同条に掲げられていない項目は、所得税法37条により必要経費として控除可能であると解されよう。また、税務調査にあっても、それが犯罪捜査としては行われてはならないとの規定がある（国税通則法74条の8）。したがって、費用控除に当たり、適法性の判断が影響すると執行上の困難さが伴う。

もっとも、上記(3)の事案は、民事上の約定の効力に関係するものであり、刑事上の犯罪行為が絡む場合について、実際どのような判断がなされるのか興味深い。この点、2006年改正において所得税法45条2項がおかれ、刑法198条に規定する賄賂等の必要経費不算入が定められた。これは、国連腐敗防止条約の国内法制として実現したものであり、法人税法55条5項にも同様の規定が同時に設けられている。違法な費用が控除を否認されるには、やはり立法による根拠が必要といえそうである。なお、覚醒剤密売から、その収入を得るのに要した諸経費の範囲を検討した裁決例においても、基本的には薬物購入原価等が必要経費として控除されている（平成2・4・19裁決事例集39号4号）。ただし、法人税においては、公正な会計慣行といった別の考慮が働く場合もあることに注意したい（裁判例としてエスブイシー事件最高裁判決⇒第3章II2(4)）。

Ⅳ　所得の年度帰属

仙台賃料増額請求事件：
まだ係争中の賃料の支払を受けた。これは課税の対象とされるのか？

1　所得の年度帰属（timing）

(1)　現金主義・発生主義・実現主義（cash method, accrual method, realization）

　所得税は、一暦年（1月1日から12月31日）に獲得された所得を基準として課税される（国税通則法15条2項1号）。例えば、年末にある値上がり資産の売却契約をし、年明けに代金を受け取った場合、売却益はどちらの年度に計上されるだろうか。ある所得がどの年度に課税されるか、すなわち、年度帰属もまた、所得の範囲決定のため避けては通れない問題である。

　そこで、所得はいずれ課税されるものだからといって、所得の帰属年度を自由に決められるなら、納税者は、税率段階が低い年度や、相殺できる損失がある年度に所得を計上するというような操作を行うであろう。また、法改正によって、税率や損益通算の範囲が変わることがあれば、自らの税額が最も少なくなる年度に所得を帰属させようとするであろう。課税の公平を確保するため、年度帰属が適正なものかが問われる。だが、所得税法には、年度帰属についての直接的な定めがない。したがって、まずは、所得税法36条1項における「その年において収入すべき金額」の解釈が必要となる。

　一般に、収益の計上基準としては、大きく分けて、現金主義と発生主義の2つがある。現金主義は現金の収受があった日を基準に、発生主義は所得が発生した日を基準に収益の計上時期を決定するというものだ。クレジットカード払いなど信用取引が広範に行われる社会では、原則として、前者は採られない。確かに、同法36条1項では、「収入した金額」とは定められていないから、現金主義を採用したものではないと解される。また、例えば、所得税法36条3項は、無記名公社債の利子が、「支払を受けた金額」をその年分の収入金額とし、所得税法67条は、一定の小規模事業者のみ現金主義を採用しうることを規定し

ており、その反対解釈として、それら以外の場合には、現金主義を採用しえないことになろう。現金主義によると、現金の収受を意図的に遅らせるなど人為的な操作が可能となるため、例外的にしか認められない。

そうすると、「収入すべき金額」は、発生主義によるべきだが、「収入」という文言そのものは、外からの経済的価値の流入という意味を持つものと考えられる。実際、収入金額の計上にあたっては、特に金銭的裏付けが重視され、資産の引渡しあるいは役務の提供が、現金あるいは現金等価物と交換された際に収入金額を計上するべきとされ、これは実現主義と呼ばれる。ただし、実現主義の採用は、包括的所得概念のもと所得として課税対象とすべきとされる未実現利益の課税を排除し、課税繰延の効果を持つことは既に触れた（⇒本章Ⅰ1(1)）。例外として、時価主義が採用されている場合（⇒第3章Ⅲ）、出国税などの一定の例外的規定がある場合（⇒本章Ⅵ6(4)、6章Ⅰ3(3)）がある。

(2) 権利確定主義・最判昭和49・3・8民集28巻2号186頁（百選100）

判例は、「収入すべき金額」が「収入すべき権利の確定した金額」であると解しており、この考え方は、権利確定主義と呼ばれる。旧通達において、同様な文言があったことに由来し、最高裁が追認した形となっている。

最高裁は、所得税法が「現実の収入がなくても、その収入の原因たる権利が確定的に発生した場合には、その時点で所得の実現があつたものとして、右権利発生の時期の属する年度の課税所得を計算」する方法、すなわち、権利確定主義を採用していると評価した。現実の収入にこだわらない点について、「常に現実収入のときまで課税できないとしたのでは、納税者の恣意を許し、課税の公平を期しがたい」としながらも、このような現金収入がないままの課税が「いわば未必所得に対する租税の前納的性格を有する」として、課税対象とされた債権が貸し倒れたときには、是正する手段が要請されるとした。現行所得税法64条および152条においては、過年度の所得の是正を通じて、更正の請求により、取り過ぎた税額の返還する方法が定められている。

ただ、最高裁は、権利の確定という概念が、具体的にどのようなことを意味するかは示さなかった。実際上、取引の種類や態様ごとに判断されると解され、例えば、租税実務においては、商品販売の場合には、引渡があった日、人

的役務提供の場合には、その役務の提供を完了した日とされる（所得税基本通達36-8）。確かに、これらでは、法律上、商品の引渡しや役務提供完了時に、相手側に同時履行の抗弁権の主張が可能であるといえる。租税法上の収益計上基準としては、法的安定性のため、権利確定主義が妥当性を持つが、実現主義と大差ないといってよいだろう。

(3) 年度帰属に係る特例：延払特約付販売と長期工事基準

権利確定主義や実現主義に従えば実情に合わない結果となる場合に関しては、特殊な年度帰属が定められている。例えば、パソコンを月々8000円36回払いで販売するといった場合がある。このような長期割賦販売では、商品の引渡しが先に行われるが、代金が分割払いにより数年に渡るとき、権利確定主義に拠れば引渡し時に課税されて、納税資金の不足が生じることになる。そこで、所得税法65条では、事業所得に限って、一定の要件のもと収入金額とそれに係る必要経費の計上を後倒しにすることが認められている（ただし、2018年改正により、リース取引に限定された。一定の経過措置あり）。

また、例えば、スカイツリーは完成まで7年かかった。このような大型建造物の建設やソフトウェア開発など完成までに数年かかり、金銭を現実に受け取りつつ工事等を進めていくといった場合、権利確定主義によれば、現実の収入があるにもかかわらず完成後の引渡しまで、課税が遅れる。そこで、所得税法66条は、一定の要件を満たす場合に、工事進行基準のもと、収入金額とそれに係る必要経費の計上の前倒しを認める。上記2つの特例は、法人税法63条と64条にもそれぞれ同様な規定が設けられている（⇒第3章Ⅰ4）。

(4) 管理支配基準：仙台賃料増額請求事件・最判昭和53・2・24民集32巻1号43頁（百選63）

通常、地代の増額請求は、貸主からの意思表示だけで増額分も合わせた賃料を支払う債務を、借主は負うことになる。しかし、これが争われた場合には、裁判が確定するまで権利は確定しないと解されている。それまでは、賃料の正確な金額が不明確となるからである。

本件において、土地貸主Xは、1955年8月、借主Aに翌月以降の賃料増額の

旨を伝えたが、Ａがこれを拒否したことから、地代等請求の訴えを地裁に提起した。同地裁は、1960年11月明渡しと賃料相当の損害金支払命令等を条件とする仮執行制限付判決を言い渡し、高裁もまた、ほぼ同内容の仮執行制限付判決をだした。そこで、Ｘは、1962年と1964年の２回に分けてＡから問題となった金員の支払を受けた。Ａは上告していて、1965年最高裁が上告棄却したことで、高裁判決が確定することとなった。

　当該金員について権利の確定があった年は、最高裁判決が出て原審の確定した1965年であって、権利確定主義によれば、その年の所得として課税されるべきことになり、租税実務もそのような取扱いを求めるものである（所得税基本通達36-5）。しかし、現実の支払のあった1962年と1964年の所得として課税処分が行われ、Ｘは、この処分の取消しを求めて出訴した。

　一審は、権利確定主義からは昭和40年に権利の確定があったことになるが、1962年と1964年にＡからＸへの現実の支払があったことについて、Ｘはその経済的利益を享受し、担税力もあることから、権利確定主義を破るものでもないとして、課税処分を適法とした。これに対し、二審は、判決による確定以前の支払が、後に解除される可能性がある暫定的なものであるとして、その支払を持って権利確定と見ることはできず、問題となった金員については、最高裁判決が出て権利が確定したとされる昭和40年に課税されるべきだとし、厳格に権利確定主義を適用して、課税処分を取り消した。

　このように下級審の判断が分かれる中、最高裁は、一審を支持する判決を出した。最高裁は、「原則として、右債権の存在を認める裁判は確定したときにその権利が確定する」として原則論を確認しつつも、次のような例外的な判断を打ち出した。すなわち、最高裁は、「請求権があると判断され執行力を付与された判決に基づき有効に金員を取得し、これを自己の所有として自由に処分することができる」ことから、「係争中であっても、これに関しすでに金員を収受し、所得の実現があったとみることができる状態が生じたときには、その時期の属する年分の収入金額として所得を計算すべきものであることは当然」と述べた。「所得の実現があったとみられる状態」とはどのような場合かが難しいが、少なくとも、権利確定前でも、金員を現実に取得し、処分可能となった時点で収入金額に計上できるという解釈が示されたといえ、これは講学上、

管理支配基準と呼ばれる。

　さらに、最高裁は、支払自体が後に覆される可能性があることについては、「返還すべきこととなる部分の金額に対応する所得の金額は、当該所得を生じた年分の所得の計算上なかったものとみなされ、更正の請求により救済を受けることができる」から問題なしとした。このように最高裁は、後の判決が覆された場合への修正可能性があることに触れ、権利確定前に課税することを正当化した。

　管理支配基準は、実際、違法収入の課税根拠として使われてきた（⇒本章Ⅲ3⑵）。例えば、権利確定主義に拠れば、賭博や詐欺による収入は課税されるが、それ以上に悪質と思われる窃盗や盗難では、所有権の移転がないとして、課税できない結果となろう。課税の公平のためには、現金支配の現実を見て課税するという管理支配基準の必要性が指摘されるところである。しかし、管理支配基準によれば、権利確定主義よりも早期に所得課税を認めるから、その適用には、注意が必要とされる。本件判決以降、管理支配基準の適用が度々争われている（⇒例えば、最判平成10・11・10判時1661号29頁）。

(5) 前受金と前受収益

　商品引渡し等に先立って支払われた対価の一部たる手付金や内金は、前受金、また、来年の家賃や保険料など、契約に基づき継続的な役務提供に支払われた将来の期間の対価は、前受収益として処理される。これらは、役務提供や商品引渡し前の金銭の収受であって、その支払を受けた年ではなく、商品の引渡しや役務提供があった年の収入金額となる（所得税基本通達36-8）。このような取扱いは、現金の支払を受けていても、将来における商品の引渡しや役務提供という義務を内容とする負債を同時に負うことによるものであって、管理支配基準が適用される場合とは区別されることに注意が必要である。

2　必要経費の年度帰属

(1) 費用収益対応の原則（principle of matching costs with revenues）

　所得の年度帰属を考えるにあたり、収入金額だけでなく必要費用の年度帰属もまた同様に注意が払われなければならない。必要経費は、直接費用と間接費

用とに分けられるとしたが（⇒本章Ⅲ2(1)）、それぞれが費用収益対応の原則のもと、それが生み出すことに役立った収入に対応させ、その収入から控除することによって適正な所得が算出される。ここでは、費用収益対応の原則がどのように具体化されているのか、以下にみておく。

(2)　棚卸資産（inventories）

棚卸資産とは、事業所得を生ずべき事業に係る商品、製品、半製品等で、棚卸される資産である（所得税法2条1項16号）。例えば、雑貨ショップを営む個人Pは、商品を1個1000円で仕入れているとする。昨年末からの売れ残りは50個、今年の仕入れは550個、年末の売れ残りは80個であったとしよう。今年の支出自体は、仕入れ分の550個×1000円＝55万円であるが、これ全部が必要経費となるのではなく、そのうち売れた分（50個＋550個−80個）×1000円＝52万円だけが今年の売上原価として、必要経費に算入される。

今の例では商品の原価を一定ととらえたが、実際には同じ商品であっても、経済状況等により仕入れ値が変動することがある。そこでは、売上原価を決定する要素として、年末に売れ残る棚卸資産の評価、すなわち、期末棚卸資産評価額の算定方法が重要となる。その年に必要経費に算入される棚卸資産の売上原価は、期首棚卸資産評価額と当期棚卸資産仕入額の合計額から、期末棚卸資産評価額を控除して計算されるからである（所得税法47条、法人税法29条）。このような売上原価の計算方法は、棚卸計算法と呼ばれる。

期末棚卸資産の評価算定方法には、原価法としては、個別法、先入先出法、総平均法、移動平均法、最終仕入原価法、売価還元法が法定されており、また、これら原価に基づく評価方法により算定された金額よりも期末時点の時価が低い場合には、その低い方をもって評価してもよいという低価法もある（所得税法施行令99条）。各評価算定方法の詳細は本書では割愛するが、年によって売上原価が最大となるような方法を選択するのではなく、納税者が自らの扱う棚卸資産に応じた評価算定方法を継続的に適用することで、適正な所得計算につながると考えられており、評価算定方法の変更に当たっては、税務署長の承認を受けなければならない（同令101条）。

(3) 減価償却（depreciation）

　Ｐは、その雑貨ショップ事業に自らが保有する店舗を使用していたとしよう。この店舗も、収益の獲得に貢献するものであり、店舗購入に係る支出もまた必要経費となる。しかし、その支出全てを、購入年度に一度に必要経費に算入してしまえば、その所得は、店舗の収益獲得への貢献度合いを適正に反映したものとならない。このように毎年使用されることによって収益獲得に貢献しつつも、物理的にも経済的にもその価値が減少すると考えられ資産は、減価償却資産と呼ばれる（所得税法2条1項19号）。減価償却資産は、費用収益対応の原則に基礎づけられる減価償却という会計技術によって費用化がなされる。なお、価値の減少が想定されない土地や美術品などは減価償却資産に含まれない。

　減価償却資産を得るための支出は、取得費（取得価額）とされた上で、そのうちの一定金額が減価償却費として、耐用年数にわたり徐々に必要経費とされる（所得税法49条、法人税法31条）。耐用年数は、使用可能と見積もられた年数であって、資産の区分・態様に応じて「減価償却資産の耐用年数等に関する省令」に定められている。主な減価償却方法としては、定額法と定率法があり、ざっくり説明すると、前者は、取得費を耐用年数で割った金額を毎年の減価償却費とするものであり（計算例⇒本章IX 2(2)）、後者は、取得費のうち毎年の減価償却費とされる金額が一定割合で逓減するものであり、こちらの方が早く減価償却を進められる。耐用年数が、実際に使用可能な年数よりも短い場合には、減価償却費の前倒し計上が可能となる。なお、減価償却方法の変更に当たっても、税務署長の承認が必要である（所得税法施行令124条）。

　また、例えば、Ｐが店舗について耐震工事を行った場合、それに係る支出は、資産の価値を高め耐用年数を延ばすものであるから、数年にわたり減価償却費として必要経費とされるべきである。このような支出は、資本的支出と分類され（所得税法施行令181条）、店舗の取得費に加算され減価償却の対象とされる（同令127条）。資産の改良について支払われた支出が、修繕費と判断される場合には、その支出年度の必要経費となるため、修繕費か資本的支出かの判断が重要となる。

　政策目的達成に貢献するような一定の減価償却資産、例えば、環境保全のた

めの太陽光発電設備や次世代育成のための事業所内保育施設を購入した場合には、租税特別措置法において、初年度全額償却や加速償却が認められることがある。これらでは、資産を購入した年度にその資産の取得費すべてを必要経費にできたり、あるいは、毎年の減価償却費を増額したりすることができる（⇒本章Ⅸ 2 (2)）。

(4) 繰延資産（deferred expense）

　Pが開業する前に、広告チラシや名刺の作成、市場調査などに係る支出があったとしよう。これら支出の効果は、開業後の収益獲得に貢献するから、減価償却資産のように費用収益対応の原則に従って、費用化されるべきである。支出の効果がその支出日以降1年以上に及ぶものは繰延資産と呼ばれ（所得税法2条1項20号、同令7条に限定列挙）、資産計上し、数年にわたり償却費として費用化することが認められている（所得税法50条、法人税法2条24号・32条）。

コラム 2 Ⅳ 「時は金なり」

　納税者は、できるだけ収入の計上を遅くし、費用の計上を早める傾向がある。これらによって、納税者は、来年以降に課税を延期させること、すなわち課税繰延（tax deferral）ができ有利となるからだ。課税繰延の利益は、金銭の時間的価値（time value of money）を考えてみても明らかである。利息率がプラスならば、今手元にある1000万円は、5年後の1000万円よりも価値が高い。例えば、利息率が3%であるとすると5年後の1000万円は、今の863万円（＝1000万円÷$(1+0.03)^5$）しか価値を持たないと計算される。また、単純に考えてみても、今年支払うべき1000万円の税金の納付を、5年後まで遅らせることができたならば、納税者は、その間に1000万円を他に投資することでリターンを得たり、借金返済に充てて支払利息を浮かせたりすることもできよう。このようにみていけば、課税繰延は、国からの無利息融資に近いと考えられる。では、金銭の時間的価値に鑑みれば、納税者にとって不利となる課税上の取扱いはないだろうか？

V 所得の人的帰属

歯科医師親子共同経営事件：
親子で自営業を営むときは、別々に申告するのかしら、それとも一緒に？

1 所得の人的帰属（attribution）

(1) 実質所得者課税の原則（所得税法12条）

　納税者と課税物件（所得）との結びつきを、人的帰属といい、要するに、ある所得が誰に課税されるのかが問題となる。人的帰属は、現行所得税法が累進課税と個人単位税を原則とすることから、所得分散や所得分割を防止するという意味で重視されるだけでなく、人的帰属を誤った課税があれば、所得のないところに税負担を強いることになるから、執行に当たっても、十分留意されねばならない。

　一般的に言って、サラリーマンの給料はその者の所得であるのに違いなく、勤労性所得に関しての人的帰属は、それほど大きな問題を生じない。先にみた裁判例において、婚姻に先立ち財産の帰属を夫婦で折半する夫婦財産契約を締結した場合であっても、夫の給与所得の半分を妻の所得として申告できるかが争われたが、裁判所は、これを認めなかった（⇒本章Ⅱ1(2)）。勤労性所得に対する課税については、稼得者課税が貫かれるからである。

　人的帰属は、資産性所得や資産勤労結合性所得に関して特に問題となり、次のような設例がよく引き合いに出される。例えば、①父親が、娘の名義で銀行口座を開設し、自分のお金を預け管理運用した場合、その預金から得られる利子は誰の所得か、②母親が資金を出して、息子の名義で取得した不動産を賃貸あるいは譲渡した場合、その賃貸収入あるいは譲渡収入は誰の所得か、③会社が、会社役員の名義で取得した株式について配当が支払われた場合、その配当収入は誰の所得か、などである。

　人的帰属に関して、所得税法12条は、「資産又は事業から生ずる収益の法律上帰属するとみられる者が単なる名義人であって、その収益を享受せず、その

者以外の者がその収益を享受する場合には、その収益は、これを享受する者に帰属するものとして、この法律の規定を適用する」と規定する。この規定は、難解だとして有名だが、要するに、資産または事業からの収益については、単なる名義人ではなく、その収益を実際に「享受する者」に帰属させるという内容であって、実質所得者課税の原則を定めたものと解されている。「享受する者」の解釈については、法律的帰属説（法的実質主義）と経済的帰属説（経済的実質主義）という2つの説の対立がある。

　法律的帰属説は、私法上の法律関係により人的帰属を決めるという説であり、真の権利者が「享受する者」であるとする。これによると、①の利子は、娘ではなく、実際に契約し、お金を出した父親が、利子を受け取るべき真の権利者となって、父親に課税され、同様に、②の不動産収入等は、不動産の真の保有者たる母親に、③の配当は、株式の真の保有者たる会社に、課税されることになる。

　これに対し、経済的帰属説は、経済的実質を見て人的帰属を決める説であり、経済的価値を受けた者が「享受する者」であるとする。すなわち、所得が、誰に法的に帰属したかではなく、実際に誰に最終的に行き着くかをみる。例えば、①の利子では、銀行からその利子を引き出して実際に使った者に課税されることになろう。

　経済的帰属説により人的帰属を決定することは、担税力に即した課税につながるだろうが、誰がその経済的利益を得たのかが分かりづらく、運用上その判定には困難を伴う。法的安定性からはやはり法律的帰属説が支持され、これが通説となっている。しかし、経済的帰属説が一切採用されないというわけではない。特に、法律的帰属説によれば、経済的実質に反した課税となり納税者にとって酷な場合などには、例外的に経済的帰属説によることもありうる。

　なお、所得税法12条と同様な規定は、法人税法11条や消費税法13条（⇒第4章3(1)）などにも置かれており、同様に解釈されている。

(2)　株式譲渡益の人的帰属・最判昭和62・5・8訟月34巻1号149頁
　夫Xが、自分のお金を妻Wに渡し、有価証券取引についての諸手続を行わせていた場合において、そこから生じる所得はXに帰属するとして課税処分がな

された事例がある。

　裁判所は、XにはWに有価証券等を贈与したものとは認められず、Wがそれら売買を包括的に委任したに過ぎないものであるから、Wのなした諸取引に係る所得はすべてXに帰属すると判断した。ここでは、真の権利者はXであることが重視されたものであり、法律的帰属説によるものと考えられる。

(3)　経済的帰属説の採用例・最判昭和49・4・9税資75号82頁

　ある個人Pの個人事業における事業用財産の売却益について、Pがその個人事業を廃止して設立した有限会社Xに帰属するか、Pに帰属するかが争われた事例がある。当時の有限会社法に従えば、その売却益はXに帰属せず、法律的帰属説ではXに帰属する。しかし、裁判所は、本件ではXに帰属するとしても同法の趣旨に反しないことを確認したうえで、実際上Xに利用収益されている事実から、「私法上の法律効果とは別個に事実上発生存続している経済的効果に対し、税法上、税を課するのは、その実質主義の建前から許されなければならない」として、問題となった売却益については、Xに帰属すると判断した。本件判決は、経済的帰属説によって判断されたといえる。

(4)　登記冒用事件・最判昭和48・4・26民集27巻3号629頁（百選107）

　Xの義兄Aは、債権者からの取立てを免れるために無断で、Aの所有ではあるが第三者名義であった土地建物をXの名義とし、その後、Bに売却した。これにより発生した譲渡所得は、Xに帰属するとして課税処分等がなされた事例がある。

　最高裁は、Xらの不知の間にAがなした登記操作に基づき発生したとされる譲渡所得に係る課税処分には、重大な過誤をおかした瑕疵があるとして、同処分を無効とした。本件では、Aが、何も知らされていないXの名義を冒用したのであって、法律的帰属説と経済的帰属説のいずれによっても、Xが譲渡所得を「享受する者」とはいえない。本件は不服申立期間を徒過しての訴えであったが、人的帰属に根本的な誤りがあったことが重視され、例外的に課税処分が無効となることが示された重要な判例である。

2 事業所得の人的帰属

(1) 事業主基準

　例えば、父親と息子で協力し合い、農業を営む場合、そこから得られる農業所得は、誰の所得として申告すべきだろうか。いずれか一人のものか、頭数で折半か、それとも、ほかの何らかの基準で、父親と息子で所得を按分して申告できるのだろうか。

　結論からいうと、裁判所や租税実務（所得税基本通達12-2～5）は、こうした場合の所得については、誰か一人に集中的に帰属させて課税する傾向にある。すなわち、事業経営方針の決定について支配的影響力がある者や、生計主宰者である者を事業主として、その者の所得として集中させて課税しており、これは事業主基準と呼ばれる。事業主基準は、家族間での所得分割そのものに対処するため必要とされ、所得税法56条が給与等対価の支払によって家族間での所得分散を防止するために設けられたのと同様な趣旨によるものと考えられる（⇒本章Ⅱ2(2)）。

(2) 歯科医師親子共同経営事件・東京高判平成3・6・6訟月38巻5号878頁（百選26）

　高齢となりつつある歯科医の父親Ｘが長年経営している歯科医院で、歯科医国家試験に合格した息子Ｓが働き始めた。翌年には、Ｓは、自分名義の個人事業の開業届出書（所得税法229条）を所轄税務署に提出し、二代目としてＸと共に診療に従事し続け、患者の数も増えていった。そこで、Ｘは、歯科医師医院の総収入および総費用をＳと折半して申告した。しかし、税務署長は、Ｓが独立の事業者ではなくＸの専従者であり、同医院からの事業所得すべてがＸに帰属するとして、更正処分等を行った。争点は、その事業主がＸのみか、あるいは、ＸとＳの両方なのかである。

　一審の請求棄却を受け、Ｘは控訴したが、二審もまた、概ね一審を維持して、Ｘの請求を認めず、判決は確定した。二審は、親子が相互に協力して一つの事業を営んでいる場合における所得の帰属者が誰であるかの考え方について、「その収入が何人の勤労によるものであるかではなく、何人の収入に帰し

たかで判断されるべき問題であって、ある事業による収入は、その経営主体であるものに帰したものと解すべき」とした最高裁判決（昭和37・3・16裁判集民事59号393頁）を引用した。その上で、従来父親が単独で経営していた事業に新たにその子が加わった場合においては、特段の事情のない限り、父親が経営主体で子は単なる従業員としてその支配のもとに入ったと解するのが相当であるという見方を示した。

　経営主体が父親であったということの妥当性判断にあっては、やや細かな事実認定が行われた。そこでは、XとSの家族が同居しており、別個の世帯とは認められないといった家庭内の諸事情から、医院設備関連の支出がXによるものであること、さらには、同医院が20数年に渡りXにより経営された経緯が指摘され、Sの診療開始後、患者数が増えるなどして医院の収入が増えていたとしても、特段の事情には当たらないと考えられた。また、Aの医師としての経験が新しく、かつ短いことからいっても、Xの長年の医師としての経験に対する信用力の下で経営されていたとみるのが相当として、医院の経営に支配的影響力を及ぼしているのは、Xであると判断された。

　二審は、最後に、「診療方法及び患者が別であり、いずれの診療による収入か区別することも可能であるとしても、Xが医院の経営主体である以上、その経営による本件収入は、Xに帰する」と述べており、事業所得の人的帰属としては、事業主基準が念押しされたといえる。もし収入が何らかの具体的な証拠によってXとSの間で区別できれば、費用をもそれに応じ按分的に算定することによって、個人単位課税と稼得者課税の考え方に即した課税を行うことが可能となるかもしれないが、この点については消極的な判断がなされたことになる。事業所得は資産と勤労が結合した所得であり、共同事業者間でのその切分けについては煩瑣な認定が避けられないことを考慮したものと思われる。

　しかし、このような判断は、租税実務と衝突する場合があるかもしれない。所得税基本通達12−5(2)は、生計主宰者以外の親族が医師や税理士などの自由職業者として、生計主宰者とともに事業に従事している場合でも、収支を区分しており、かつ、その親族が生計主宰者に従属的に従事していると認められない場合には、その親族に係る収入部分については、その親族に帰属するとして、事業主基準を免れるという取扱いを認めている。裁判所の判断と租税実務

の齟齬は、予測可能性を損なうだろう。

　なお、本件において、一審は所得税法12条に明示的に依拠したものの、二審は同条に言及していない。同条の理解としては法律的帰属説が通説とされるところ、上記の事実認定において探られたのは、誰が真の権利者なのかというよりはむしろ、経済的実質において、誰が経営を支配しているかということであり、それが経済的帰属説に依拠するものかどうかはともかく、二審は、所得税法12条の通説的な解釈からは、直接的には上記のような結論を導けないと考えたのかもしれない。

3　契約等による所得分割

(1)　家族組合（family partnership）

　夫婦や家族で事業を営む場合であっても、事業主基準の判定を免れ、所得分割が可能となる場合がある。すなわち、事前に一定の契約、例えば、夫婦間で民法上の組合（民法667条以下、「任意組合」と呼ばれることもある）を作り共同事業を営んだ場合には、現行法上は所得分割を否認できないと解されている。

　具体的には、夫婦が資産や労働などを出資し組合員となって、その組合を通じて、ある事業を共同して遂行していくことになる。各組合員は組合の収益と費用を契約に従いそれぞれ配賦し、各自がそれに基づき事業所得を申告することになろう。しかし、組合員への課税に関しては、通達に若干の定めがあるにすぎず所得税法上規定がないため（所得税基本通達36・37共-19以下）、課税関係が不明確だという問題があるし、また、民法上の組合では組合員全員が直接無限責任を負うことになるという制約があろう。一般には、家族で組合を作るというよりも、いわゆる法人成りが行われることの方が多い。

(2)　法人成り

　法人成りとは、個人事業を現物出資して法人を設立することである。これによって、個人事業から生じていた所得が個人ではなく法人に帰属し、その法人が個人事業に携わっていた家族に給与等を支払うという形で所得分割が可能となる。もちろん、法人化によって法人税の負担が余計に発生するが、昨今の法人税率引下げ傾向にあっては（⇒第3章Ⅲ5(1)）、メリットの方が注目され、法

人成りの増加が予想される。

　例えば、税理士である母と娘で税理士事務所を経営している場合においては、事業主基準の下で人的帰属が判断されるが、これを法人化して、税理士法人Ｚを設立したとしよう。この母親や娘は役員または従業員としてＺで働き、給与が支払われることで、個人所得課税における高い累進税率を回避しうるし、各々が給与所得控除および各種所得控除を受けられる。また、Ｚの利益分配に当たっては、それを配当に充てず、内部留保することで、所得税の課税を繰り延べることもできよう。なお、一定額を超える内部留保には法人税重課がある（⇒第３章Ⅳ２(2)）。

　税負担軽減だけを目的とした法人成りが行われたとき、法人格の否認によって、法人の所得を、その構成員である個人の所得に帰属させられるかという問題が考えられる。しかし、法人が法律に準拠して設立されている限り、実体が個人事業に近似し、税負担を軽減できたからといって法人格が否認される可能性は薄く、また、実際に行われたこともない。むしろ、所得の人的帰属の問題については、法人格の否認によらずとも、所得税法12条や、場合によっては、同族会社の行為計算否認規定たる所得税法157条の適用で足りると考えられるかもしれない（⇒第３章Ⅳ２(2)）。

(3)　信託（trust）（所得税法13条）

　信託は、一般に、財産の所有者たる委託者が、信託銀行等の受託者と、その財産の管理を委託する信託契約を締結し、その委託者が指定した受益者に対して、受託者が、その信託財産からの収益を分配するというシステムである。例えば、祖父Ｊが、相続の一環として、その保有する金融商品Ｑを信託財産とし、孫Ｂを受益者として、受託者たる信託銀行Ｔと信託契約を結び、Ｑからのリターンを、Ｂが受け取るというような例が考えられる。

　信託法上、信託財産に係る権利は、受託者（Ｔ）が有することとなるから、通常の理解における法律的帰属説によれば、信託財産からの収益の帰属は、受託者（Ｔ）にあることになるが、信託における所得の帰属については、所得税法12条とは別に、所得税法13条１項本文において、次のように規定されている。すなわち、「信託の受益者（受益者としての権利を現に有するものに限る。）は

当該信託の信託財産に属する資産及び負債を有するものとみなし、かつ、当該信託財産に帰せられる収益及び費用は当該受益者の収益及び費用とみなして、この法律の規定を適用する」。

　したがって、原則として、信託財産に係る所得は、信託の受託者（T）ではなく、受益者（B）に帰属するものとみなされる。所得税法13条1項本文は、信託財産に係る所得については、経済的帰属説に即して課税することを特に定めたものといえ、このことからも、所得税法12条の実質所得者課税の原則は、法律的帰属説によって解釈されるべきことが裏付けられる。

コラム2Ⅴ　固定資産税の納税義務者

　所得税法等では、名義人であるかどうかは人的帰属の決定要因とならない。しかし、固定資産税については、名義人課税が行われている。固定資産税は、土地・家屋等の固定資産を保有することに担税力を見出し課税される地方税（市町村税）であり、原則として、賦課期日（毎年1月1日）に所有者として登記・登録等されている者がその固定資産を保有するとして、課税の対象とされる（地方税法343条1・2項）。このような人的帰属の決め方は、表見課税主義、または、（登記簿により作成される固定資産課税台帳に基づき課税されることから）台帳課税主義と呼ばれる。固定資産税では、累進税率でなく比例税率が採用されており、金額的にもそれ程高くないことから、徴税の便宜が優先され、名義人であるか否かが人的帰属を決めるとされる。ただし、登記名義人（納税義務者）は、真実の所有者に対して納付税額相当額の不当利得返還請求権を有すると解され（最判昭和47・1・25民集26巻1号1頁（百選93））、また、新築住宅の登記を遅らせることで固定資産税を免れた場合については、事後的な登記による所有者への課税が是認された事例がある（最判平成26・9・25民集68巻7号722頁）。このように、実際には真実の所有者が税負担を負うことになろうが、賦課期日に所有名義人に対して課税された固定資産について、真実の所有者が非課税団体（地方税法348条）である場合にも不当利得の返還請求はできるだろうか？できないとして、この場合の課税は適法だろうか？（⇒大阪地判昭和52・8・4行集28巻8号817頁）

VI 所得分類 1（利子所得・配当所得・不動産所得・山林所得・譲渡所得 1）

支払利子付随費用判決：

総収入金額－取得費等＝譲渡益の計算における取得費等の範囲

1 所得税法における所得分類の意義

本章Ⅰ3（所得税の基本構造）で見たように、所得税法21条・22条が所得税の計算過程を定めており、23条〜35条で、利子、配当、不動産、事業、給与、退職、山林、譲渡、一時、および、雑の10種の所得分類を定めている。22条2項2号により、譲渡所得の一部（長期譲渡所得⇒6(2)）や一時所得は二分の一だけが課税標準に算入される。また、89条1項では、退職所得と山林所得が、他の所得（課税総所得金額という）と別枠で超過累進税率を適用することとなっている。

包括的所得概念（⇒本章Ⅰ1(1)）の理想に照らせば、所得分類は不要であるとも考えられる。しかし、同額の所得であったとしても、その稼得の仕方によって、効率性または公平の観点から或いは執行の観点から、扱いを変えるという考慮が働きうる。

例えば、効率性の観点から、配当所得については、第3章Ⅴで見るように、法人段階の課税と株主段階の課税の調整をすべきか否か（調整をしなければ株式への投資が過少になってしまうかもしれない）といった考慮が働きうる。

例えば、公平の観点から、毎年少しずつ所得が実現する場合と比べ、長期間潜在的に少しずつ発生していた利益があるタイミングで一気に実現するような種類の所得の場合（退職所得、山林所得、譲渡所得、一時所得等）、通常通り累進税率を適用すると、租税負担が不相当に高すぎるという事態が生じるので、累進性を緩和すべきかどうかといった考慮が働きうる。

例えば、執行の観点から、利子所得や給与所得のように、稼得者が多いので、簡便な執行で済む制度を作るべきかどうかといった考慮が働きうる。

まず、投資による所得として利子所得、配当所得、不動産所得、山林所得、

譲渡所得を見ていくが、譲渡所得以外はさらっとすませる。本書では、譲渡所得の解説に力を入れ、本章の中でⅥとⅦの2回分をあてる。譲渡所得は、所得税と相続税・法人税との関係を理解するに当たり鍵となるからである。本章Ⅷで、労働による所得などとして給与所得、退職所得、事業所得を見て、最後に落ち穂拾いとしての一時所得と雑所得を見ていく。

2　利子所得（所得税法23条）

「預貯金の利子」（民法666条：金銭消費寄託契約）が中心であり、民法587条の金銭消費貸借契約に基づく利子は雑所得（または事業所得）であること、租税特別措置法3条1項により一律源泉分離課税で課税関係が終了することだけ今は押さえておけばよい。

3　配当所得（所得税法24条・25条・92条）

法人段階の所得課税と個人段階の所得課税の二重課税の問題が厄介である。配当所得の定義も含めて、第3章Ⅴで詳述する。

4　不動産所得（所得税法26条）

「不動産、不動産の上に存する権利、船舶又は航空機……の貸付け……による所得」（所得税法26条1項）の「船舶又は航空機」に違和感を抱くであろうけれども、損益通算（⇒本章Ⅸ2。所得税法69条1項）との関係でしばしば問題となる所得分類であることだけ今は押さえておけばよい。

5　山林所得（所得税法32条）

他の所得分類とは分けられて平準化措置の一種である五分五乗方式（⇒本章Ⅰ3）という特殊な課税方式に服することだけ今は押さえておけばよい。

6　譲渡所得（所得税法33条・38条）

(1)　譲渡所得の定義

「資産の譲渡……による所得」（所得税法33条1項）という譲渡所得の定義に関し、「資産」概念と「譲渡」概念が鍵となる。(3)と(4)で詳述する。

また、所得税法33条2項1号が「たな卸資産［等］……の譲渡による所得」を譲渡所得から除外している。例えば八百屋がトマト（たな卸資産）を売った場合、事業所得に該当するからである（本章Ⅶ6(6)における二重利得法も参照）。同項2号は「山林の伐採又は譲渡による所得」を譲渡所得から除外している。山林所得に該当するからである。

(2)　譲渡所得の課税方法

　所得税法33条3項・4項により、総収入金額−取得費等＝譲渡益（マイナスの場合は譲渡損）と計算され、譲渡益−特別控除額（上限50万円）＝譲渡所得として計算される。総収入金額に関しては相互売買事件・東京高判平成11・6・21判時1685号33頁（百選17）（⇒第7章3(2)）で詳述する。

　総収入金額は資産譲渡時（代金受領時ではない）に一気に実現したものとして扱われるのが原則である（最判昭和47・12・26民集26巻10号2083頁、百選39）が、譲渡代金を割賦弁済で受け取る場合、現在は所得税法132条の条件の下で延納の許可を求めることができる。

　資産保有期間が5年以内の場合、短期譲渡所得といい、5年超の場合、長期譲渡所得という（所得税法33条3項1号・2号）。長期譲渡所得は半分のみが課税される（所得税法22条2項2号）。長期間かけて蓄積された増加益が一気に実現し高い累進税率をかけると、毎年少しずつ所得を実現させ低い税率に服する場合と比べて酷であるという考慮に基づく。山林所得の五分五乗方式とは異なる平準化措置であるが、5年以内か超かという雑にすぎる分け方ではある。

(3)　「資産」の譲渡による所得

　所得税法33条1項の「資産」は、民法、商法等から借用した概念ではなく、所得税法独自に用いられている概念（固有概念⇒第7章1(3)）であると考えられている。「資産」とは、譲渡性のある財産権をすべて含む観念であると解されている。物権に限らず債権（例えば不動産賃借権）であっても資産に該当しうる。

　ただし金銭については譲渡益が生じないという想定に基づいて「資産」に含まれないと解されている。労働を提供し1万円の金銭を得て、時価1万円の本

を取得し当該金銭1万円を譲渡した、といった場合、当該金銭1万円の取得費を敢えて考えるとしたならば最初に提供した労働の価値が1万円であるから取得費は1万円となり、金銭を譲渡しても譲渡益は生じない、と想定されている。しかし、金銭1万円を労働等によらず単に拾った場合の取得費を敢えて考えるとしたら、取得費は0円となり、金銭の譲渡から譲渡益が生じるということになりかねない。そのため、金銭を譲渡しても譲渡益が生じないという説明は便宜的なものであるにすぎず、解釈により、金銭を労働により得た場合でも拾った場合でも当該金銭を譲渡した際に金銭は「資産」に含まれない、と説明せざるをえない。もっとも、例えば100万円で購入した古銭を500万円で転売した場合は400万円の譲渡益が生じると言わざるをえないし、外貨の為替差損益も資産の譲渡損益となる（名古屋高判平成25・5・16税資263号順号12215）ので、金銭が「資産」に含まれないというのも絶対ではなく、金銭が額面で取引に用いられる際は「資産」に含まれない、という技巧的な解釈を要する。

　金銭が「資産」に含まれないとして、金銭債権が「資産」に含まれるかについては、理念的には争いの余地がある。実務上は、例えば100万円で購入した金銭債権を121万円で譲渡した場合、差額の21万円は譲渡益ではなく金利に相当するとして雑所得（または事業所得）であるとされている（所得税基本通達33-1）。

　金銭と金銭債権以外、「資産」概念は広いと初学者には考えていただきたいが、深く勉強していくと、幾つか、ある取引対象が「資産」に含まれないとした判例・裁判例に行き当たることもある。東京高判平成21・5・20税資259号順号11203（百選35）は、空中権（建築基準法52条の容積率に関する余剰容積利用権）の移転（「譲渡」とは表現されてない）による対価は譲渡所得ではなく不動産所得である、とした。

(4)　資産の「譲渡」による所得

　「譲渡」概念に関するリーディング・ケースは、名古屋医師財産分与事件・最判昭和50・5・27民集29巻5号641頁（百選42）である。離婚に際し、財産分与として資産が元夫Xから元妻Wに移転することが、X（分与者）からWへの資産の「譲渡」に当たるかどうかが争われた。学説の中では「譲渡」に当たら

ないという説が有力である。民法768条の財産分与には「夫婦共通財産の清算」
（狭義の財産分与）、「離婚による損害の賠償」、「離婚後の扶養」の三つの趣旨が
あるところ、後二者の趣旨による財産分与の場合は代物弁済と同様に資産の
「譲渡」に当たる（一審は、慰謝料支払の趣旨だから譲渡所得への課税があるとした）
が、狭義の財産分与については共有地の分割（所得税基本通達33-1の7）と同様
に「譲渡」には当たらないという理解が有力である。この有力説をXが主張し
たわけではなく、Xは上告理由において、Xが財産分与から何ら経済的利益を
享受してないから無償の権利移転と同様に譲渡所得課税は起きない、と主張し
た。これに対し最高裁は「所得税法33条１項にいう『資産の譲渡』とは、有償
無償を問わず資産を移転させるいっさいの行為をいう」と述べ、「譲渡」の意
義を広く解した（所得税基本通達33-1の4）。なお、判旨は、財産分与からは
「分与義務の消滅という経済的利益」の享受がある（⇒本章Ⅶ6(7)）としている
ので、無償ではないと述べているが、だからといって判旨の「有償無償を問わ
ず」が意味を持たなくなるわけではない。無償の資産移転については本章Ⅶで
詳述する。その後、学説の有力説に従った主張も裁判所は斥けている。余力の
ある人は東京高判平成６・６・15税資201号519頁を参照されたい。

　このように「譲渡」概念は広いけれども、譲渡担保に関しては、譲渡の法形
式が用いられていても担保提供にすぎず譲渡の意思がない場合には所得税法33
条１項の「譲渡」に当たらない、として実務上扱われている（所得税基本通達
33-2）。

　不動産賃借権のような債権も「資産」に該当しうると前述したところ、借家
人が家屋の立ち退きに際して受領する立退料について、そのうち借家権の消滅
の対価である部分は、譲渡所得に係る収入金額に該当する（所得税基本通達
33-6）。ただし立退料については扱いが複雑なので、発展的な勉強として、所
得税基本通達34-1(7)等を参照されたい。

　現在の所得税法33条１項は「譲渡（建物又は構築物の所有を目的とする地上権又
は賃借権の設定その他契約により他人に土地を長期間使用させる行為で政令で定めるも
のを含む……）」と規定している。この（　）書きがなかった当時の判例として、
サンヨウメリヤス事件・最判昭和45・10・23民集24巻11号1617頁がある。借地
法・借家法により賃借人の権利が強く保護されるようになると、貸主は賃借権

の設定（前述の（　）書きがなければ明らかに「譲渡」に該当しない）に際し高額の権利金を受領せねば不動産を賃貸することが割に合わなくなった。例えば、かつて100で購入した土地の時価が900である時に、長期間の借地権の設定契約を締結する際、貸主としては土地を失うに近いので、高額の権利金、例えば600の権利金を要求する、ということもある。借地権の設定に伴う権利金は不動産所得として課税されるのが原則であるところ、権利金が更地価額の高い割合を占めるような場合は、長期間蓄積してきた不動産の含み益が一気に実現するに近いため、譲渡所得として課税を緩和（(2)の平準化措置）すべきではないか、という考慮が生じうる。そこで、最高裁も、当該権利金が経済的、実質的には所有権の権能の一部についての譲渡の対価であるとして不動産所得ではなく譲渡所得に当たると「類推解釈」することがありうると述べた（ただし事案の結論としては不動産所得）。最高裁が租税法令の「類推解釈」を明言した恐らく唯一の例である（類推解釈について⇒第7章1(2)）。

　特許法35条4項の職務発明に関する「相当の対価」について、特許を受ける権利が発明者たる被用者から使用者へ承継させるという法律構成である場合も、譲渡所得に該当しうる（所得税基本通達23〜35共-1）。特許を受ける権利という「資産」が発明者から使用者へ「譲渡」されたという理解である。新聞社の被用者たる新聞記者の職務著作（著作権法15条）に係る著作権が新聞社に原始帰属する（新聞記者の収入は給与である）、といった権利の移転の有無に関する違いに着目すべきではなく、職務発明についても職務著作についても、対価は給与所得に含まれる（給与所得に当たるか否かは、資産の譲渡に当たるか否かという考慮を超えるスーパーシード的な位置付けにある）、とする学説もあるが、実務上は受け容れられてない。なお、職務発明について雑所得となる例もある（所得税基本通達23〜35共-1。大阪高判平成24・4・26訟月59巻4号1143頁）し、2015年改正後の特許法の下では特許を受ける権利が使用者に原始帰属するという法律構成も認められるようになっている。

　ところで、譲渡がないけれども譲渡があったものと擬制して扱う制度として国外転出時課税制度（所得税法60条の2以下）が2015年7月1日以降適用されている。この趣旨は、所得税法59条のみなし譲渡（⇒本章Ⅶ8(1)）の趣旨を学んだ後で、国際租税法の勉強の際に見たい（⇒第6章Ⅰ3(3)）。

(5) 支払利子付随費用判決・最判平成 4 ・ 7 ・14民集46巻 5 号492頁（百選
43）

　総収入金額－取得費等＝譲渡益という計算をする際の「取得費等」は「資産
の取得費及びその資産の譲渡に要した費用の額の合計額」（所得税法33条 3 項）
と定義され、「取得費」は「資産の取得に要した金額並びに設備費及び改良費
の額の合計額」（所得税法38条 1 項）と定義される。

　取得費等の範囲に関するリーディング・ケースは、支払利子付随費用判決で
ある。数値例として、第 1 年 1 月 1 日に5000万円を借金し、同日、6000万円の
居住用の宅地を購入し、第 9 年 1 月 1 日に8000万円で当該土地を第三者に売っ
たとしよう。単純に計算すると譲渡益は8000－6000＝2000（万円）であり、譲
渡所得は2000－50＝1950（万円）であり、保有期間 5 年超なので長期譲渡所得
であるから半額のみが課税所得に算入される。ここで納税者側は、5000万円の
借入金に関して支払った利子も「取得費等」に含まれる、と主張した。

　二審は、借入金利子が原則として所得税法38条の「資産の取得に要した金
額」に含まれるとしつつ、「資産の自己使用による対価としていわゆる帰属所
得という利益を生む」ため、居住開始可能日以降の利子は当該帰属所得に対応
する、と述べた。帰属所得とは、自身が有する資産や自らの労働から市場を経
ずに自己に帰属する経済的利益である（⇒本章Ⅰ 1 (3)）。居住開始日が例えば第
1 年 4 月 1 日であったとし、年利10％で5000万円を借り入れていたとすると、
3 か月分の利子である125万円（＝5000万円×10％×1/4）だけが「資産の取得に
要した金額」に含められ、譲渡益は8000－（6000＋125）＝1875（万円）、長期譲
渡所得は1875－50＝1825（万円）となる。

　最高裁も、結論としては借入日から居住開始日までの分の利子の控除を認め
たが、二審と論理構成が異なる。最高裁は「資産の取得に要した金額」には、
資産の取得代金（ここでは6000万円）の他、登録免許税・仲介手数料等（ここで
は説明の便宜のため 0 円としている）の「付随費用」も含まれるとしたが、居住
用不動産を取得するための借入金の利子は原則として家事費（所得税法45条 1 項
1 号）であって付随費用に含まれないとした。しかし「借入金の利子のうち、
居住のため当該不動産の使用を開始するまでの期間に対応するものは……付随
費用に当たる」と述べた。二審と原則・例外が逆転している。

二審と最高裁とで結論は同じであるものの、二審の方が説得力が高いという理解が学説では有力である。例えば、年利10％の世界において、Aが第１年に多額の消費（将来帰属所得をもたらさない消費。例えば旅行）をするために200を年利10％で借り入れ、第２年に元利合計220を賃金収入500から返済し、第２年の消費支出は280（＝500－220）であったという例を考えてみよう。第１年の200と第２年の220は経済的に等価だから、第２年の20の部分は消費である（消費支出が280でも包括的所得概念に照らした消費は300である）と考えるべきであろうか。対称的に考えてみよう。Bが第１年に200を年利10％で貸し付け、第２年に220の元利合計を収受した場合、第１年の200と第２年の220が経済的に等価であるといえども、包括的所得概念の理想に照らせば、第２年の20は純資産増加に含められ課税所得に算入されるべきである。だから、包括的所得概念の理想に照らせば、対称的にAの第２年の利子支払20の部分は消費ではなく純資産減少であると考えられる。

　他方、Cが、第１年に200を借入れ、当該200を投資に充て、翌年、投資先から220を回収したが、何らかの理由で20の収入が非課税であったとしよう。Cが第２年に借入れ先に元利合計220を返済した場合、Cの20の収入が非課税であるならば、Cの20の利子支払についても控除を認めないとすることが、均衡がとれた扱いである。帰属所得が非課税だから帰属所得と対応する期間の利子支払部分だけ控除を認めない、という二審の論理は、包括的所得概念の理想に照らして説得力が高い。

　にもかかわらず結論が同じであるのに最高裁がわざわざ帰属所得に依拠しない論理を述べたのは、租税法令にない帰属所得という概念を用いて論理を構成することが危ういと考えたためであろう。また、経済的には借入金利子が借入金の用途（事業目的か消費目的か）を問わず純資産減少を構成するといえども、包括的所得概念の理想はともかく現行法の解釈適用において、Aの第２年の20の利子支払について、所得税法45条１項１号の家事費に当たるともいえるが、所得税法37条や38条に当てはめようがないともいえる。よって、消費目的の借入金の利子は原則として控除できないとする最高裁の原則論にも、一理ある。

Ⅶ 所得分類2（譲渡所得2）

ゴルフ会員権贈与事件：
所得税法60条における租税属性引継ぎの趣旨とは？

6 譲渡所得（所得税法33条・続き）

(6) 二重利得法

本章Ⅵ6(1)で「たな卸資産」（所得税法33条2項1号）の譲渡による所得は譲渡所得ではなく事業所得に当たると説明した。しかし、取得時にたな卸資産でなかった資産が保有の中途においてたな卸資産に転化した場合、例えば、相続によって取得した土地を、保有の中途において宅地造成してたな卸資産として第三者に譲渡した場合、所得の全額について事業所得として扱ってしまうと、長期譲渡所得について平準化措置を講じている意味が没却されてしまう。そこで、川之江市井地山造成地事件・松山地判平成3・4・18訟月37巻12号2205頁（百選40）は、宅地造成前の資産増加益部分を譲渡所得とし、その他の部分を事業所得とするとした。これは二重利得法と講学上呼ばれている。一つの収入金額について複数の所得分類が混ざることがあるということである。

(7) 財産分与をめぐる派生問題：財産分与後の取得費

本章Ⅵ6(4)の最判昭和50・5・27のXからWへの財産分与を思い出してほしい。分与者Xにとって「分与義務の消滅という経済的利益」の享受があるので、Xの譲渡総収入金額は分与財産の分与時の時価である。Wが当該財産を第三者に転売した場合の取得費について、所得税法38条1項に明示の規定はないものの、XとWとの所得税制上の扱いの整合性を保つため、分与財産の分与時の時価がWにとっての取得費であると考えられている。そのため、Wが当該財産を直ちに第三者に時価で譲渡した場合、Wにとって譲渡総収入金額と取得費は一致し、譲渡益は0となるのが通例であると考えられる。

ところが、Xにとっての譲渡総収入金額とWにとっての取得費が異なるとさ

れた例として、分与土地一体譲渡事件・東京地判平成3・2・28行集42巻2号341頁がある。協議離婚に際し、甲地がXからWに移転した。Wは、自らが以前から有していた乙地と甲地を一体として、第三者たるZに譲渡した。WからZへの甲地の売買価格は3億5000万円であった。Wは前段落の理解に基づき甲地について譲渡所得0円として申告した。しかしY（税務署長）は、Wにとっての甲地の取得費は2億2925万円であるとして更正処分等をした。Y曰く、Xにとっての甲地の譲渡総収入金額が2億2925万円であり（甲地は単独で利用するには不便な土地であり、乙地と一体として利用する場合に価値が高まる）、XとWとで時価は等しいはずであるというのである。しかし裁判所はWの請求を認容した。同一の資産の時価が人によって異なることもありうると判決が明示的に述べたわけではないが、Xへの課税とWへの課税が別々に処理されるので、訴訟手続の問題として、Xにとっての譲渡総収入金額とWにとっての取得費とが一致しなくてもやむをえないのである。この結果、本件ではXへの課税とWへの課税とを合わせてみると1億円強の所得について課税漏れが生じているが、仕方なかったということである。

同一の資産の時価が人により異なりうるかについて8(5)も参照されたい。

7　同種固定資産同一用途交換特例（所得税法58条）

本章Ⅵ6(4)の最判昭和50・5・27の「資産を移転させるいつさいの行為」の判示から、交換も原則として譲渡所得の基因たる「譲渡」に含まれる。

例外として、所得税法58条が一定の要件を満たす同種固定資産同一用途交換（例えば農地と農地との交換）の際に「譲渡がなかつたものとみな」している。交換時点で譲渡所得が所得税法上認識されなくなる。

例えば、A氏とB氏が土地の交換契約を締結し、Aが保有していた甲地（取得費140、時価300）の所有権がBに移転し、Bが保有していた乙地（取得費250、時価300）の所有権がAに移転した際に、Aが所得税法58条1項の要件を満たしていれば、Aは交換時点で譲渡所得課税を受けない（BについてAとは独立に所得税法58条1項の要件を満たしているかが判定される。Aは要件を満たすがBは満たしてないということも、その逆も、ありうる）。次に、何年か後、Aが乙地を第三者に300で売却した場合、Aの譲渡益は300−140＝160となる（Aが交換により乙地

を取得して直ぐ売却するという設例であると、Aが乙地を甲地と同一の用途に供したという要件を満たさないので、何年か後、という想定が挿入されている）。Aが乙地の取得費250を引き継ぐのではない、ということに留意されたい。また、Aが乙地を売却する際の保有期間が5年以内か超かは、Aが甲地を取得してから乙土地を売却するまでの期間によって決まる。これが交換の際に「譲渡がなかつたものとみなす」意味である。

後述する所得税法59条・60条による租税属性の引継ぎを勉強した後で、所得税法58条による租税属性の引継ぎを読み返していただきたい。租税属性の引継ぎの着眼点が異なることが分かる。

8 みなし譲渡と租税属性の引継ぎ（*所得税法59条・60条*）

(1) 清算課税説

所得税法59条1項は、（A）法人に対する資産の贈与、（B）法人に対する資産の低額譲渡、（C）限定承認に係る相続について、実際の収入が無または低額であっても、時価で「譲渡があつたものとみな」している。（B）の低額譲渡は、時価の半分未満を指す（所得税法施行令169条）。

実際の収入が無または低額であっても時価譲渡を擬制する趣旨を理解することが、所得税法・相続税法・法人税法を跨いでそれらの税の関係を理解する際の鍵となる。判例は、譲渡所得課税の趣旨を、売買差額課税ではなく、清算課税と捉えている。そのリーディング・ケースは、榎本家事件・最判昭和43・10・31訟月14巻12号1442頁である。長めの判旨の引用であるが、譲渡所得課税の趣旨を理解する上で極めて重要であるので、よく読み込んでいただきたい（[　]内および下線は引用者による）。

「譲渡所得に対する課税は……資産の所有者に帰属する増加益を所得として、その資産が所有者の支配を離れて他に移転するのを機会に、これを<u>清算して課税する趣旨のもの</u>［である。］……対価を伴わない資産の移転においても、その資産につきすでに生じている増加益は、その移転当時の右資産の時価に照して具体的に把握できるものであるから、同じくこの移転の時期において右増加益を課税の対象とするのを相当と認め［る。］……決して所得のないところに課税所得の存在を擬制したものではなく、またいわゆる応能負担の原則を無視し

たものともいいがたい。のみならず、このような課税は、所得［所有のこと
か？］資産を時価で売却してその代金を贈与した場合などとの釣合いからする
も、また無償や低額の対価による譲渡にかこつけて資産の譲渡所得課税を回避
しようとする傾向を防止するうえからするも、課税の公平負担を期するため妥
当なものというべきであり、このような増加益課税については、納税の資力を
生じない場合に納税を強制するものとする非難もまたあたらない。」

　なお、当時は、みなし譲渡の範囲が広く、（A）（B）（C）の場合に限らず、
（D）個人への贈与、（E）単純承認に係る相続の場合も、時価譲渡を擬制して
いた。その後、みなし譲渡の適用範囲は狭められ、今のような条文になった。

(2)　限定承認に係る相続後の譲渡（所得税法59条1項1号・60条2項）

　例①として、親であるCが100で資産を購入し、Cが当該資産を時価900で売
却したとすると、800の譲渡益についてCが所得課税を受ける。直後にCが死
亡し、唯一の相続人であるDが相続したとすると、Dは相続課税を受ける。計
算の便宜のため、控除の規定を無視し、税率が一律40％（所得税法でも相続税法
でも）であるとすると、Cには800×40％＝320の所得税債務が生じる。Cが
900の積極財産と320の租税債務のみを遺して死ぬと、Dは（900−320）×40％
＝232の相続税を納める。C段階とD段階とで二回の課税があることが日本の
現在の租税体系である。二回課税があることがおかしいと考える場合、相続税
法を廃止する必要があるが、相続税法の存在意義は第5章Iで考えるとして、
ここでは相続税法の存在意義は認められるということを前提としよう。

　例②として、例①から少し変更し、資産の時価が900の時にCが売却せず死
に、Dが相続したとする。この時、限定承認をすると、CがDに資産を時価譲
渡したと擬制することになる。限定承認をするのはDであるが譲渡所得はCに
発生することに留意されたい。Cに800の譲渡益が生じたと擬制し、Cに320の
所得税債務が生じたと擬制し、Dは、900の積極財産と320の租税債務を承継す
るので、例①と同様に、Dは232の相続税を納める。また、次にDが当該資産
を第三者に900で譲渡した場合、Dの取得費は0ではなく相続時の時価である
（所得税法60条2項。講学上、ステップ・アップという）ので、Dの譲渡所得は0で
ある。限定承認に係る相続の際に所得税法59条1項のみなし譲渡課税があるこ

とが酷であると批判する人が少なくないが、例②は例①と同様の課税結果を達成しようとしていることが分かるであろう。

(3) 単純承認に係る相続後の譲渡（所得税法60条1項1号）

例③として、例②から少し変更し、Dが単純承認に係る相続をしたとする。この場合、Cに譲渡所得課税は生じない。Dは900の積極財産を承継するので、900×40％＝360の相続税を納める。例②でCとDの合計の租税負担が320＋232＝552であったことと比較して、例③は合計の租税負担が少ないように一見思われるかもしれない。しかし、Dが当該資産を第三者に900で譲渡した場合、所得税法60条1項1号により、「その者［C］が引き続きこれを所有していたものとみなす」（これを租税属性（tax attribute）の引継ぎという）ため、Dの譲渡益の計算における取得費はCの取得費100を引き継ぐ。Cが当該資産を取得してからDが譲渡するまでの期間が5年以内であれば、短期譲渡所得（所得税法33条3項2号）としてDの譲渡益800につき320の所得税負担が生じる。すると、例③におけるCとDの合計の租税負担は360＋320＝680となり、例②よりも不利になりうる。租税特別措置法39条が一定の要件の下で救済措置（Dの取得費に相続税負担を加算する。Dの取得費は100＋360＝460、譲渡益は440、所得税負担は176）を講じているが、この要件に合致しないで例③が例②より不利になる可能性は軽視できるものではない。

また、所得税法59条と所得税法60条を横断的に眺めると、譲渡益について二重課税や課税漏れを防ぐように設計されていることが分かる。C段階で所得税法59条1項のみなし譲渡課税があれば、D段階で所得税法60条2項により取得費がステップ・アップし、C段階でみなし譲渡課税がなければ（CからDへの単純承認に係る相続の場合だけではなく、CからDへの贈与の場合も含まれる）、所得税法60条1項により取得費等の租税属性がCからDに引き継がれる。

(4) 個人に対する低額譲渡と転売（所得税法59条2項・60条1項2号）

例④として、E氏が170で取得した資産を、時価300の時点でF氏に110（時価の半分未満）で低額譲渡し、Fが当該資産を第三者に300で売却したとする。Eに60の譲渡損が生じそうであるが、所得税法59条2項によりEの譲渡損はな

かったものとみなされる。次に、Ｆの譲渡益の計算に際し、所得税法60条１項２号により租税属性がＥからＦに引き継がれるので、Ｆの譲渡益は300－170＝130となる。ここでも、所得税法59条と60条が、譲渡益の二重課税や課税漏れを防いでいることが分かる。

(5) 法人に対する贈与（所得税法59条１項１号）

例⑤として、個人であるＧ氏が資産を法人であるＨ社に贈与した際、Ｇは時価譲渡擬制を前提として譲渡所得課税に服する。この際の時価は、Ｇにとっての時価であろうか、Ｈにとっての時価であろうか、ということが最判令和２・３・24裁判所時報1745号３頁で問われた。取引相場の無い株式の評価に関し、所得税基本通達59-6は相続税法に関する財産評価基本通達を参照している。細かな説明を省略するが、通達によると、株式譲渡人たるＧにとっての譲渡直前の資産の時価は１株当たり2505円と評価され、譲渡直後の時価（またはＨにとっての時価）は１株当たり75円と評価されることになっていた。二審は、財産評価基本通達188の(2)〜(4)が「取得した株式」と書いているのに「譲渡した株式」と読み替えることは許されないとして、１株当たり75円との評価を是認した。しかし、最高裁は、所得税法59条１項の清算課税説（⇒(1)）の理解に基づき、「株式を譲渡した株主について判断すべき」（「譲渡した株式」と読み替えることは許される、ともいえる）として、破棄差戻した。

6(7)の財産分与に関する東京地判平成３・２・28では、分与財産の時価評価が誰にとっての時価評価であるかによって変わりうる、という前提を採っていないが、最判令和２・３・24は、誰にとっての時価評価であるかによって変わりうることを前提としていると読解できる。

また、法廷意見ではないものの、宇賀克也・宮崎裕子の補足意見が、通達を文理解釈しようとする二審の姿勢を非難していることも注目に値する。

(6) 法人から受贈した資産を転売した場合（条文なし）

例⑥として、法人であるＩ社がかつて100で取得した資産（時価900）を個人であるＪ氏に贈与し、Ｊが当該資産を第三者に900で売却したとする。法人税については第３章Ｉで詳述するが、Ｉが資産を無償譲渡した場合、法人税法22

条 2 項・22条の 2 第 4 項により時価譲渡をしたという前提で I の課税所得が計算される（所得税法59条 1 項と同様である）。よって、I の課税所得には900 - 100 = 800の譲渡益が算入される。次に、J は法人からの受贈について所得税に服する。所得税法 9 条 1 項16号は「個人からの贈与」を非課税所得としており（個人からの贈与は相続税法により贈与税の課税対象となる）、法人からの贈与は非課税所得ではないからである（法人からの贈与は贈与税の課税対象とならない）。法人からの贈与（例⑥では900）は一時所得に係る収入金額に算入される。ただし本章 I 3 で見たように、一時所得は半分のみが課税対象になる、ということに留意されたい。

　法人段階で800について課税され、個人段階で900について課税される（ただし一時所得なので半額課税）、という二回課税がある。しかし、個人からの贈与に贈与税が課せられることと比べると（⇒(3)）、法人からの贈与に関して法人段階と個人段階の二回課税があることは、不当とはいえないであろう。

　問題はその次である。J が第三者に当該資産を900で譲渡する際、取得費は900であると考えてよいのであろうか。所得税法60条 1 項 1 号の「贈与」は、「前条第一項に規定する資産」との規定があるので、個人からの贈与のみを指し、法人からの贈与を含まないと解するのが自然である。とすると、J の取得費は 0 であって、J は900の譲渡益について課税されてしまうのであろうか。この点、規定に不備がある。法人段階で譲渡益について課税されているので、個人段階で譲渡益について課税するのはおかしい、という考えにより、J の取得費は900である、という理解が学説では有力である。

(7)　ゴルフ会員権贈与事件・最判平成17・2・1 判時1893号17頁（百選44）

　親である K が子の L にゴルフ会員権を贈与し、後に L が当該資産を第三者に譲渡した際の譲渡損益の計算に際し、所得税法60条 1 項により、K から L へ租税属性が引き継がれる。この際、K から L への資産の贈与における名義書換手数料が、取得費に算入される、と L は主張した。二審は、「その者［K］が引き続きこれを所有していたものとみなす」（所得税法60条 1 項）という規定の解釈の結果として、K から L への贈与がなかったものとみなされ、名義書換手数料もなかったものとみなされる、とした。条文の文言に沿った解釈であるとは

いえる。しかし最高裁は、所得税法60条1項の趣旨は「増加益に対する課税の繰延べ」にあると述べ、K・Lを通じて名義書換手数料の負担が生じている事実を無視したならば課税繰延べの趣旨よりも重い租税負担が生じてしまうから、名義書換手数料を取得費に算入することを認めた。

2014年改正後、ゴルフ会員権の譲渡損失の利用は制限されることになったため（⇒本章Ⅸ2(4)）、同様の事例は生じないであろうが、所得税法60条1項の文言に拘泥せず課税繰延べの趣旨を重視した判断手法は、今後も参考となりうる。

コラム2Ⅶ　高価なホームラン・ボールを拾って売った際の取得費は？

記念となるホームラン・ボールは高値が付くことがある。例えば、バリー・ボンズ選手の756号ホームラン・ボールは、拾った時点で50万ドルの価値があると見積もられていた（競りにかけてみたら80万ドルで買い取られた）。

日本で、時価5000万円と見積もられるホームラン・ボールを拾った（恐らく贈与ではなく無主物先占という法律構成であろう。もし贈与であるとすると、法人税も絡んで、難解な問題が生じる。⇒8(6)）場合、5000万円が一時所得に係る収入金額に算入されるであろう。では、拾った次の年に、そのボールを8000万円で譲渡した場合、譲渡益は3000万円となるであろうか。所得税法38条1項を文理解釈すれば、ボールの取得費は0円といわざるをえず、譲渡益は8000万円となりかねないところ、5000万円の部分について一時所得課税と譲渡所得課税の二回課税が起きるのは一見おかしい。

所得税法38条1項の規定に不備があるけれども、不動産を時効取得した際に時価が一時所得に算入され、当該不動産を第三者に譲渡した際の取得費は、時効援用時の時価であると裁判所は判断している（東京地判平成4・3・10訟月39巻1号139頁。静岡地判平成8・7・18行集47巻7=8号632頁、百選15も参照）。この下級審裁判例と同様の考え方がホームラン・ボールを拾って売る事例にも当てはまるならば、ボールを譲渡する際に譲渡益を計算するに当たっての取得費は、0円ではなく5000万円であると解される。読者は賛成であろうか？

Ⅷ　所得分類3（事業所得・給与所得・退職所得・一時所得・雑所得）

弁護士顧問料事件：
給与所得と事業所得等との区別

1　事業所得（所得税法27条）

　事業所得は、給与所得や雑所得等との区別が問題となることはあるものの、給与所得特有の扱いや雑所得特有の扱いといった特別扱いがないものが事業所得であるので、初学者が事業所得特有のこととして学ぶことはあまりない。

2　給与所得（所得税法28条）

(1)　特有の扱い1：給与所得控除（所得税法28条3項）

　給与所得の定義から説明するのが通例であるが、なぜ給与所得であるか否かが問題となりやすいかといえば、給与所得が特別な扱いを受けるからである。

　第一に、給与所得について必要経費の控除は原則としてない。所得税法28条3項により、給与収入の金額によって給与所得控除の額が自動的に計算され、給与収入−給与所得控除＝給与所得も自動的に計算される。給与所得に関し実額の必要経費の控除が認められないことの合憲性については大嶋訴訟・最判昭和60・3・27（⇒第1章Ⅰ4(2)）を読み返していただきたい。この訴訟の後、所得税法57条の2の特定支出控除として、幾つかの類型の実額の経費控除が認められることとなったが、限定列挙である。

　一般に、給与所得控除は給与収入に比して大きめに設定されているため（例えば給与収入が500万円であれば給与所得控除額は144万円）、サラリーマンの租税負担は軽めになっている。ある収入が給与所得か事業所得か争われている際、納税者側が給与所得であると主張するパターン（⇒(3)）は、概ね、給与所得控除狙いであるといってよい。

　他方、納税者側が事業所得であると主張するパターン（⇒(4)）は、給与所得控除より多額の必要経費を支出したという主張であることが多い。もっとも、

大嶋訴訟（⇒第1章Ⅰ4(2)）を含め、給与所得控除より多額の必要経費を支出した、との主張立証に成功した事例は今のところないと見受けられる。

　かつて青天井であった給与所得控除について、近年、増税策の一環として上限を設け、徐々に上限を下げている（給与所得控除を10万円下げ、代わりに基礎控除を10万円上げるという2018年改正もあった。2020年の所得から施行される）。2020年以降、給与所得控除の上限は195万円である。

(2)　特有の扱い2：源泉徴収と年末調整（所得税法183条・190条）

　第二の給与所得特有の扱いは源泉徴収についてである。源泉徴収は、所得税法181条以下に規定されており、給与等を支払う者（例えば学校法人R）は受取人（例えば大学教授A氏）の租税を代わりに納付する義務（源泉徴収納付義務。所得税法6条・183条）を負う（⇒第1章Ⅱ4(2)）。

　源泉徴収自体は給与所得特有ではない。例えば出版社たるN社が執筆者たるA氏に原稿料を支払う際も、支払者であるNが受取人たるAの代わりに支払額の10％または20％の源泉徴収税を納付する義務を負う（所得税法204条1項1号・205条1項1号）。Aにとっての原稿料は事業所得または雑所得である。この場合、後述の年末調整等は無いので、Aは確定申告（所得税法120条1項5号参照）においてNから受けた収入とそれに係る必要経費等の情報を記さねばならない。この時、NがAの代わりに納付した源泉徴収税額は、Aの所得税額から控除されるので、源泉徴収によって二重課税が生じる訳ではない。

　N－A間の原稿料の支払と異なり、R－A間が給与所得の支払であることによって生じる特別な扱いは、使用者たるRが被用者たるAからAにまつわる情報（配偶者がいるか、地震保険に加入しているか等）を収集し、Aの給与所得に関する源泉徴収税額の計算をかなりきめ細かく行う年末調整（所得税法190条）をすることにある。そして、Aの雇い主がR以外にいないとか、Aの副収入が20万円以下であるとかいった要件を満たす場合、Aの課税関係は年末調整で終了し、確定申告不要となる（所得税法121条1項）。

(3)　給与所得の定義：弁護士顧問料事件・最判昭和56・4・24民集35巻3号
　　672頁（百選36）

　「俸給、給料、賃金、歳費及び賞与並びにこれらの性質を有する給与」（所得
税法28条1項）が給与所得であると定義されているが、これだけでは事業所得
との線引きは詳らかでない。

　事業所得と給与所得との区別に関するリーディング・ケースは、ある会社の
顧問をしている弁護士が当該会社から受ける金員が給与所得に当たるか否かが
争われた弁護士顧問料事件である。結論は事業所得であったが、事例の個性で
結論は変わるので、結論を覚えることに意味はなく、覚えるべきは最高裁が定
立した事業所得および給与所得の意義である。（下線は引用者による）

　「事業所得とは、自己の計算と危険において独立して営まれ、営利性、有償
性を有し、かつ反覆継続して遂行する意思と社会的地位とが客観的に認められ
る業務から生ずる所得をいい、これに対し、給与所得とは雇傭契約又はこれに
類する原因に基づき使用者の指揮命令に服して提供した労務の対価として使用
者から受ける給付をいう。なお、給与所得については、とりわけ、給与支給者
との関係において何らかの空間的、時間的な拘束を受け、継続的ないし断続的
に労務又は役務の提供があり、その対価として支給されるものであるかどうか
が重視されなければならない。」

　この判旨は暗記すべきというほど重要である。が、事業所得と給与所得との
区別についてこの判旨の基準を当てはめても上手くいかないこともある。京都
弁護士会無料法律相談事件・大阪高判平成21・4・22裁判所Webでは、弁護
士会法律相談センターの行う無料法律相談業務に弁護士が従事して得た対価に
ついて、空間的、時間的な拘束の下で労務を提供したことの対価であるから給
与所得に該当する、との主張が斥けられ、事業所得であると判断された。判決
の結論についてあまり批判は多くないように見受けられるものの、判決が出る
前にこの事案が試験に出されたら、最判昭和56・4・24の基準を勉強した学生
の少なからずが給与所得であるという答案を書いたであろう。なお、なぜ事業
所得という結論であるのか。弁護士は弁護士会を通じて法律相談を引き受けて
いるという弁護士会自治が主要因となっており（ただし(5)参照）、個々の弁護士
が法律相談業務に従事する瞬間に着目しても分からないのである。

(4) 給与所得ではなく事業所得であると主張する例

日フィル事件・最判昭和53・8・29訟月24巻11号2430頁では、楽団所属のバイオリニストがバイオリン購入費を必要経費として控除すべく、楽団からの収入は事業所得であると主張した（結論は給与所得）。仮に事業所得であったとしても、バイオリン購入費の全額を購入した年度において必要経費に計上することは許されず、減価償却費（⇒本章Ⅳ2(3)、Ⅸ2(2)。雑駁に言えば、耐用年数が5年なら購入費の1/5）が必要経費となる。主張自体失当であった例である。

麻酔科医について、結論は事業所得ではなく給与所得であるとされたため必要経費の控除の主張は認められなかったが、人を雇い経費として支出していたので控除を認めてほしいという主張をしていた事例がある（麻酔科医事件・東京地判平成24・9・21税資262号順号12043）。もっとも、雇ったとされているのは妻であり、原告たる夫が妻に支払った280万円が麻酔科医としての収入と関連していたか疑わしく（夫には不動産所得もあった）、多額の必要経費の控除の可否の問題というよりも、どちらかというと課税単位や所得税法56条・57条の問題という性格が強い（⇒本章Ⅱ）、ともいえよう。

(5) りんご生産組合事件・最判平成13・7・13判時1763号195頁（百選20）

例えば、A氏、B氏、C氏が集まってリンゴを生産する事業を営むD組合を設立したとする。AとBは金銭をD組合に出資したが、Cはお金がないのでD組合に労務出資した。D組合は法人格を有さず、法人税の課税対象にはならない。D組合はりんごの生産という事業活動により収益を得ているので、組合員たるA・B・Cにとって、収入は事業所得であるとして扱われるのが通例である。もしD組合が不動産賃貸を営んで収入を得ていたら組合員はD組合を通じて不動産所得を得ているとして扱われるのが通例である。このように、組合という事業体（entity）を通じて得る所得の課税上の属性がそのまま構成員（member）たる組合員に伝達されることを、透明（transparent）扱い、またはパス・スルー（pass through）扱いと呼ぶ。会社の構成員たる株主が会社から受ける利益分配は、会社が何をして収益を稼いでいるかに関係なく、配当所得である（つまり透明扱い、パス・スルー扱いではない）ということと対照的である。

ところで、本件では、CがD組合に提供する労務が、D組合に雇われている

他の従業員（Eらとする）と同様であったので、Cは、D組合の組合員ではあるけれども、Eらと同様に給与所得を得ているものとして扱われるべきではないか、ということが問題となった。

二審は、D組合とC組合員が雇傭契約等の法律関係を締結することはできない（組合に法人格はないため）以上、CがD組合を通じて得る所得は給与所得たりえない、と判断した。民法上の法律構成に照らして一理あるとはいえる。しかし最高裁は、Cが他の従業員Eらと同様の立場で参加していたという実態を重視して、給与所得であると判断した。

組合を通じて得る所得についてはパス・スルー扱いが原則であるということ、しかし給与所得か否か（「雇傭契約又はこれに類する原因」か否か）については実態を重視することもあるということを、心に刻んでいただきたい。

(6) フリンジ・ベネフィット：通勤定期券課税事件・最判昭和37・8・10民集16巻8号1749頁

フリンジ・ベネフィットとは、使用者が従業員に給付する給与以外の便益（金銭である場合もない場合もある）のことである。フリンジ（fringe）とは周辺のといった意味である。

通勤定期券課税事件で最高裁は、「勤労者が勤労者たる地位にもとづいて使用者から受ける給付」は給与所得に含まれ、勤労者が使用者から通勤定期券またはその購入代金の支給を受けている場合は、そうした支給を受けてない勤労者との公平の観点からも、給与所得として課税される、と判示した。時代が前後するが、(3)の弁護士顧問料事件の給与所得の定義の中の「労務の対価」という部分を見てみよう。給与所得の定義にまつわる様々な判決を詳しく紹介する紙幅はないが、個々の労務の対価ではなくとも、「勤労者が勤労者たる地位にもとづいて使用者から受ける給付」は給与所得である、と考えるべきであろう、と学説は理解している。

自ら通勤費を支出する場合は、包括的所得概念に照らせば純資産減少に当たるのではないか、だから、給与所得に関し実額経費控除が予定されてないとはいえ、使用者から通勤費の支給を受ける場合は必要経費に近いものとして課税所得に含めてはならないのではないか、という疑問を抱く人は多い。しかし次

のように考えられる。勤務先の近くに住み高い家賃をかけるか、遠くに住み高い通勤費をかけるか、勤労者は選択できることが多い（使用者が住む所を命じる場合もあるが、その場合は命令に見合った高給を得ているであろう）。家賃が消費であって純資産減少ではない以上、通勤費も消費である、というのが包括的所得概念に立ち返った検討の帰結である。とはいえ、親の介護の都合等、住む所を自由に決められない（使用者からの命令という要素がなくても）と感じている勤労者も多いであろう。そこで所得税法9条1項5号が一定の要件下で使用者が勤労者に支給する通勤手当を創設的に非課税としている（所得税法57条の2の特定支出控除も参照）。創設的規定であるから、規定の範囲外では最判昭和37・8・10の射程が及ぶ。

　前段落では包括的所得概念に立ち返り理論的に説明したかのように見せかけているが、実のところ、国によって通勤費等の扱いはまちまちである。日本では、事業所得を稼得する者が事務所と住居との往復のために支出する費用は必要経費に当たると考えられている。最判昭和37・8・10と不整合であるが所得税法9条1項5号と整合的である。他方米国では、サラリーマンであってもなくても（そもそも米国には給与所得と事業所得との区別がない）通勤費は控除できない。通勤費の控除の可否は理屈だけで決まる問題ではなく、各国の文化等の影響を受けやすいのであろう、と学説では理解されている。

　フリンジ・ベネフィットは金銭以外であることもある。例えば、社員旅行等レクリエーションによって勤労者が受ける便益は、社会通念上一般に行われている範囲を超える場合、課税所得に含められる（所得税基本通達36-30参照）。余力がある人は岡山地判昭和54・7・18判時949号56頁（ハワイ旅行）、大阪高判昭和63・3・31判タ675号147頁（香港旅行）を読み比べてほしい。

　立法により、フリンジ・ベネフィットのうち、制服、船員の食料等の便益は非課税とされている（所得税法9条1項6号）。これらの便益は事業主の都合により給付されるものであって勤労者から見れば自発的な消費ではないからである（事業主都合給付、使用者の便宜理論という）。

(7)　ストック・オプション事件・最判平成17・1・25民集59巻1号64頁（百選27）
　ストック・オプションとは、所定の額で株式を取得することを選べる権利で

ある。会社が従業員等にストック・オプション（例えば50円で株式を買える権利）を付与し、会社の業績が向上し株価が80円になると、ストック・オプション行使により30円の利益が生じる。従業員の精励を促す仕掛けである。

　ストック・オプション行使益は一時所得に当たるとかつての通達は規定していた。従業員の精励と株価上昇が必ずしも結びつかないからである。しかし1998年通達改正により、給与所得に当たる（（6）の最判昭和37・8・10の判旨を思い返そう）と規定された。最高裁も給与所得に当たると判断した。

　原告は、通達改正前の所得について一時所得であるとの通達を信じて申告したのに給与所得として課税することは信義則違反である、とも主張したが、最高裁は信義則違反の論点に触れてない。酒類販売業者青色申告事件・最判昭和62・10・30判時1262号91頁（百選16）が租税事件においても信義則の適用可能性はあるとの一般論を述べてはいるけれども（⇒第1章Ⅱ1（2)）、今のところ、租税事件で信義則適用例はない。東京地判昭和40・5・26判時411号29頁で禁反言が適用されたが二審で覆っている。租税事件で信義則（または禁反言）の適用可能性はあるけれども、適用例はなく、適用可能性は甚だ小さい。

　信義則は所得税（加算税に対し本税ということもある）の問題であるが、加算税について、別の事件で、旧通達を信じた申告には「正当な理由」（国税通則法65条4項）が認められるから、過少申告加算税の賦課は妨げられると判断された（最判平成18・10・24民集60巻8号3128頁。⇒第1章Ⅱ2（1)）。

3　退職所得（所得税法30条）

　その他の所得（総合所得金額）とは分離されて所得税法89条1項の超過累進税率が適用される（⇒第1章Ⅰ3、本章Ⅵ5）。勤続年数に応じた退職所得控除（所得税法30条3項）により課税標準が大幅に削られる上に、所得税法30条2項により残額の半分のみが課税される。平準化措置としてかなり租税負担が軽減される所得分類である。

4　一時所得（所得税法34条）

　所得税法23条〜33条に当たらない所得のうち、「対価としての性質を有しないもの」（所得税法34条1項）が一時所得であり、対価性のあるものが雑所得で

ある。50万円の特別控除額（所得税法34条3項）がある上に、所得税法22条2項2号により半分のみが課税されるので、かなり租税負担が軽い。一時所得の課税が軽いことも平準化措置の一つとして説明できる場面がないではないが、対価性のない所得が軽く課税されることについて公平の観点から疑問を抱く論者も多い。法人からの贈与が一時所得であり、個人からの贈与には贈与税が課せられる、という違いもタックス・プランニングの際の留意点の一つである。

必要経費控除に相当する控除は「収入を得るために支出した金額（……直接要した金額に限る。）」（所得税法34条2項）と狭く規定されている。例えば、当たり馬券収入に関し控除できるのは当該馬券のみの購入費であり、外れ馬券の購入費は控除できない（最決平成29・12・20平成29（行ツ）17号）。外れ馬券の購入費の控除を認めた判例（最判平成27・3・10刑集69巻2号434頁、百選45、最判平成29・12・15民集71巻10号2235頁）の方が有名であるが、これらは雑所得とされたためであり、競馬収入が雑所得となる例は極めて限定的であるので、馬券を買おうと思っている人は注意してほしい。

所得税法34条2項のリーディング・ケースは、逆ハーフタックスプラン事件・最判平成24・1・13民集66巻1号1頁であるが、少し難しいので、発展的勉強の材料としていただきたい。

5　雑所得（所得税法35条）

必要経費を控除できるが、雑所得に係る損失は損益通算（所得税法69条1項。⇒本章IX 2）に利用できない。

会社の取締役等が、副業として投機性の高い取引をしている場合に、事業所得か雑所得かが問題となることが多い。投機性の高い取引の結果がマイナスとなった場合に、事業所得であれば損益通算ができるが雑所得であると損益通算できないからである。所謂ミセス・ワタナベ（全員の苗字がワタナベであるという訳では勿論ない）のFX取引による損益も雑所得となることが多い。会社取締役商品先物取引事件・名古屋地判昭和60・4・26行集36巻4号589頁、FX取引事件・東京高判平成25・11・14税資263号順号12335等を参照されたい。

IX 損失、損益通算、純損失の繰戻し・繰越し、所得控除

岩手リゾートホテル事件：
不動産賃貸業における損失を給与等と相殺して租税負担を減らす狙い

1 損失（資産価値の減少）（所得税法51条）

直接費用（費用収益対応の原則）	所得税法 37 ①前段	法人税法 22 ③一
間接費用（債務確定基準）	所得税法 37 ①後段	法人税法 22 ③二
損失	なし［51条・72条］	法人税法 22 ③三

　本章Ⅲ 2(1)で必要経費（所得税法37条1項）について学んだ。法人税法22条3項（損金という）と比較すると、法人税法22条3項1号（直接経費）および2号（間接経費）は所得税法37条1項と対応している一方、法人税法22条3項3号の損失に対応する規定は所得税法37条1項にない。例えばサラリーマンが自分のパソコンを壊してしまった場合の損失は、所得税法上の所得計算に反映されない。法人の所有するパソコンが壊れてしまった場合の損失が、法人税法上、所得計算において控除されることと、対照的である。

　しかし、事業を営む個人の事業用資産について損失が生じた場合は、法人税法22条3項3号と同様に、所得税法上も所得計算に反映すべきであろう。所得税法37条の特則として、所得税法51条が、事業用資産について一定の条件の下で損失の控除を認めている。雑所得に関する業務用資産については同条4項で損失の控除が限定されていることに留意されたい。

　所得税法51条4項に関する興味深い事例として、ライブドア事件・神戸地判平成25・12・13判時2224号31頁があるが、損害賠償金（⇒本章Ⅰ 2(2)）に関する難しい判決であるので、発展的勉強の材料にしていただきたい。

　事業用資産でない資産の損失（例えばサラリーマンの住居の損失）については3(3)で後述する（所得税法72条）。

2 損益通算（所得税法69条）

(1) 所得分類との関係

　所得税法69条1項は、不動産、事業、山林または譲渡「所得の金額の計算上生じた損失の金額」を「他の各種所得の金額から控除する」と定めている。

　この「損失」は、所得税法51条の「損失」（資産価値の減少）と異なり、前記4つの所得分類の何れかについて、収入金額より必要経費が上回った部分（つまり赤字の部分）を指す。ある所得分類の赤字を、他の所得分類の黒字と相殺することを損益通算という。

　10種類の所得分類のうち損益通算の対象となる「損失」（赤字）は、不動産、事業、山林または譲渡所得の4種類だけであることに留意されたい。

　利子、給与、退職所得については、必要経費控除が予定されていないので、計算上「損失」（赤字）が生じえない規定振りになっている。

　配当、一時、雑所得については、収入金額から必要経費等を控除した結果として赤字になる可能性がある（もっとも一時所得については「直接要した」費用のみの控除なので減多にないであろう）ので、この3種類について、損益通算が制限されていることになる。特に頻繁に問題となるのは、雑所得に係る赤字が生じても損益通算できない、ということである（福岡高判昭和54・7・17訟月25巻11号2888頁、百選46）。このため、問題となる取引から生じる所得（赤字の場合を含め）が雑所得であるか不動産所得または事業所得であるかがしばしば問題となる（⇒本章VI 4、VIII 5）

　損益通算の対象となる「損失」（赤字）が不動産、事業、山林または譲渡所得の4種類だけである一方で、益の方は特に制限されてない、ということにも留意していただきたい（とはいえ、利子所得はほとんどの場合分離課税であるので、利子所得の益と通算する事例は減多にないであろう）。どの所得分類の益（黒字）から通算していくかについては所得税法施行令198条各号に定めがある。

(2) 減価償却費という租税属性の移転

　損益通算に関してしばしば問題となるのは、減価償却費（⇒本章IV 2(3)）が多額の資産、例えば建物、船舶、航空機、映画等の所有権等を購入するという

タイプの事案である（法人税法の事案であるが映画についてフィルムリース事件・最判平成18・1・24民集60巻1号252頁参照。パラツィーナ事件ともいう）。

　事業用固定資産たる機械（耐用年数5年。5年後は無価値と想定）を事業を営む個人Aが時価200で第1年に購入したとしよう（月日の調整を無視し年単位の計算であるとする）。Aは第1年に200を支出しているものの、200全額がAの必要経費になる訳ではなく、第1年の収益に対応する部分だけが必要経費に算入される。機械購入費のうちの収益に対応する部分を減価償却費という。減価償却の計算は真面目に計算し始めると面倒であるが、実務上は簡便な計算方法として定額法や定率法が用いられることが多い。ここでは定額法が用いられているとすると、機械が5年間使用されて最後に無価値になる（残存価額0）という場合、毎年購入費200の1/5ずつ、つまり40ずつを必要経費に算入することとなる。第1年度のAの事業所得に係る収入金額（例えば売上）が70であったとして、他に費用がかかっていないとすると、Aの事業所得（＝収入金額－必要経費）は70－40＝30となる。第2年度も第3年度も同様に収入が70であると、毎年度、70－40＝30という事業所得の計算をすることとなる。

　なお、減価償却費を必要経費に算入したら、当該機械の取得費をその分だけ下げなければならない。例えば第1年度から第3年度にかけて40ずつ3回減価償却費を必要経費に算入したら、当該機械の取得費を200から80（＝200－40×3）に調整しておかなければならない。もしこの調整をせずに、当該機械を80で譲渡し、譲渡所得の計算において譲渡損失が120生じたとして扱ってしまうと、事業所得の計算における累計120の減価償却費というマイナスと、譲渡所得の計算における120の譲渡損失というマイナスと、マイナスの二重計上になってしまうからである。

　減価償却費については、税制上の特別措置として、人為的に早い時期に多額の減価償却費の計上を認めることがある。マイナスを早く計上することは多くの納税者にとって租税負担減少に繋がる。例えば環境に優しい機械を普及させるため、本来は耐用期間5年のところ、毎年100ずつ2年間にわたり減価償却費を計上してよい（加速度減価償却という）、という立法がされることがある。

　この加速度減価償却が適用される時価200の機械をBが第1年度に購入したとしよう。毎年の事業所得に係る収入が70であるとすると、事業所得は70－

100＝－30となってしまうので、Bは減価償却費のマイナスを利用しきれないことになる（税に関してはマイナスを【利用】するという言い方をしばしばする。最初は慣れないであろうが、自然にマイナスの利用を考えることができるようになったら、税制の理解がかなり進んだ証拠と考えてよい）。Bに他の所得分類に係る収入があるならば、例えばBが他に給与所得も得ているならば、Bの事業所得に係る30の損失（赤字）を、給与所得の金額から控除する損益通算をすればよい。しかし、Bには損益通算に使える益がないということもある。純損失の繰戻し・繰越し（⇒3）という制度もあるが、それでもBがマイナスを利用しきれないという事態も多い。

　Cが同様の機械を時価200で第1年度に購入した直後に、事業を営まないDに当該機械を譲渡し、当該機械をDからCが賃借してCが事業を営む、という例を考えてみよう。Cが第1年から第5年にかけて毎年70の事業所得に係る収入を得て、毎年40の賃借料をDに支払う（Cに他に必要経費はない）とすると、Cの毎年の事業所得の計算は70－40＝30となるので、Aと変わりがない。第1年度の減価償却費100は機械の所有者であるDが計上する。DにはCから受ける賃料収入以外に不動産所得または事業所得に係る収入がないかもしれないが、Dに他に充分な所得（例えば給与所得）があれば、損益通算を通じてDは減価償却費100という租税属性を利用し他の所得にかかる租税負担を減らすことができる。

(3)　匿名組合航空機リース事件・最判平成27・6・12民集69巻4号1121頁
（百選21）

　先のCに相当する者が航空会社たるE社であるとする。匿名組合契約（商法535条）とは、Fという匿名組合員が営業者たるGに出資し、Gの事業の利益がGからFに分配される、という契約である。匿名組合という名前から、民法上の任意組合に近いと思われるかもしれないが、どちらかというとFがGに金銭貸付けをする（固定金利ではなくGの利益に連動した返済の設計）という例に近い。匿名組合は契約にすぎないので会社のような法人格はない。出資という言葉が用いられているが、株主が株式会社に出資するという例とも異なる。

　この事件では、FがGに金銭を出資し、Gが航空機を買い、GがEに航空機

を賃貸し、ＥがＧに航空機賃料を支払い、それを基にＧがＦに利益分配をする、という構図である。利益分配とはいうものの、航空機については早い時期に多額の減価償却費が生じるため、早い時期においては航空機リースは赤字であることがほとんどである（減価償却費を計上しつくした後で黒字となる）。この早い時期の赤字を、事業収益が安定しないＥではなく投資家であるＦが損益通算を通じて利用しようという狙いである。

　航空機を賃貸しているのはＦではなくＧであるが、匿名組合に法人格はないので、航空機賃料（すなわち不動産所得）という租税属性はＧからＦにパス・スルー（⇒本章Ⅷ2(5)りんご生産組合事件）される、とＦは考えていた。かつての通達も、匿名組合は原則としてパス・スルー扱いであると規定していた。

　しかし、通達が2005年に改正され、匿名組合は原則としてパス・スルー扱いではなく、匿名組合員は営業者から投資収益（ほとんどの場合、雑所得）を得ているにすぎない（パス・スルー扱いは例外的な場面に限られる）と規定されることとなった。ＦがＧから得るものが雑所得であるとすると、航空機リースについて早い時期に多額の減価償却費のために赤字となっていても、Ｆは損益通算できないこととなる。最高裁も新通達の扱いを認めた。

　旧通達を信じて申告した場合の過少申告加算税と「正当な理由」の関係について、第1章Ⅱ2(1)および本章Ⅷ2(6)も参照されたい。

(4)　岩手リゾートホテル事件・東京地判平成10・2・24判タ1004号142頁

　サラリーマンＨが、リゾートホテルＩの一室を購入し、当該部屋をＨがＩに賃貸するが、賃料収入より減価償却費等の方が上回るという事例である。

　所得税法69条2項は「生活に通常必要でない資産」（所得税法62条1項）に関する損失（赤字）について、損益通算の範囲を限定している。Ｈ－Ｉ間の契約により、Ｈは当該部屋を利用することができるとされていたので、当該部屋はＨにとって「保養」目的（所得税法施行令178条1項2号）（ゴルフ会員権に関する2014年改正について⇒本章Ⅶ6(7)）であり、「生活に通常必要でない資産」に当たるので、損益通算はできないと判断された。

　Ｈが純然たる投資対象として当該部屋を購入し賃貸していたのであれば、問題なく損益通算に利用することができる。しかし「保養」目的であるというこ

とは、Hが対象物から帰属所得も得ていると考えられる。減価償却費等のマイナス属性は、明示のIからの賃料収入のみと対応するのではなく、帰属所得とも対応していたと考えられるので、帰属所得が非課税であることとの対称性から、損益通算が否定されることも正当化される。

3　純損失の繰戻し（carry back）・繰越し（carry over）

　所得税法69条1項が所得分類を跨いだ赤字と黒字との調整であるのに対し、年度を跨いだ調整が純損失の繰戻し・繰越しである。年度ごとに所得計算をすることが原則である（期間計算主義という）ものの、浮き沈みの激しい事業を営む者（J氏。例えば年度ごとの収支が＋500、－100、＋500、－100……といった調子）のマイナスが税制上無視されるとすると、安定的な事業を営む者（K氏。例えば年度ごとの収支が＋200、＋200、＋200、＋200……といった調子）と比べ、数年にわたる合計の収支が同程度であってもJ（4年合計の収支が＋800）の租税負担がK（4年合計の収支が＋800）より多くなりすぎてしまう。そこで期間計算主義の弊害を緩和するのである（⇒第3章Ⅲ3⑵）。

(1)　純損失の繰戻し（所得税法140条）

　例えば第3年度の所得がマイナス（損失ではなく「純損失」という）である場合、第2年のプラスと相殺して、第2年に納めた所得税額を第3年に還付してもらう。純損失の繰戻し（所得税法140条）という。繰戻しとはいっても、第2年度の時点で第3年度の純損失を予期できるはずがないので、第3年度に調整することになる。なお、純損失の繰戻しは1年だけなので第1年に納めた税額の第3年度における還付を求めることはできない。

(2)　純損失の繰越し（所得税法70条）

　純損失の繰戻しをしても利用しきれてない純損失が残っている場合、将来3年間にわたり（つまり第4年度から第6年度）、残存した純損失を繰り越すことができる。例えば第4年度がプラスである場合、第4年度の所得の計算において第3年度から繰り越した純損失の金額を控除することができる。

　計算の便宜のため税率が一律40％であり、第1年～第7年の所得（または純

損失）が表の通りであると、税額の推移は表のようになる。第7年度におい
て、第3年度の純損失1200のうち所得と相殺されたのは第2年度および第4〜
6年度の1100であり、純損失100を利用できていないことに留意されたい。

年度	1	2	3	4	5	6	7
所得	＋200	＋200	− 1200	＋300	＋300	＋300	＋300
税額	＋80	＋80	− 80	0	0	0	＋120

(3) 雑損控除と雑損失の繰越し（所得税法72条・71条）

　事業を営まない者が多額の損失を抱える例として、サラリーマンの住居が天
災等で損壊してしまうといった例がある。損失（資産価値の減少）が原則として
所得計算に反映されない（⇒1）ことの例外として、所得税法72条により、災
害や盗難の被害は、雑損控除として所得から控除される。1年間の所得では控
除しきれないことがあるので、翌年以降3年間繰り越すことができる（所得税
法71条。雑損失の繰越控除という）。

4　所得控除（所得税法72条〜86条）

　所得税法72条から78条は、雑損控除の他、医療費控除、社会保険料控除、地
震保険料控除など、何らかの支出や損失（資産価値の減少）に着目して恩恵的・
政策的に所得控除を認めるというものである。

　雑損控除については、年度を跨いだ調整も含めて3(3)で前述した。

　医療費については、包括的所得概念の理想に照らせば消費であるので、控除
が認められるべきではないが、とはいえ多額の医療費がかかる家計の苦しさに
配慮して恩恵的に医療費控除（所得税法73条）が規定されている。

　社会保険料については、貯蓄に近いと考えれば控除を認めるべきではないと
も考えられるが、社会保険料は強制的に徴収されるという側面を重視すれば、
控除（所得税法74条）もやむをえないのかもしれない。

　生命保険料控除（所得税法76条）については、社会保険料のような強制性は
ないので、政策的優遇措置であると理解されよう。地震保険料控除（所得税法
77条）も同様に政策的優遇措置である。

寄附金控除（所得税法78条）については、かつて、包括的所得概念の理想に照らして純資産減少の反映と見るべきか否かについて争いがあった。今は、寄附金は自発的なものであるから原則として消費と位置付けられるべきであり、寄附金控除は政策的優遇措置である、という理解が学説上有力である。

　所得税法79条〜86条は、障害者控除、勤労学生控除、配偶者控除など、人的事情に着目して恩恵的に所得控除を認めるというものである。

　配偶者控除は法律婚のみに適用される（最判平成9・9・9訟月44巻6号1009頁、百選47）。扶養控除の範囲も民法上の親族に限られる（最判平成3・10・17訟月38巻5号911頁）。社会保障法では世帯単位の規律が多く、事実婚も夫婦扱いすることが多いことと対照的である（租税法で事実婚を考慮する例⇒第3章Ⅳ2(1)）。

　配偶者控除・配偶者特別控除は、課税単位の問題とも絡み、国民の間で賛否がかまびすしい。共働き夫婦にとっては何の恩恵もないので、専業主婦（夫）のいる家計を配偶者控除等で優遇するべきではない、といった意見と、民法752条が夫婦間の扶養義務を定めていることからすると、専業主婦（夫）を養う負担も所得税制上、軽視し難い、といった意見とが、鋭く対立するからである。2017年改正で拡充された（⇒本章Ⅱ2(4)）。

　扶養控除は、特に子女に関しては、児童手当などの給付措置との関係も視野に入れつつ、制度設計しなければならない。所得税率10％の貧しい親が38万円の所得控除により受ける租税負担減の恩恵は、所得税率40％の豊かな親が38万円の所得控除により受ける租税負担減の恩恵よりも小さい。所得控除よりも一定額の税額控除とすべきであるという政策論も根強いところ、2010年改正で15歳以下を扶養する親に子ども手当が支給されることとなり、控除対象扶養親族は16歳以上に限られることとなった（所得税法2条1項34号の2）。2012年以降は子ども手当から児童手当という名称になった。

　寡婦（夫）控除について、子女を抱える未婚の父母が対象外であったが、2020年改正により、ひとり親控除として未婚者も含めて所得控除の対象に含められることとなった。寡婦（夫）控除については寡婦と寡夫とで範囲の違いがあったが（性差別について大嶋訴訟の伊藤正己補足意見⇒第1章Ⅰ4(3)）、ひとり親控除に関しては性差別が概ねなくなるといえる。しかし、寡婦控除はひとり親控除より広いので、未だ性差別は少し残存している。

X　所得税と相続税の調整

年金払い生命保険金二重課税事件：
相続税と所得税の二重課税は許されるのか？

1　年金払い生命保険金二重課税事件（百選32）

⑴　事実関係と争点

　夫たるＡ氏が妻たるＢ氏のためにＣ生命保険会社と生命保険契約を締結した。Ａの死亡時に、ＣがＢに一時金4000万円を支払い、さらに、Ａ死亡時から10年間にわたり毎年230万円ずつの生命保険年金をＣがＢに支払う、Ｂは、毎年230万円ずつの年金払いに代えて、いつでも、残りの年金の割引現在価値相当分の一時払い（前記4000万円の一時金とは別であることに留意）を受けることができる、Ａ死亡時に一時払いを選択したら2059万8800円である、という契約内容であった。2002年（以下、第０年とする）、Ａは死亡し、ＢがＣから4000万円の一時金と230万円の年金払いを受けた。

　Ｂに対する相続税の課税においては、一時金4000万円と、将来10年間にわたり230万円ずつの年金を受ける権利（年金受給権）の相続開始時の価値が、相続税の課税標準に含められた。相続税法に関しては様々な控除が規定されているので、結果としてＢが納めた相続税額は０円であったが、相続税の課税標準に含められたという点が重要である。

　Ａ死亡時にＢが年金受給権について一時払いを選択したならば2059万8800円を受け取ることができるという契約内容であったので、現在の相続税法24条１項の下では、年金受給権の相続開始時の価値は2059万8800円となる。しかし、当時の相続税法24条１項の下では、10年間にわたる定期的な支払を受ける権利については、簡便な割引現在価値の算定方法として、６割、つまり、$230 \times 10 \times 0.6 = 1380$（万円）として評価することとされていた。

　仮に、割引率10％（年複利）で計算するならば、１年後の230の割引現在価値（判決文では「現価」という表現が用いられることもある）は$230/1.1 \fallingdotseq 209.0909$であ

り、2年後の230の割引現在価値は$230/1.1^2 \fallingdotseq 190.0826$である。第0年から第9年（死亡時にも受け取るので、10年間とは第0年から第9年であることに留意されたい）にかけて毎年230を受ける場合の割引現在価値は、$230/1.1^0 + 230/1.1^1 + 230/1.1^2 + \cdots + 230/1.1^9$として計算する。

割引率をr（年複利）とすると、第0年から第9年にかけて230ずつ受け取ることの割引現在価値は$230/(1+r)^0 + 230/(1+r)^1 + 230/(1+r)^2 + \cdots + 230/(1+r)^9$である。

Bが相続開始時に一時払いを選択したら2059万8800円を受け取ることができるということは、$230/(1+r)^0 + 230/(1+r)^1 + 230/(1+r)^2 + \cdots + 230/(1+r)^9 = 2059.88$ということである。この時のrは約2.54%である。

他方、当時の相続税法24条1項の下では、年金受給権の相続開始時の価値は1380万円として評価されることになっていたから、$230/(1+r)^0 + 230/(1+r)^1 + 230/(1+r)^2 + \cdots + 230/(1+r)^9 = 1380$ということである。この時のrは約13.7%である。当時の市場の実勢を反映しているであろう2.54%という割引率と比べ、法定の評価によった場合の13.7%という割引率は不当に高い（相続税法上算定される年金受給権の価値が不当に低い）ということができる。

割引率はともかく、争点となったのは、第0年の230万円の年金払いがBの雑所得に当たるかである。国（課税庁側）は、230万円がBの雑所得に係る収入金額であり、その必要経費が9万2000円であるから、雑所得が$230 - 9.2 = 220$万8000円である、と主張した。この必要経費は、Aが生前にCに支払っていた保険料のうち、一時金と年金とで按分された中の年金対応部分である。

説明の便宜のため、次のような例を考えてみよう。夫たるDが1個1億円の壺を10個購入した。Dが死亡し、妻たるEのみが相続した。相続開始時の壺の時価は1個7億円に上昇していた。Eの相続税の課税標準には$7 \times 10 = 70$億円が算入される。次に、Eが相続した壺のうちの1個を第三者に7億円で譲渡した。この場合、Eは所得税法60条1項により被相続人Dの取得費等の属性を引き継ぐので（⇒本章Ⅶ8(3)）、Eの譲渡益は6億円である。相続に対する課税と譲渡所得に対する課税と、二回課税がなされている。もしも、Dが死ぬ直前に壺を1個7億円で第三者に譲渡していたら、6億円の譲渡益がDの課税所得に算入される（もちろんその後でDが死亡した際にEに相続税が課される）ことと比し

て、DではなくEが壺を譲渡した場合にEの課税所得に6億円の譲渡益が算入されることは何らおかしなことではない。

　D－Eの関係について相続税と所得税の二回課税があることと同様に、本件で年金払いを受けたBが相続税と所得税の二回課税を受ける、と国は主張した。年金払いについては所得税法33条3項・38条の「取得費」という表現が馴染まないが、Aの生前の払込保険料がBに対する所得課税に際して必要経費として控除されるということは、壺に関してDの取得費がEに引き継がれることと同様である。

　他方、Bは、所得税法9条1項16号により「相続、遺贈又は個人からの贈与により取得するもの（相続税法……の規定により相続、遺贈又は個人からの贈与により取得したものとみなされるもの を含む。）」（下線：引用者。以下同じ）が非課税所得とされているので、年金がBの雑所得に算入されることはおかしい、と主張した。

　下線部分は少しややこしい。A死亡により、BのCに対する年金受給権が発生する、という法律構成であるので、私法上厳密にいえば、Bは年金受給権をAから相続により取得する訳ではない。だからといって年金受給権が相続税の課税標準に入らないとしてしまったら、生命保険年金以外の形で利益を受ける相続人と比較して不公平であるので、相続税法は、民法上相続ではないが経済実質的に相続に近いもの（本件のような年金受給権の他、Aの勤務先が支払う死亡退職金等も含まれる）について相続により取得したものとみなして、相続税の課税標準に含めている（相続税法3条1項1号⇒第5章I 3⑴）。

(2)　一審・長崎地判平成18・11・7：妻B勝訴

　一審は、「相続税法による年金受給権の評価は、将来にわたって受け取る各年金の当該取得時における経済的な利益を原価（正確にはその近似値）に引き直したものであるから……実質的・経済的には同一の資産に関して二重に課税するものであることは明らかであって……所得税法9条1項15号［現16号］の趣旨により許されない」と判断した。

　注意していただきたいのは、本件に所得税法9条1項16号がストレートに適用される訳ではないということを裁判所も認めているということである。何故

かというと、相続税法により相続により取得したものとみなされるのは年金受給権（第0年に1380万円と評価されて相続税法で課税標準に算入されたもの）であって、年金（10年間にわたり毎年230万円受け取るもので、国主張によれば所得税法で課税標準に算入されるもの）とは、法的に異なるものであるからである。年金受給権と年金とは法的には違うものであるが、「実質的・経済的には同一」である、と一審は考えたのである。

　年金受給権と年金とは法的には違うものである、と聞かされても、最初は理解しにくいかもしれない。しかしこの理は裁判所が一審から上告審まで一貫して受け容れているし、国の控訴理由を読めば、この理を否定することは無理であることが分かる。国は、年金受給権と年金との関係は、リンゴ等の果樹と果実との関係と同様である、として、次のように主張した。法律論において比喩はあまり勧められないのが通例であるが、次の比喩は見事といえよう。

　「果樹には一定の寿命があり、毎年、果樹から果実を収穫すれば、その分だけ、当該果実から将来得られる収穫量の総計も減少すること、そのため、所得税法及び法人税法上も、果樹は減価償却資産とされていることに照らすと、当該果樹から得られる収益は、時の経過による当該財産の価値の減少と対応する関係にあるということができる。このことは……本件年金受給権と本件年金との関係、すなわち権利の行使とそれに伴う価値の逓減という関係と基本的に同様である。そして、果樹が相続税の課税対象となった場合であっても、その後、当該果樹から得られる収益に対し、所得税が課税されることについては異論がない。すなわち、相続税の課税に際し、時の経過によって価値の減少する資産の価額を収益還元方式によって評価したからといって、その後に当該資産から得られる収益が所得税法9条1項15号［現16号］所定の非課税所得に当たるなどとは考えられていないのである。」

(3)　二審・福岡高判平成19・10・25：国（課税庁側）勝訴

　二審は国の控訴を容れ、「相続税の課税対象となり、所得税の課税対象とならない財産は、保険金請求権という権利」であり、本件では年金受給権がこれに当たり、「本件年金は本件年金受給権とは法的には異なるものであ」るから、年金は非課税所得ではない、と判断した。

この判断は次の上告審で覆るものの、上告審判決が出る前は、二審の判断についての賛否が（納税者側に近い実務家の中でも）半々であったと見受けられる。法的に年金受給権と年金とが別の財産であるという形式論理のみならず、実質的に考えても、もしもAが長生きしていたらAの所得は課税されていたはずであり、Aによる扶養がなくなることに備えた生命保険年金が課税されることは、均衡がとれている、という考え方もある。

(4) 上告審・最判平成22・7・6民集64巻5号1277頁：妻B勝訴（6割）

最高裁は、所得税法9条1項16号が非課税所得としている「相続……により取得したとみなされるもの」は「財産そのものを指すのではなく」財産の取得による「所得を指す」という画期的な理路を判示した。

なお、わざわざ「所得を指す」という表現をしているのは、くどいけれども、年金受給権と年金とが法的には別物であるという理は覆しようがない、という考え方を最高裁も前提としているからであると読解するのが素直である。

そして、その所得とは財産取得時（相続時）の経済的価値であり、それが相続税の課税標準に含められるから、「同一の経済的価値に対する相続税又は贈与税と所得税との二重課税を排除」することが、所得税法9条1項16号の趣旨である、とした。さらに、年金受給権と年金との関係について、年金受給権の取得時の時価は、将来受け取る年金の相続開始時の割引現在価値（1380万円）に相当し、受け取る年金の総額（2300万円）との差額（920万円）は「運用益」に相当するから「現在価値に相当する部分は、相続税の課税対象となる経済的価値と同一」であり、所得税法9条1項16号により「所得税の課税対象とならない」という結論を出した。

本件では争点となっていないが、最高裁判旨は、「運用益」部分（本件では $2300-1380=920$ （万円））に対する所得課税は肯定される、という帰結を示唆している。(2)の一審は運用益部分も含めて非課税としているであろうことと比べると、一審はBの100%勝訴といえるのに対し、上告審はBの勝訴（でも6割だけ）といえる。

(2)の一審の結論を支持する論者は、ほぼいないと見受けられる。仮に、Bが利子率13.7%（年複利）で運用される基金1380万円を第0年に相続し、Bが第

0年から第9年にかけて毎年230万円ずつ基金から引き落とす、という事例があったならば、相続開始時に1380万円が相続税の課税標準に算入され、第1年から第9年にかけて名目値合計（金銭の時間的価値を考慮しないという意味）で920万円の所得（通常は雑所得と分類されるであろう）が所得税の課税標準に算入されるはずである。こうした仮想例と比べて、生命保険年金の本件の事例について(2)の一審の結論は、不当に納税者を優遇していることになってしまう。

　余談ながら、最高裁が二審の結論を支持しなかった経済実質的な理由の一つとして、一時金4000万円の扱いとの均衡や、一時払い2059万8800円を受け取るとした場合の扱いとの均衡がある、と推測されている。もし所得税法60条1項のような租税属性の引継ぎの発想でBに対し相続税と所得税の二重課税をすることが許されるならば、一時金4000万円が相続税の課税標準に算入されるにとどまらず、Aの生前の払込保険料の一時金に対応する部分（本件では約123万円）と一時金4000万円との差額3877万円がBの所得税の課税標準に算入されることも肯定されるはずである。それは、所得税法59条1項が適用される場合の結果とも、均衡がとれている。しかし、一時金4000万円については、相続税の課税標準に算入されるだけで所得税の課税標準には算入されていない、という扱いであった。この扱いと比較すると、年金について非課税所得としないことは均衡を欠くといえる。また、仮にBが一時払い2059万8800円を受け取った際も、Aの生前の払込保険料と2059万8800円との差額が所得税の課税標準に算入されるという扱いをしていなかったので、本件のように年金払いを選択した場合に非課税所得としないことは、均衡を欠くといえる。

(5) 運用益の計算と所得の計算

　本件では争点とならなかったので最高裁は第1年から第9年にかけて運用益をどう計算するのかの道筋を示さなかった。

　包括的所得概念に忠実にBの第1年以降の所得計算をするとしたら、利子率13.7%（年複利）で運用される基金1380万円から第0年から第9年にかけて毎年230万円ずつ引き落とす、という仮想例と同様に所得計算することになる。第0年に1380万円から230万円（運用益部分は0円である）を引き落としたので、残り1150万円を利子率13.7%で1年間運用した運用益158万円（≒1150万円×

094

13.7％）が第1年の所得である。第1年に230万円を引き落とすので、1150＋158－230＝1078（万円）を第1年から第2年にかけて利子率13.7％で1年間運用する。すると第2年の運用益は148万円である。以下同様の手順で第1年から第9年の運用益を計算すると次のような表になる（万円以下四捨五入の端数処理のため、合計は920ではなく921となっている）。

年度	1	2	3	4	5	6	7	8	9
運用益（包括的所得概念）	158	148	136	124	109	92	74	52	28

　しかし実務上は包括的所得概念に忠実な運用益の計算をしていない。実務上は階段法と呼ばれる簡便法が用いられているが、その簡便法の基となっている考え方による計算方法は次のようになる。

　第1年度の230万円の年金は、第0年度において $230/1.137 = 202$（万円）として相続税の課税標準に算入されていたので、第1年度の運用益は、第0年度の202万円を利子率13.7％（年複利）で1年間運用したものと考えられるから、$230 - 202 = 28$（万円）である。第2年度の230万円の年金は、第0年度において $230/1.137^2 = 178$（万円）として相続税の課税標準に算入されていたので、第2年度の運用益は、第0年度の178万円を利子率13.7％（年複利）で2年間運用したものと考えられるから、$230 - 178 = 52$（万円）である。以下同様の手順で第1年から第9年の運用益を計算すると次のようになる。

年度	1	2	3	4	5	6	7	8	9
運用益（簡便法の基）	28	52	74	92	109	124	136	148	158

　包括的所得概念に忠実に運用益を計算した場合は第1年から第9年にかけて運用益が小さくなっていく一方、簡便法の基の考え方によると、運用益は第1年から第9年にかけて大きくなっていく。当然ながら名目値合計額は同じである。一般に、早い時期に多額の所得が計上されると納税者に不利であるから、簡便法の基の考え方の方が納税者に有利である。なぜ簡便法の基の考え方の方が納税者に有利であるのであろうか。簡便法の基の考え方は、例えば第2年度に受け取る年金について見てみると、第0年の178万円が利子率13.7％（年複利）で2年間運用されたという前提で計算されている。包括的所得概念に忠実

に計算するならば、第0年の178万円が運用される場合に第1年にも発生しているはずの増加益（178×13.7％＝24（万円））を課税所得に含めなければならないが、簡便法の基の考え方は、第0年の178万円に関し第1年には実現がないので非課税のまま2年間運用するという前提で計算している。このように実現主義を前提としている簡便法の基の考え方による計算は、包括的所得概念に忠実な計算と比べ、納税者に有利なものとなっているのである。

さらに、実務上の扱いは、運用益＝所得ではなく、Ａの払込保険料額のうち運用益に対応する部分を運用益から控除する（按分控除）、という考え方を前提としており、二重に納税者に有利な考え方を採用している。運用益の計算が実現主義を前提としていることへの批判は見受けられないが、Ａの払込保険料額の按分控除については調査官解説等において批判されている。Ａの払込保険料を無視することに、最高裁判旨の醍醐味があるからである。

2　生命保険年金以外との関係

最判平成22・7・6は画期的な理路を判示したが、意外にもその後の判例・裁判例に与える影響は小さい。

相続税と所得税の二重課税が「所得」の部分について所得税法9条1項16号によって排除されているという理路は、例えば被相続人が購入した土地を相続人が譲渡する際（⇒本章Ⅶ8(3)）の譲渡益の計算においても、活用できそうである。しかし裁判所は土地等の譲渡益計算において最判平成22・7・6の射程は及ばないとしている（最決平成27・1・16税資265号順号12588等参照）。

株式の相続について考えてみても、相続時の株価は相続後の配当等の利益の割引現在価値であるはずであるので、株式相続時に株価を相続税の課税標準に含め、将来の配当受領時に配当を所得税の課税標準に含めることについて、経済実質的には二重課税の関係があるといいうる。しかし裁判所は、配当についても最判平成22・7・6の射程は及ばないとし、配当への所得課税に際し相続税負担を考慮しないことを許している（最決平成29・3・9税資267号順号12990）。

また、最判平成22・7・6は源泉徴収についても興味深い判断をした。余力のある人は日光貿易事件・最判平成4・2・18民集46巻2号77頁（百選114）と比較してほしい。

第3章

法人税

I 益金

清水惣事件：
無償で役務提供したのに、その対価をもらったものとして課税されるの?!

1 法人税の基本

(1) 法人の所得の計算（法人税法21条・22条）

　法人税は、法人の所得に対して課される租税である。まず直感的に、法人の所得は、企業会計上の利益だと思うかもしれないが、イコールではない。その利益の計算に使われた収益や費用の金額を基礎に、法人税法上の定めに従い加減算の調整を行って算定されるのであって、法人の所得の計算構造に関しては、それら調整と考え方を主に学ぶことになる。

　実定法上の課税標準は、「各事業年度の所得の金額」と定められ（法人税法21条）、その金額は、各事業年度の「益金の額」から「損金の額」を控除して算定される（同法22条1項）。「別段の定め」を除き、益金は、収益の額によって構成され、損金は、原価、費用、損失の額によって構成される（同条2・3項⇒2(1)）。ただし、資本等取引からは、収益も損失も生じないとされる。資本等取引とは、出資の受入れや剰余金の分配といった法人と株主とのやりとりである（同条5項。⇒本章V 2(1)）。なお、事業年度は、暦年である必要はなく、各法人が定款等に定めた会計期間を採りうるが、一年を超える場合は一年ごとに区切られる（同法13条1項）。

　ここでは、法人税法の基本項目として、法人税の納税義務者、および、企業

会計等との関係について概説したうえで、まずは、益金について説明する。

(2) 納税義務者

　内国法人（⇒第6章Ⅰ1(1)）は、原則的には、すべての所得について納税義務があるが（法人税法4条1項・5条）、基本的には次の5種類に分けられ、どの種類に属するかで、課税される範囲と適用される税率に違いがある。

　①公共法人は、法人税法別表第一に掲げられる法人で（同法2条5号）、例えば、大阪府などの地方公共団体やNHKなどがこれに当たり、国と同等の公共性がある主体であることから、法人税を課されない（同法4条2項）。

　②公益法人等は、同法別表第二に掲げられる法人で（同法2条6号）、例えば、学校法人や宗教法人などがこれに当たる。専ら公益を目的とする法人であることから、収益事業を営む場合に限ってその収益事業からの所得についてのみ、軽減税率で法人税が課される（同法4条1項ただし書・66条3項）。収益事業は、「販売業、製造業その他の政令で定める事業で、継続して事業場を設けて行われるもの」と定義され（同法2条13号）、政令は34種類の事業を限定列挙する（同法施行令5条）。公益法人等のなす事業が収益事業かはたびたび問題となる。例えば、宗教法人の営むペット葬祭業が収益事業となるかが争われた。裁判所は、「同種の事業を行うその他の内国法人の競争条件との平等を図り、課税の公平を確保する」という収益事業課税の趣旨に照らし、問題となった事業に係る他社との競合関係の存在および対価性を主に指摘し、収益事業と判断した（最判平成20・9・12訟月55巻7号2681頁、百選48）。

　③協同組合等は、同法別表第三に掲げられる法人で（同法2条7号）、例えば信用金庫やJAがこれに当たる。すべての所得が課税対象とされるが、積極的には営利を追求しないので軽減税率で課税される（同法66条3項）。

　④人格のない社団等は、例えば、学会やPTAなどであって、一般に法人であるとは思われないようなものが、法人とみなされる（同法3条）。収益事業を営む場合に限り、その収益事業からの所得についてのみ通常税率で法人税が課される（同法4条1項、66条1項）。

　⑤普通法人は、①から③以外の法人であって、典型的には株式会社がこれに当たる。そのすべての所得に通常の法人税率で課税される（同法4条1項・66条

１項)。各事業年度終了時に資本金の額が１億円以下である場合には、各事業年度の所得の金額のうち年800万円以下の金額について軽減税率が適用され、④にも同様に適用される（同法66条２項)。これは、中小企業等の負担軽減のための措置である。ただし、それが、資本金の額が５億円以上である大法人の完全支配子会社である場合、大法人との一体性に鑑みて、軽減税率は適用されない（同条６項)。以下逐一触れないが、このような扱いは、グループ法人税制の導入に伴い（⇒本章Ⅴ３)、中小向け負担軽減措置に広く適用されるので、注意されたい。

なお、②については、公益法人改革に伴い一般社団法人等の枠組みが作られ、それに係る課税上の取扱いも細別する立法がなされたり、他にも経済の変化や法の整備に対応して、上記以外の事業体が法人税の納税義務者として設けられたりしているが、本書では割愛する。

法人税法は、上記⑤の普通法人を対象としたものが大半であり、実際、法人数全体のうち普通法人は９割を優に超える。以下、普通法人を念頭に説明する。

２　企業会計および会社法との関係

(1)　公正処理基準（法人税法22条４項)

法人税法22条４項では、益金を構成する収益の額、および、損金を構成する原価、費用、損失の額がそれぞれ、別段の定めを除き「一般に公正妥当と認められる会計処理の基準」に従って計算されると定められている。「一般に公正妥当と認められる会計処理の基準」は、公正処理基準と一般に呼ばれる。法人税法上定義規定はないが、その内容は、企業会計原則と中心とする諸会計基準や確立された会計慣行全般を指すと解される。したがって、益金および損金は、企業会計上の収益と、原価、費用、損失の額それぞれに、課税上必要な調整を行って求められるものであって、その調整についての定めが、「別段の定め」であり、法人税法22条の２以下と租税特別措置法がこれにあたる。

このように益金や損金の額の主要部分を構成する収益や費用等が法律の定めによらずに、公正処理基準によって決定されることが、租税法律主義の観点からはいかがなものかと考えるかもしれない。しかし、所得計算上の収益や費用

等の金額の計算項目やその過程まで、企業会計とは別に法令に定めておくことになれば、法令が大幅に増え複雑化し、事務的な負担が増大するであろう。公正処理基準は、法人税法の簡素化に寄与することが期待されている。ただし、あらゆる会計処理が公正処理基準に合致するものとして扱われるわけではないので、実務上注意が必要となろう（⇒ビックカメラ事件・東京高判平成25・7・19訟月60巻5号1089頁、百選56）。

(2) 確定決算主義と損金経理要件（法人税法74条・2条25号）

　法人税法74条1項は、法人は確定申告書を「確定した決算」に基づいて提出しなければならないと定める。確定した決算とは、株主総会等における計算書類等の承認または報告のことであり、要するに会社法上の決算である。会社法上の決算を基礎に法人税額を計算・申告させる仕組みは、確定決算主義と呼ばれる。

　会社法上の決算は、会社法431条において、「一般に公正妥当と認められる企業会計の慣行」に従うものとすると定められ、法人税法における公正処理基準の場合と同様に、企業会計を基礎とする。したがって、法人の所得計算は、企業会計に従った会社法上の決算に基づくという構造から、いわば、企業会計を基礎にした会社法会計と、その決算に基づく税務会計ということから、三重構造があるといわれる。

　確定決算主義の具体的な中身としては損金経理がある。これは、確定した決算において費用または損失として経理することである（法人税法2条25号）。損金経理を要件として損金算入が認められるのは、例えば、減価償却資産の償却費や引当金繰入額などである。これらは内部取引によるものであり、恣意性を排除するため、法人が損金にするという意思表示を確定した決算において確認できることが必要となるのである。

　ただ、損金経理を要請することで、企業会計や会社法会計を基礎としたはずの税務会計が逆にそれらを限界づける状況として、逆基準性の問題が指摘される。例えば、法人税法上、ある償却費の損金算入限度額が600万円であるとすると、企業会計上では400万円までしか必要ない費用であっても、節税の動機から、損金算入限度額ギリギリの600万円まで損金経理を促す傾向がある。こ

うした傾向が支配的となれば、企業会計の本来の目的たる適正な期間損益計算が達成されないことから、米国のように、企業会計と税務会計を別建てとすべきという主張がなされることがある。

3　益金の額の計算

(1)　益金の額（法人税法22条 2 項）

法人税法22条 2 項は、益金の額が、別段の定めを除き「資産の販売、有償又は無償による資産の譲渡又は役務の提供、無償による資産の譲受けその他の取引で資本等取引以外のものに係る当該事業年度の収益の額」であると定める。個々にみていくと、益金を構成する収益の額は、①有償による資産の譲渡（資産の販売を含む）、②有償による役務の提供、③無償による資産の譲渡、④無償による役務の提供、⑤無償による資産の譲受け、⑥その他の取引で資本等取引以外のものという 6 つの要素からの収益とわかる。

①と②は、通常の販売活動、対価を得ての譲渡や役務の提供であって、課税対象となることに問題はない。⑤では、無償で資産を譲り受けた分だけ純資産が増加するからこれも課税対象だろう。⑥は、①から⑤以外の項目であって広がりがあるが、例えば、債務免除益が該当する。残りの③と④によると、対価なく資産を譲渡、または、役務の提供をするという無償取引からも益金が生ずることになる。なぜこれらが課税の対象とされるのか。その理屈には様々な議論がある。ここでは、無利息貸付と低額譲渡に係る事件を順にみておこう。

(2)　清水惣事件・大阪高判昭和53・ 3 ・30判時925号51頁（百選50）

金銭を貸すのも役務の提供の一つであり、通常その対価は利息という形をとる。本件では、親会社Ｐから子会社Ｓに対し無利息貸付が行われた。課税庁Ｙは、この貸付の利息相当額がＰの収益となると判断して、更正処分を行い、Ｐがこれを争った。

一審は、税負担を逃れるための無利息であれば、実情に合うように課税すべきだが、本件はそうではなく、上記無利息貸付では現実にＰが私法上の効力としてＳに対する利息債権が発生しておらず、法人税法上の益金となるべき収益も現実には得ていないことから、利息相当額について課税する余地はないと認

定して、Yの主張は退けられた。

　しかし、二審は、Y側を支持した。二審は、法人税法22条2項の趣旨が「資本等取引以外において資産の増加の原因となるべき一切の取引によつて生じた収益の額を益金に算入す」ることにあると広く解した。そのうえで、無償取引もまた収益発生事由となる考え方を、次の2通りに説明した。一つは、無償取引は、実質的には、有償取引によって得た収益を無償で給付したのと同じとみる考え方である。すなわち、PからSへの無利息貸付は、Pがいったん資金を他の会社に貸し付けて得られた利息を、Sに与えたものと同視して課税しなければならないとする。学説上、これは、有償取引同視説とか、二段階説と呼ばれる。もう一つは、営利目的の法人が無償取引をする場合には、相手側から対価的意義を有しうるなんらかの経済的利益の供与があったとみる考え方である。すなわち、SからPにもたらされたと解された利息相当額がPからSへ無償で移転されたことになる。学説上、これは、同一価値移転説と呼ばれる。

　本件では、上の2つの考え方から無利息貸付の場合における利息相当額はPの収益となると解された。しかし、それがそのまま実際の課税対象となる部分とはならない。いずれの説によろうとも、Pは、その利息相当額の収益を発生させていることになるが、その収益が現実にはPの手元になく、Sへと外部に無償で出ていったものとして捉えられる。したがって、法人税法上の取扱いとしては、その利息相当額がPからSへの寄附金になる。寄附金は、法人税法37条のもと、一定の算式に基づき計算された損金算入限度額までが損金となり、その損金算入限度額を超える部分だけが、課税対象となる（⇒本章Ⅲ3）。そういう課税処分をYはしたのであり、これを裁判所も認めた。

　付け加えて、二審は、利息相当額の「利益を手離すことを首肯するに足る何らかの合理的な経済目的」があれば、その金額が寄附金とはされず、損金となる理解を示した。租税実務は、「合理的な経済目的」として、特に、子会社の倒産を防止する目的をあげ、その目的の下での無利息貸付は、寄附金の扱いを受けないとする（法人税基本通達9-4-2）。

　なお、本件の争点ではないが、無利息融資を受けた側の子会社Sはどのように課税されるだろうか。実際、S側には無償による役務の受入れがあったのだが、これについて法人税法22条2項に明示的な定めがない。確かに、上記3(1)

で列挙した⑥「その他の取引」として収益が発生するとも言えなくもないが、実際上、利息相当額は、Sの益金には加算されることはない。その理由は、仮に益金に加算したとしても、支出すべき費用分が損金として生じ、互いに相殺するからである。

(3)　南西通商事件・最判平成 7・12・19民集49巻10号3121頁（百選49）

資産譲渡や役務提供が、無償ではないが、時価よりも低い対価でなされた場合には、どのように課税されるだろうか。次の事案が参考になる。

株式会社Xが、役員に対して時価よりも低額での有価証券の譲渡を行った。これに対し、課税庁Yは、Xが有価証券の譲渡に当たり受け取った対価と時価との差額について、法人税法22条2項により益金に算入する課税処分を行った。結論から言うと、最高裁は、上記低額譲渡を有償取引ととらえつつも、収受された対価と時価との差額を益金に加算する課税を認めた。

最高裁は、法人税法22条2項が無償取引からも収益を認識する扱いをすることについて、「反対給付を伴わないものであっても、譲渡時における資産の適正な価額に相当する収益があると認識すべきものであることを明らかにしたもの」と述べ、有償取引たる低額譲渡の場合、収受した対価と適正価額たる時価の差額が収益とされなければ、無償譲渡との間の公平を欠くと理由づけた。

下級審では、無償取引からも収益発生があるとする法人税法22条2項の趣旨が「正常な対価で取引を行った者との間の負担の公平を維持するために、無償取引からも収益が生ずることを擬制」することにあるとされた。この考え方は、無償取引もまた収益発生事由となるとする学説の一つとして、適正所得算出説と呼ばれる。この考え方に近いものとして思い出されたいのは、第2章Ⅶ8で学んだ清算課税説である。22条2項による無償取引への課税については、単に、資産等移転時の値上がり益課税の貫徹とみる考え方もある。

なお、本件の場合、時価と対価の差額が寄附金とされ（法人税法37条8項）、寄附金損金算入限度額を超える部分が損金不算入額となり課税される。

無償取引の課税上の扱いは、常識的な感覚からは合点が行かず、また、その適正価額は何かなども曖昧である。2018年改正においては、法人税法22条の2が設けられ、22条2項の内容が補充された。すなわち、22条の2第4項では、

資産の譲渡や提供した役務に係る収益の額として益金の額に計上する金額は、「引渡しの時における価額」や「通常得べき対価の額」と定められ、時価を取ることが明らかにされた。なお、これら価額の算定上、貸倒れまたは買戻しの可能性は加味されない（法人税法22条の2第5項）。

(4) 益金に関する別段の定め

　法人税法26条は、法人税額等の還付金の益金不算入を定める。これは、法人税法上損金不算入の扱いを受ける租税公課等（法人税法38条）が還付された場合、支出時の損金不算入の対応として、収入時も益金不算入とすることを明らかにしたものである。その他、益金に絡む重要な項目として、内国法人の受取配当益金不算入（同法23条）があるが、本章Ⅳ1(4)で説明する。

4　損益の年度帰属

　損益の年度帰属については、「別段の定めがあるものを除き」公正処理基準により考えることになる（法人税法22条4項）。基本的には、法人税法でも企業会計と同じく、実現主義が妥当すると考えられる。実際、別段の定めでは、資産の販売等の年度帰属について、引渡基準の採用等が明らかにされている（同法22条の2第1～3項）。また、同法25条や33条において、原則として、資産評価益や評価損の益金・損金算入が認められていない。また、法人税法においても、所得発生の法解釈上の決め手としては、権利確定主義が用いられ、また、権利確定がなくても対価などが確実に納税者の管理支配下に入った時点で収益を認識する管理支配基準（⇒第2章Ⅳ1(4)）も、公正処理基準に矛盾しないと解される。

　実現主義の例外として、2つ挙げておく。第一に、売買目的有価証券など短期での売買が予定される一定の金融商品については時価主義が採られ、期末時点で時価評価される（法人税法61条・61条の3・61条の5）。時価主義は、企業会計での取扱い変更を契機として採用された。第二に、第2章Ⅳですでにみたとおり、一定の要件を満たす場合、延払基準や長期大規模工事に対する工事進行基準の特例の適用がある（同法63条・64条⇒第2章Ⅳ1(3)）。

Ⅱ　損金1

牛久市売上原価見積事件：
法人所得の計算上、見積費用は控除できないのか？

1　損金の額の基本

(1)　損金算入項目（法人税法22条3項）

　法人税法22条3項は、各事業年度の所得の金額の計算上、損金として、原価、費用、損失の3項目に限定している。益金を構成する収益の場合と同様に、これらの項目は、公正処理基準により決定されるが、「別段の定め」がある場合には、その定めに従って計算される。ここではまず、上記3項目のうち原価と費用について確認し、次に、損金算入を規制する「別段の定め」をいくつか取り上げ説明する。

(2)　費用収益対応の原則

　法人税法22条3項1号は、「当該事業年度の収益に係る売上原価、完成工事原価その他これに準ずる原価」と定める。売上原価等は、「収益に係る」という文言が示す通り、収益との個別的・直接的対応関係を識別できる原価について、その対応する収益と同一年度の損金に算入することとなる。同2号は、「当該事業年度の販売費、一般管理費その他の費用」と定める。収益との個別的な対応関係を識別できない費用であっても、その費用がその年度の収益の獲得のために発生したものであれば、同一の事業年度におけるその法人の事業活動を媒介として間接的な対応関係を見て損金に算入することとなる。

　このように、獲得された収益に対応する原価や費用を計上する会計技術を費用収益対応の原則といい、公正処理基準に基づき、法人の所得計算においても妥当する。費用収益対応の原則に従ったものとして、棚卸計算、および、減価償却の計算が典型例としてあるが、これらは、第2章Ⅲの説明と重複するためここでは省略する。

(3) 債務確定基準

　費用を定める法人税法22条3項2号括弧書は、「償却費以外の費用で当該事業年度の日までに債務の確定しないものを除く。」と定める。これにより、償却費以外の費用は、年度末までに債務の確定したもののみ損金算入されることが分かる。これは、債務確定基準とか債務確定要件と呼ばれる。

　債務確定基準の趣旨は、将来の費用を見越して損金に算入するといった恣意的な所得計算を排除し、課税の公平を確保することにある。債務確定基準との関係で特に問題となる項目は引当金である。企業会計においては、主に費用収益対応の原則と保守主義の立場から引当金の計上を認めるが、法人税法は、債務確定基準により、法人税法上定めがある範囲でのみ損金となりうる（⇒本章Ⅲ4(5)）。

　債務確定基準の対象から償却費が除かれている理由は、それが費用収益対応の原則に従って、すでに購入した償却資産の取得原価のうちの一部を耐用年数に渡り一定の減価償却方法によって費用となっているもので、外部との取引において債務確定という段階を要しないからである。

　債務確定基準は、具体的には、次の3つの要素すべてを満たすことを要請すると解されている（法人税基本通達2-2-12）。①当該事業年度終了の日までに当該費用に係る債務が成立していること、②当該事業年度終了の日までに当該債務に基づいて具体的な給付をすべき原因となる事実が発生していること、③当該事業年度終了の日までにその金額を合理的に算定することができるものであること、である。結局、その費用を支払わねばならない状態に至っているかが判断されているといえる。

　法人税法22条3項1号によれば、売上原価等は、文言上、収益との個別的対応を要求されるだけであり、債務確定基準への言及はない。しかし、特に開発・製造等過程において発生した費用が原価を構成するケースにおいて、その費用が債務確定基準を満たしていなければならないだろうか、すなわち、債務確定基準が1号の売上原価をも限定づける基準なのかという問題がある。次の事案をみてみよう。

(4) 牛久市売上原価見積事件・最判平成16・10・29刑集58巻 7 号697頁（百
　　選53）

　本件では、納税義務者の脱税額を決定する際、次の見積額が売上原価に含ま
れるかが争われた。本件の事実関係は初学者にとっては入り組んでいる。

　宅地開発業を営む株式会社Xは、茨城県牛久市（U市）の土地を購入し、宅
地として造成・開発し販売することとした。この宅地開発にはU市の同意が必
要であり、Xは、同意を得るに当たり都市計画法32条に基づく協議を行った。
U市は、同意する権限を背景に、Xに対し開発区域外にある雨水排水路の改修
工事を行うよう指導した。Xはこれを了承し、U市の同意を受けて、本件宅地
開発を進めて宅地を販売し、その収益を益金に算入した。

　ところが、宅地販売後になって、U市の変更方針により、上記雨水排水工事
が大幅に変更された。協議の結果、Xは、当初の工費の範囲内で当該工事を行
うことになった。Xは、当該工事に係る下請けの建設会社に工費を見積もるよ
う依頼し、年度末までに見積額の報告があった。Xがこの見積額をU市担当者
に連絡したところ、事業年度終了後になって、U市側は更に方針を変更し、改
修工事を公共工事として行うとして、Xに工費見積額を都市下水路整備負担金
としてU市に支払うよう求め、Xはこれを了承した。

　そこで、Xは、上記見積額を含んだ売上原価を損金に算入してその年度の確
定申告を行った。なお、U市の方では、1988年度から 3 年計画で改修工事を行
うこととし、同年 3 月成立の同年度一般会計予算において、Xが支出する上記
負担金の総額の約 3 分の 1 を初年度分として歳入に計上した。しかし、実際に
は、住民の反対運動が起きることを懸念して同工事を行わず、結局Xも上記負
担金を支出していなかった。

　下級審は、当該見積額を売上原価として損金算入することを認めなかった。
特に、二審は、売上原価として損金算入を認めるためにはその支払が「債務と
して確定した」ことを要するとし、本件では、年度終了の日まで「Xが本件改
修工事を行うことが、U市との間で法的拘束力を持った義務として確定するに
至っていたとはいえない」と判示した。

　最高裁は、事実関係からXが上記工事を行わざるを得ない立場におかれ、実
際に下請会社に見積もらせるなどしていた点を指摘した。そして、Xが「近い

将来に上記費用を支出することが相当程度の確実性をもって見込まれており、かつ、同日の現況によりその金額を適正に見積もることが可能であった」と評価した。そのうえで、「当該事業年度終了の日までに当該費用に係る債務が確定していないときであっても、上記の見積金額を法人税法22条3項1号にいう『当該事業年度の収益に係る売上原価』の額として当該事業年度の損金の額に算入」できると判断した。

　本件判決から、売上原価として損金に算入される金額については、支出の相当程度の確実性と、金額の適正な見積りがあれば、債務の確定を必ずしも要しないことになる。結果として、法人税法22条3項1号の売上原価については、債務確定基準から外れると解されたといえる。租税実務や他の裁判例もまた同様な判断をしてきた（法人税基本通達2-2-1）。売上原価等は、主には、収益との個別的な対応関係があることから、債務の確定までは要求されないといえる。確かに、分譲住宅の譲渡時に近隣道路や公園など付帯的施設の工事が未完了であっても、それら整備費の一部について買主が負担する分の債務が確定しないという理由で原価を構成できなければ、費用収益の対応が崩れることになろう。

　もっとも、本件において、U市から指導を受けた雨水排水路の改修工事の対象となった場所が開発区域外であった点を重視すれば、問題になった見積金額は、売上原価に算入すべき金額というよりも、宅地開発の同意を得るためのU市への寄附金とみるべきではなかったかという指摘もなされている。寄附金は、法人税法22条3項2号に分類されることから、債務確定基準の適用を免れず、本件の場合、損金には算入できなかったことになる。（⇒本章Ⅲ3(1)）。

2　損金算入制限その1：役員給与・不正経費

　法人税法上、「別段の定め」として、数多くの損金算入制限規定がある。損金は、所得の金額、ひいては法人税額を減殺させる項目であるから、恣意的な費用等の計上がある場合、その損金算入を阻止する必要がある。そこで、法人税法は、主に課税の公平や政策目的の観点から損金算入制限規定を設けている。これ以後、本章ⅡとⅢでは、法人税法における主要な損金算入制限規定を概説する。各規定における損金算入制限の趣旨や効果に注目されたい。

(1) 役員給与（法人税法34条）

　法人が使用人や役員に対して支給する給与は、会計上費用として計上され、また、所得の金額の計算上も費用として損金に算入される。しかし、とりわけ役員に対する給与については、報酬、賞与、および、退職給与に区分して捉え、法人税法上、損金算入が制限されてきた。それらの損金算入制限の趣旨については、沿革にまで若干遡って説明せねばならない。

　2006年会社法改正までは、商法上、役員に対する賞与が利益の処分と位置付けられており、これを根拠に、役員賞与については全額損金不算入であった。そこで、もし役員賞与といえるものが、役員報酬や役員退職給与に混ざって損金算入されれば、それはいわば「隠れた利益処分」ともいうべきものであり、それを排除しておかなければ、役員賞与を損金算入することと同じ結果になる。ゆえに、役員報酬や役員退職給与についても「不相当に高額」と認められる部分については一定の基準により損金不算入とされていた。

　しかし、2006年会社法改正において、会社法上、役員賞与が利益処分の対象とされないこととなり、上記損金不算入制限の根拠を失った。しかし、役員へのお手盛り的な賞与の支給を排除し、適正な課税を確保すべきことから、給与が損金性を持つのは、職務執行の対価として相当な範囲であるとか、利益獲得へ貢献したと考えられる部分までとすべきことが必要であると考えられた。結果、法人税法上引き続き役員の給与全般に対して、損金算入制限を維持する立場が採られ、その制限のための諸規定も2006年改正を機に刷新された。

　現行において役員給与損金算入制限の中心的な規定となるのは、法人税法34条である。ややこしい規定であるが、まずは基本用語として次の2つを確認する。第一に、役員給与は、役員への報酬、賞与と退職給与をひとくくりにしたもので、その範囲は広く、債務免除や資産の贈与による利益や無利息貸付などその他の経済的な利益も含まれる（法人税法34条4項）。第二に、対象となる役員の範囲である。ここでの役員は、取締役や監査役など会社法上役員とされるものに限られず、広く「会社の経営に従事している者」を含むとされる（法人税法2条15号、同法施行令7条1号）。そこでは、実質的に会社の主要な業務執行の意思決定に関係する者として、例えば、相談役や顧問も役員に含まれると解される（法人税基本通達9-2-1）。さらに、同族会社の場合には（⇒本章IV 2 (1)）、

一定の株式持分を有する使用人もまた、役員とみなされる場合がある（同法施行令7条2項）。

　次に、損金算入制限に関する基本事項として3つを確認する。第一に、法人税法34条1項は、以下に掲げる①定期同額給与、②事前確定届出給与、および、③業績連動給与の3つの項目に当たる分を除き、各事業年度の所得の金額の計算上損金の額に算入しないと定める。①定期同額給与は、支給期間が一か月以下の一定期間ごとで、その支給時期における支給額が同額である給与をいう（法人税法34条1項1号）。②事前確定届出給与は、その役員の職務について所定の時期に確定額を支給する旨の定めに基づき支給する給与をいう（①と③に該当するものを除く。同項2号）。ただし、所轄税務署長にその「定め」を事前に届けておく必要がある。届けと異なる支給があった場合、その給与について損金不算入とされた事例がある（東京地判平成24・10・9訟月59巻12号3182頁、百選58）。③業績連動給与は、業務執行役人に対して支給する給与で、一定期間の利益の状況を示す指標等を基礎として算定されるもののうち、法令所定のものをいう（同項3号）。ここには金銭による支給だけでなく一定の株式や新株予約権による支給が含まれる。③は、役員賞与に近い性質を持つ給与であるので、損金経理が要求されるなど制約が多い（法人税法施行令69条19項2号）。ただし、上記①から③の制限からは、③に該当しない役員退職給与、使用人としても働く役員たる使用人兼務役員に支給される使用人部分の給与（同法34条5項）、および、次に述べる34条2項の適用があるものが除かれる。

　第二に、上記①から③に該当するとして損金算入が認められる場合でも、「不相当に高額な部分の金額として政令で定める金額」は、損金不算入となる（法人税法34条2項）。「不相当に高額」かの判断は、役員退職給与以外の役員給与、役員退職給与、および、使用人兼務役員に対する賞与に区分して定められる（同法施行令70条）。役員退職給与以外の役員給与は、役員の職務状況や同種の類似規模法人の給与支給状況から得られた給与等に基づき判断する実質基準と定款等における役員給与の定めを基礎とする形式基準のいずれか多い金額が損金算入限度額となり、それを超える部分が損金不算入とされる。役員退職給与の方は、退職役員のその法人への業務への貢献の度合いと、同種類似法人の支給状況との比較により、総合的に判断されねばならないと解される。特に、

創業者など功績が大きいと考えられる場合など特殊事情は考慮されるべきであろう。使用人兼務役員の賞与の場合には、他の使用人の支給時期等や、他の使用人の職務内容との比較における適正額が判断要素とされる。

　第三に、法人税法34条3項は、違法な給与を全額損金算入しないことを定める。役員給与のうち、上記③の利益連動給与以外は損金経理が要件とされない。そこで、例えば毎月売上の一部を収益に計上することなく、役員へ支給していたとすれば、本来ならその分を課税の対象とすべきである。しかし、その分が定期同額給与と認定されれば、益金として所得を構成するはずの売上が、そのまま損金となって、結局課税されることはないといった事態が生ずる。このような事態を避けるため、内国法人が、事実を隠蔽または仮装して経理をすることによりその役員に対して支給する給与の額は全額損金不算入となる。

(2) 過大な使用人給与の損金不算入（法人税法36条）

　閉鎖的な法人では、役員給与の損金算入制限を回避すべく、例えば、役員が家族や内縁の夫または妻を使用人として雇い、高額な給与を支払うケースが考えられる。このような給与に対しても、役員給与に対するのと同様な損金算入制限をかけておくべきである。

　法人税法上、役員と特殊の関係にある使用人は、略称で特殊関係使用人と呼ばれ、役員の親族や、役員と事実上婚姻関係と同様の関係にある者などがこれに当たる（法人税法施行令72条）。内国法人が特殊関係使用人に対して支給する給与の額のうち不相当に高額な部分の金額は、損金不算入とされる（法人税法36条）。不相当に高額な部分の判断は、過大な役員給与の場合と同様である（同令72条の2）。

(3) 不正経費　（法人税法55条）

　第2章Ⅲ3(4)でみた通り、法律の根拠がない限り、違法な費用等の控除が認められるべきであるという考え方は、所得税法だけでなく法人税法でも、基本的には当てはまる。すなわち、法人税法22条3項各号のいずれかに該当すれば、損金算入を制限する立法がない限りは、不法な取引や無効な取引から生じたものであっても、原則として、損金となると考えられる。しかし、損金算入

を制限する直接的な法律の根拠なくとも、公正処理基準が損金算入を制限するように機能する場合がある。次の事例を簡単にみておこう。

(4) エスブイシー事件・最決平成 6 ・ 9 ・16刑集48巻 6 号357頁（百選52）

　ある法人が、架空経費の計上という脱税工作のために、相手方に支払った協力手数料を、損金算入できるかが争われた。一審は、東光商事事件最高裁判決（⇒本章Ⅴ 1(4)）を引用しつつ公序の理論により、また、二審は、本件支出について法人税法違反の「共犯者間における利益分配に相当する」という性格づけなどにより、上記手数料の損金算入を認めなかった。ところが、最高裁は、これらには触れず、公正処理基準に依拠した。

　最高裁は、「架空の経費を計上して所得を秘匿することは、事実に反する会計処理であり、公正処理基準に照らして否定されるべき」と述べ、まずは架空経費分の損金性を否定した。そして、上記手数料については、「公正処理基準に反する処理により法人税を免れるための費用」として、これを「損金の額に算入する会計処理もまた、公正処理基準に従ったものであるということはできない」と述べて、その損金性をも否定した。

　しかし、現実問題として、会計慣行に従うならば、脱税協力手数料を費用とする会計処理は可能といわれる。そうすると、少なくとも上記手数料の損金性を否定した公正処理基準の意味するところは、会計慣行ではなく、法人税法上の「公正」さがあるかどうかということになる。また、このような解釈は、公正処理基準の立法趣旨と整合的でない（⇒本章Ⅰ 2(1)）。そこで、本件における最高裁の公正処理基準の解釈を根拠に、会計慣行を否定することがどこまで可能かという解釈問題が起こった。ただし、本件のような脱税協力手数料に関しては、後の2006年改正で、法人税の計算の基礎となる事実の「隠蔽仮装行為に要する費用の額」は損金不算入とする規定が設けられ（法人税法55条 1 項）、立法的対処がなされた。

(5) その他の損金不算入項目：法人税法38条・39条・55条 2 ・ 3 ・ 4 項

　その他、一定の罰課金等および租税公課については、第 2 章Ⅲ 3(4)でそれぞれ検討したのと同様な理由から、法人税法上も、損金算入は認められない。

Ⅲ　損金2

興銀事件：
不良債権が貸倒損失として損金算入できるのはいつか？

3　損金算入制限その2：寄附金・交際費・使途不明金

(1)　寄附金（法人税法37条）

　法人税法上寄附金は、名義を問わず、贈与または無償の供与をしたその金銭の額、贈与等したのが金銭以外の資産や経済的利益の場合には贈与時のその資産の価額や経済的利益の価額と定義される（法人税法37条7項）。ここに「価額」とあるのは、時価のことである。低額譲渡の際の対価と時価の差額もまた寄附金とされる（同条8項）。このように、法人税法上寄附金とされるのは、一般に寄附金と考えられているものより広い。本章Ⅰ3⑵では、低額譲渡だけでなく無利息貸付の場合のあるべき利息分が寄附金となるケースを既にみた。

　ただし、ある支出が法人税法上寄附金の定義にあてはまるものであっても、広告宣伝や見本品のための費用や、福利厚生費、交際費、接待費に該当する場合には、寄附金の範囲からは除かれ（同条7項括弧書）、それら各科目において処理される。

　法人税法37条1項は、内国法人が各事業年度において支出した寄附金の合計額のうち、損金算入限度額を超える金額については、損金不算入とする。損金不算入額は課税対象となるから、このことは、寄附金課税と呼ばれることがある。損金算入限度額は、その事業年度終了時の資本金の額等と同年度の所得の金額を基礎とした一定の算式で計算される（同法施行令73条1項1号）。

　寄附金のうち概算的に計算された損金算入限度額までが損金算入される理由は、こうである。寄附金のなかには、事業との関連性を持ち収益獲得に必要なものと、本来は利益処分の対象とすべきものが入り混じっている。また、寄附金は、費用と贈与の両方の性質をもつものともいえる。しかし、寄附金から費用の部分を、正確に切り取って損金とすることは難しい。かといって、その全

てについて損金算入を認めれば、支出額×税率に相当する金額だけ税収が減り、その分が間接的には法人が寄付した先への補助金となる。そのため、一定の歯止めを用意しなければならない。そこで、実際的な対応としては、損金算入限度額を法人の規模に応じる形で概算的に計算し、その分だけを損金算入を認めることとされたのである。

　ただし、国または地方自治体に対する寄附金や、赤い羽根募金などの公益法人等に対する寄附金のうち財務大臣が指定したものは、上記損金算入限度額とは別枠で全額損金算入される（法人税法37条3項）。これらは、費用性を問わずに損金算入され、専ら政策的にこのような取扱いとなっている。また、日本赤十字社などの特定公益増進法人への寄附金については、上記とは別枠の算式で損金算入限度額が計算され、その範囲で損金算入可能となる（同法37条4項）。

(2)　交際費等（租税特別措置法61条の4）

　交際費等は、「交際費、接待費、機密費その他の費用で、法人が、その得意先、仕入先その他事業に関係のある者等に対する接待、供応、慰安、贈答その他これらに類する行為のために支出するもの」をいう（租税特別措置法61条の4第4項）。例えば、取引先の役員をゴルフや料亭でもてなしたときの費用が交際費等となる。交際費等は、会計上は事業関連性のある費用とされるが、これが無制限に損金算入されると、寄附金の場合と同様に、国がその支出に補助金を出すのと同様な効果をもたらす。度を過ぎた交際費の支出については、社用接待にちなみ「社用族」という言葉で社会の反感を買った時代があり、1954年改正で交際費等の損金算入制限が時限立法として租税特別措置法に創設されて以降、更新され続けてきた。

　損金算入制限の趣旨は、概ね、第一に、法人による冗費・濫費を抑制すること、第二に、法人の資本蓄積を促進すること、第三に、交際費を享受した相手方への課税が難しいことから、法人の側での損金不算入により課税をする必要があることが挙げられる。

　租税特別措置法61条の4第1項は、原則として、交際費等の額のうち接待飲食費の50％を除き（資本金の額が100億円以下の法人に限る）、全て損金不算入とする。ただし、法人の資本金が1億円以下の場合には、定額控除限度額（800万円）

までは損金算入が認められている。接待飲食費の一部を交際費等から除く規定
は、2014年の8％への消費税増税時に、消費を促し経済活性化を図るため導入
された。ただし、ここでの接待飲食費は、支出する法人の役員、従業員とその
親族のためのものを除くとされるが、一人当たり5000円以下の接待飲食費は交
際費等から除かれ、損金算入が可能である（租税特別措置法61条の4第4項2号、
同令37条の5第1項）。これにより例えば、顧客との会議などで弁当を給仕する
といった程度の支出が、損金不算入の対象となる交際費等からは除かれる。

　他に、専ら従業員の慰安のための運動会や旅行に通常要する費用は交際費等
から除かれ（租税特別措置法61条の4第4項1号）、福利厚生費となり、顧客など
への団扇や手帳の配布に係る支出（同令37条の5第2項1号）は、広告宣伝費と
なる。結構な細則があるにも関わらず、法人のなす支出が交際費等に当たるか
は度々争われてきた。

(3) 萬有製薬事件・東京高判平成15・9・9判時1834号28頁（百選59）

　英文添削料は結構高いが、世界的な研究雑誌に投稿したい日本人研究者にと
って必要な支出であろう。本件では、製薬会社Xが、取引先である大学病院の
医師等が書いた医学論文の英文添削料の何割かを負担していた。Xによる添削
料負担分の支出について、交際費等か寄附金のいずれに当たるかが争われた。
寄附金と判断されたならば、寄附金損金算入限度額までは損金に算入できる
が、交際費等と判断されれば、全額損金不算入となる。

　一審は、ある支出が交際費等に該当するのは、①支出の相手方が事業に関係
ある者等であること、②支出の目的が事業関係者等との間の親睦の度を密にし
て取引関係の円滑な進行を図るためのものであること、の二要件を満たす場合
であるという二要件説を主張した。そして、上記添削料負担分の支出が二要件
を満たし、交際費等に該当すると判断した。

　これに対し、二審は、上記①と②に加え、③行為の形態が接待、供応、慰
安、贈答その他これらに類する行為であることを加えた三要件説を打ち出し
た。二審は、上記添削料負担分の支出が②と③の要件を欠くため、交際費等に
当たらないとした。同支出は、研究論文発表の支援を目的とし、また、学術奨
励という意味合いが強く、通常の接待や贈答などとは同視できないと解された

からである。確かに、上記負担は、医学の進歩に資するものであろうし、冗費や濫費というような類の支出ではなかろう。

(4) 使途秘匿金（租税特別措置法62条）

　法人がなす支出は、どこの誰に何のために支出されたものかが不明な場合にはなんらかの不正が疑われる。租税実務において、法人が交際費、機密費、接待費等の名義で支出した金銭でその費途が明らかでないものは、損金算入を認めないという扱いがなされている（法人税基本通達9-7-20）。このような支出は、費途不明金や使途不明金と呼ばれる。

　さらに、1994年税制改正では、ゼネコン汚職を契機として使途不明金の課税強化がなされた。すなわち、法人がなす支出のうち、相当の理由がなく、その相手方の氏名又は名称及び住所又は所在地並びにその事由を帳簿書類に記載していないものは、使途秘匿金と定義され（租税特別措置法62条2項）、その支出について法人税を納める義務があるとして、各事業年度の所得に対する法人税の額は、その使途秘匿金の支出の額の40％を加算したものとすると定められている（同条1項）。赤字法人でも使途秘匿金に係る法人税重課分を支払う必要がある。これは使途秘匿金を受け取った側にありうる所得課税を支出した法人側に課しているようにみえるが、法人の不正を抑止することが主目的にある。

4　損失の額

(1) 損失の額の基本的内容（法人税法22条3項3号）

　法人税法22条3項3号は、損金算入項目として損失を定める。損失は、収益との対応関係がないが、事業活動には様々なリスクが伴うものであり、事業活動と全く無関係でない。損失は、会計上、それが発生した期の収益から控除されるものとされ、法人税法上も、基本的には所得を減殺する項目として、損失が発生した年度の損金に算入するべきものとされる。具体例として、災害、盗難などに起因する損失や、貸倒損失が挙げられる。

(2) 資産評価損（法人税法33条）

　資産は、原則として、購入価格で資産計上され、単に市場価値が上下したと

しても、時価評価される資産を除き、減価償却によって費用化されたり、売却等されたりするまでは、損益の計上はない。実現主義を原則的に採用する現行法の下では、資産評価損の計上もまた認められていないのである。法人税法33条1項は、内国法人がその有する資産の評価替えをしてその帳簿価額を減額した場合でも、その減額した金額の損金不算入を定める。

　しかし、譲渡等がなくとも、例外的に評価損が計上される場合がある。例えば、災害等によりある資産の価値が減失し、回復の見込みのない場合、その発生の事実に基づき評価替えをしたときは、その評価損は損金算入される（法人税法33条2項）。また、会社更生法等による認可決定のある場合には、例えば、会社更生のため更生会社の資産の洗直しがなされ、評価損が計上される場合がある。これは裁判所の厳格な監督の下で資産の再評価が行われることとなっているのであって、例外的に評価損の損金算入ができる（同条3・4項）。

(3) 貸倒損失

　金銭債権が貸し倒れたときには、貸倒損失として、法人税法22条3項3号により、損金算入ができる。しかし、法人税法33条1項は、金銭債権の評価損の計上も認めておらず、金銭債権が貸し倒れたときとは、その金額が全額回収不能となったときであると解される。

　金銭債権が全額回収不能かの判断について、法人税法に定めはないが、租税実務は、次の3つの場合を挙げている。①法律上の貸倒れとして、更生認可決定などの法的手続による債権の全部または一部の放棄があった場合（法人税基本通達9-6-1）、②事実上の貸倒として、債務者の資産状況、支払能力等からみてその全額が回収できないことが明らかになった場合（同通達9-6-2）、③売掛債権に限定して、債務者との取引停止後1年以上経過したときなどにおいて、債務者に対し支払を督促したにもかかわらず弁済がない場合（同通達9-6-3）である。特に、②は抽象的な表現であり、それがどのような場合かについては争いがある。

　また、このような解釈に対して、貸倒損失は資産評価に類するものでなく、公正処理基準に基づき部分貸倒れを認めるべきとの見解も有力に主張されている。そこで、1990年代前半におけるバブル経済崩壊後、金融機関が多額の不良

債権を抱えるなか起こった次の事件が注目された。

(4) 興銀事件・最判平成16・12・24民集58巻9号2637頁（百選55）

　X銀行は、住宅ローンを専門とする金融会社Aに相当な資金を貸し付けていた。XはAの設立出資母体である複数の銀行（母体行）の一つで、役職員の派遣等を通じAの経営に深く関与していた。後のバブル崩壊により経営が著しく悪化したAの損失負担を巡り、母体各行が激しく対立した。そこで国が仲裁に入り、結果として、公的資金投入を伴う法案（住専処理法案）に基づき、Xは、Aへの貸付債権を一定の要件の下で放棄した。同法案は、各方面の猛烈な反発を受けて年度末までには成立しなかったものの、Xは、上記貸付債権全額を、同年度の貸倒損失として損金算入する確定申告を行った。これに対して、被告税務署長Yは、その貸倒損失の損金算入を否認する課税処分を行った。

　本件の結果は、裁決から含めると四転しており、判断の分かれた事案である。だがそれらの判断で一貫したのは、金銭債権の貸倒損失を損金算入するには、その全額が回収不能であることを要するとされた点である。そこでは、全額回収不能かの判断について意見が分かれた。

　一審は、「合理的な経済活動に関する社会通念に照らして判断」すべきとし、Xの状況からは、本件の金銭債権が年度末までに事実上全額回収不能であったと判断した。二審は、「債務者の資産状況や支払能力等」により判断すべきとし、年度末時点でAはその総資産額の40%の財産を有し、回収見込み額があることから、全額回収不能であったとはいえなかったとした。

　最高裁は、債務者側の事情のみならず、「債権回収に必要な労力、債権額と取立費用との比較衡量、債権回収を強行することによって生ずる他の債権者とのあつれきなどによる経営的損失等といった債権者側の事情、経済的環境等も踏まえ、社会通念に従って総合的に判断されるべき」とした。具体的には、仮に同法案が不成立としても、母体行以外の債権者との利害関係や社会的批判の可能性に鑑み、同年度末時点で債権放棄を免れたとは社会通念上想起しがたいと認識された。結果、上記金銭債権は、事実関係から全額回収不能が客観的に明らかとして、同年度の損失として損金算入されるべきとされた。

　課税庁は敗訴したが、全額回収不能な場合のみ貸倒損失を損金算入できると

いう結果を勝ち取ったのであって、この判決では部分貸倒れは採用されなかった。また、全額回収不能の判断に、債権者側の事情と経済的環境を交えた社会通念が加えられ、貸倒損失の認められる範囲が若干拡大したとされる。

(5) 貸倒引当金（法人税法52条）

法人税法において、債務確定基準により、原則として引当金を認めないとされるが（⇒本章Ⅲ(3)）、「別段の定め」において、貸倒引当金に限り、一定の要件の下で繰入限度額までの金額の損金算入が認められている。

法人税法上、1998年改正までは、賞与引当金など6種類に上る引当金が定められていたが、課税ベース拡大のため、縮小された。2018年改正では、返品調整引当金も、企業会計基準第29号「収益認識に関する会計基準」の導入を契機に、廃止された（買戻しによる返金見込み額を収益から差し引く処理が採用されたため）。貸倒引当金について、2012年以降これを利用可能なのは、期末資本金の額が1億円以下である普通法人や、銀行・保険会社等に限定されている。

貸倒引当金への繰入限度額の計算は、事業年度末の個別評価金銭債権と一括評価金銭債権の2つに区別してなされる（法人税法52条1・2項）。前者では、いわば不良債権について債務者ごとに繰入限度額を決定され、後者では、法人が有する不良債権以外の金銭債権について、貸倒実績率を乗じて計算した金額を繰入限度額として決定される（同令96条6項）。なお、一定の中小企業者等に限っては、貸倒実績率に代えて、より簡便な業種ごとの法定繰入率の適用が認められている（租税特別措置法57条の9第1項）。

なお、租税特別措置法には、引当金と同様に繰入額を損金算入することが認められる準備金がいくつか定められている。ただし、準備金は、偶発的な損失への備えや政策的な性格を持つものであって、収益との明確な対応関係は薄い。例えば、海外投資等損失準備金（租税特別措置法55条）などがある。

5　法人税額の計算等

(1) 税率と税額控除

各事業年度の法人税の額は、各事業年度の所得の金額に税率を乗じた金額から、一定の税額控除の後、算定される。主な税額控除には、所得税法の定めに

より受取利子や受取配当について源泉徴収された所得税額の控除（法人税法68条）や、外国税額控除（同法69条）などがある。

法人税の通常の税率は23.9％であったが、2016年改正で23.4％から2年後に23.2％へと段階的に引き下げられた（同法66条1項）。このような税率引下げは、企業活動のグローバル化に伴う各国との競争条件調和の要請と、課税ベースの拡大と相まって税負担をより広く分かち合う方向での法人税改革の一環とされる。なお、中小法人等の800万円以下の所得に適用される軽減税率は18％で（同条2項）、租税特別措置法によりさらに15％に引き下げられている（租税特別措置法42条の3の2第1項）。

(2) 欠損金額の繰越控除・繰戻還付（法人税法57条・80条）

欠損金額とは、各事業年度の所得の金額の計算上、損金の額が益金の額を超える場合のその超える部分の金額であって（法人税法2条19号）、いわば赤字といえる。欠損金額が算出された場合には、基本的には法人税を納める義務はない。欠損金額は、青色申告を要件として、繰戻還付と繰越控除が認められている。すなわち、欠損金額が過去の年度の所得から控除され、その分払い過ぎた税額の還付を受けることを繰戻還付といい、欠損金額を繰り越して次年度以降の所得から控除することを繰越控除という。

こうした扱いの趣旨は、期間課税による弊害を排除し、所得平準化を行うことによって中立的で公平な課税を行うことにある（⇒第2章Ⅳ3）。このような趣旨からは、還付が伴い財政負担の重い繰戻還付はともかく、繰越控除については無期限で利用可能とするのが整合的であろう。しかし、欠損金額の利用は、租税政策上制限する方向で取り扱われてきた。繰越控除可能期間は10年とされ、また、中小法人等を除き繰越控除上限額として控除前所得金額の50％までと定められている。他方、法人税法上、欠損金額の繰戻期間は1年と定められているが（法人税法80条）、財政上の理由から中小法人等と清算法人等を除き、原則的には繰戻還付は利用停止されている（租税特別措置法66条の12第1項）。

IV　法人税の存在意義 (統合) と同族会社

明治物産事件：
「法人税の負担を不当に減少させる結果」とは？

1　法人税の存在意義

(1)　法人税の帰着 (the incidence of the corporate tax) を手掛かりに

　ここまでで学んだとおり、法人税は、所得税と同様、所得に課される税である (法人税法5条)。しかし、法人税の課税根拠は心許ない。法人は法人格を有するが、効用の主体となりえず、個人のように担税力を持つ存在ではないからである。法人税の負担はどのように転嫁され、誰に帰着するかみてみよう。

　法人には、株主、仕入先、消費者、従業員、債権者といった様々な利害関係者 (stakeholders) がある。例えば、法人税が増税されるとして、増税分について、配当の減額があれば株主が、仕入価格の減額があれば仕入先が、商品価格の増額があれば消費者が、給与等の減額があれば従業員が、支払利子の減額がもしあれば債権者が、その税負担を負うといえる。実際、法人税の転嫁と帰着は、これ程単純ではなく、複数者間に様々に散らばるであろうし、法人とその多くの利害関係者と取引関係や、その時々の経済状況によっても変化しうるから、その確定は難しく、不可知の領域にあるといえる。法人税は、帰着先によりその性質を変えるともいえ、実は、不思議な税である。

　しかし、法人の所得が個人に届いた時に所得課税がなされれば良しとして、法人税を廃止するという選択肢は忌避されよう。現実問題として、法人税を廃止すれば、その税収が失われる分、所得税などの増税が必要であり、反発は免れない。また、法人税を廃止すれば、実現主義を前提としたときで配当制約がない場合、あらゆる経済活動を法人にさせ利益留保することで所得税が免れうるから、事業形態の選択に非中立的な効果をもたらす。

　現行法人税制は、株主が法人税の負担を負うことを前提に構築されており、それがゆえに所得税との連携が意識される。

(2) 法人擬制説と法人実在説

法人税率が20％、個人Pに適用される限界累進税率が40％とし、法人Xは、個人Pによって、その発行済株式すべてを保有されているとする。Xは、100の所得を得て、法人税を20支払い、残り80をPに配当する。Pは、配当所得80を得て、これにつき所得税32を支払う。この場合、Xの所得に係るトータルの税負担は、20＋32＝52となる。このように、法人の所得は、法人が獲得した段階で法人税が課され、株主たる個人に配当された段階で所得税が課されるから、原則として、法人税と所得税による二重課税が行われている。もしXの事業をPが個人事業として営んでいれば、税負担は所得税だけの一回課税にとどまるのは言うまでもない。

二重課税に対しては、法人をどう捉えるかで扱いが異なる。法人を株主の集合体と捉える法人擬制説によると、法人税は、所得税の前取りと解されるから、二重課税を解消するための統合（integration）が必要となる。他方、法人を個人と同様に税を負担しうる独立した存在とみる法人実在説によると、統合の必要はない。

米国は、法人実在説により、統合を要しない正統方式（classical method）を採用するとされるが、配当軽課の措置が行われている。日本では、シャウプ勧告が法人擬制説を採用し、以降その路線で税制が作られるも徹底した統合が一貫して行われてきたわけではなく、むしろ後退しているといわれる。次では、統合の方法をいくつか紹介する。

(3) 法人税と所得税の統合の方式（所得税法92条）

組合方式（partnership method）では、法人が所得を獲得した段階で、株主にその株式持分に応じて配賦され帰属するとみて、その株主に所得税を課す。1(2)の例では、法人Xが100の所得を獲得した段階で、株主Pに40の税を課すことになる。二重課税が完全に排除されるから、同方式は、完全統合と呼ばれる。株主にとっては未実現所得への課税になり、納税資金に問題があることや、株主が多数の法人には煩雑過ぎて利用できないなどの問題がある。任意組合等の課税方式はこれによる（法人税基本通達14-1-1）。

インピュテーション方式（imputation method）は、法人が所得を獲得した段

階で法人税を課すが、株主の配当に係る所得税額が、先の法人税額と合計して、その株主に適用される限界累進税率のもとでの所得税額となるように調整を行う方法である。1(2)の例を使えば、株主Ｐへの配当80に法人税20を上乗せした金額100の所得に、Ｐの限界累進税率を適用して所得税40を算出し、その金額から先に払った法人税を控除した金額20をＰに課すことになる。もし、Ｐの所得に適用される限界累進税率が５％である場合、所得100に対しては５だけ所得税を払えばよいから、20-5＝15の税額がＰに還付されて、法人税として払い過ぎの分が取り戻される。同方式では、配当された所得しか統合できないから、不完全統合と呼ばれる。過去にドイツやフランスなどで採用されていた。

配当所得税額控除方式（dividend-received credit method）は、個人が受け取った配当の一定額を所得税額から控除する方式であり、日本が採用している。すなわち、配当控除では、個人株主の申告書上、配当等の金額に５％または10％を乗じた金額を税額控除することを認める（所得税法92条⇒本章Ⅴ1(2)）。株主の申告書上配当等に係る所得税額を概算的に軽減することを通じて統合を行うから、上記二方式と比較してもかなり簡便である。ただし、一定の配当等については申告不要（租税特別措置法8条の5第1項1号）としうるなど、配当収入があるからといって必ずしも配当控除の適用があるわけではない（⇒本章Ⅴ1(6)）。

支払配当損金算入方式（dividend-paid deduction method）は、配当に払い出された金額を法人段階で損金に算入する方式である。1(2)の例を使えば、法人Ｘの所得100から、配当80を損金算入することになる。これも、配当された所得しか統合できないため、不完全統合である。また、配当が40の場合、残り40には法人税を課され、後にこれを配当した場合、先に課した法人税が還付されなければならないので煩雑である。現行において、特別法により設立される特定目的会社（SPC）および投資法人は、一定の要件のもと収益の分配が損金算入されるので（租税特別措置法67条の14・15）、同方式の一部採用がある。

(4) 受取配当益金不算入規定（法人税法23条）

ここまでは株主に個人を想定してきたが、内国法人（⇒第6章Ⅰ1(1)）が株主の場合、受け取った配当等が益金に算入されれば、個人株主に行き着くまでに

法人税の多重課税が生じるから、益金算入が制限される。ただ、以下にみる通り、益金不算入となる割合が持株比率に応じて変化する。特に、持株比率が高い程、本支店形態での課税関係に似せようという考慮が働く。

まず、受取配当等の全額が益金不算入となるのは、完全子法人株式等、関連法人株式等からの配当等だけである（法人税法23条1項）。完全子法人株式等とは、発行済株式100％を保有する関係（同条5項）、関連法人株式等とは、発行済株式3分の1超を保有する関係（同条6項）にある他の内国法人の各株式である。次に、これら以外で非支配目的株式等以外から配当等を受ける場合にはその50％、非支配目的株式等から配当等を受ける場合にはその20％が、益金不算入となる。非支配目的株式等とは、発行済株式の5％を保有する関係（同条7項）にある他の内国法人の株式である。

また、関連法人株式等からの受取配当に限って、益金不算入額の計算上、その元本たる株式の取得に係る部分の負債利子を控除した金額となる（同条4項）。支払利子は通常損金に算入されているが、益金不算入となる金額を得るための費用、ここでは支払利子を、益金不算入から排除するというやり方で、所得から控除しない措置を取っておく必要があるからである。

なお、受取配当益金不算入規定は、日本政府による多重課税の排除を狙ったものであり、外国法人（⇒第6章I1(1)）からの受取配当には適用されないが、一定の支配外国子会社からの受取配当等は、益金不算入の扱いがなされる。詳しくは第6章III2(2)でみる。

2　同族会社と課税問題

(1)　同族会社の定義とその判定（法人税法2条10号）

日本には約266万もの法人があり、そのうち約97％は同族会社であると統計は示す。同族会社は、会社の株主等の3人以下およびこれらの同族関係者がその会社の発行済株式の総数または総額の50％超を保有されている会社である（法人税法2条10号）。同族関係者とは、株主の親族および事実婚の関係にある者らや、判定の対象になった会社の株主がその発行済み株式を50％超支配する会社である（同法施行令4条）。したがって、例えば、会社X_1の発行済株式について、個人株主Hがすべてを保有する場合、当然X_1は同族会社である。また、

例えば、X_2について、①Aが15％とその配偶者Wが7％、Aがその発行済株式すべてを保有する会社Cが5％、②Aの友人Fが12％とその事実婚の関係にある者Gが2％、および、③Wの友人Rが10％を保有しており他は考慮しなくてよい場合、これら株主6人の持株割合合計は15＋7＋5＋12＋2＋10＝51％となり50％を超えるから、X_2は同族会社と判定される。なお、同族会社判定には、事実婚の関係にある者も積極的にカウントされるが、租税法上そうでない扱いもあることに注意したい（⇒第2章Ⅳ4）。

　同族会社では通常、経営と支配の結合があることから、いわゆるお手盛りによる恣意的な税負担軽減が可能であり、同族会社に特化して適用される税制が用意されている。

(2) 留保金課税制度（法人税法67条）

　同族会社Xは配当を何年も行わず、その唯一の個人株主は、その間配当所得に係る所得税の課税を免れた。後にリタイヤして年金生活に入り、累進税率が5％となるに至ってからXに配当させ、結果として高い累進税率による所得税課税を免れた。このように、同族会社が利益を配当せず留保することで、その株主は所得税の負担軽減が可能となる。特にここで生ずる課税上の利益は、関係する税率の差や利子率、留保利益の額が大きいほど、また、留保期間が長いほど、増大する。

　したがって、「特定同族会社」の利益留保に対しては、所得税課税を補完する意味で、特別税率による法人税重課がある（法人税法67条）。すなわち、特定同族会社の各事業年度の「留保金額」が「留保控除額」を超える場合、各事業年度の所得に対する法人税の額は、通常の法人税の額に、その超える部分の留保金額に、3つに区分されたそれぞれの金額に、10％、15％、20％といった累進税率で計算した金額の合計額を加算した金額とされる。

　「留保金額」は、その事業年度に留保される金額であり、所得等の金額のうち、配当せずに留保した金額から、その事業年度について課せられる法人税や地方税の額を差し引くことで算定される。「留保控除額」は、(ⅰ)事業年度の所得等の金額×40％、(ⅱ)年2000万円、(ⅲ)期末資本金の額×25％－期末利益積立金額のうち、最も多い金額である。(ⅰ)は非同族会社の通常の所得の留保率に相当

するもの(ii)は少額の留保を免除するためのもの、(iii)は会社法令の定めにより期末資本の25％相当分の最低の留保を要求するので、この最低留保額に達するまでの金額の留保を認めるものと説明される。

「特定同族会社」とは、資本金の額が1億円以下で、最上位の株主等の一人およびこれの同族関係者が、その発行済み株式等の50％超を有する場合の被支配会社から、5億円以上の大法人の100％子会社を除いたものである（法人税法67条1項）。2(1)の例における同族会社 X₁は「特定同族会社」に該当するが、X₂は該当しない。最上位の株主たる①のグループメンバー、すなわち、H、WとCの持株割合合計が、15＋7＋5＝27％にとどまるからである。なお、5億円以上の大法人の100％子会社が「特定同族会社」から除かれるのは、このような子会社は、大法人のグループの一部として親会社の信用力を背景に資金調達等が可能でありながら、一法人たる中小法人として軽課措置を受けることが問題となったからである（⇒本章Ⅴ3）。

留保金課税は、配当を行うことで免れるから、配当促進の効果を持つ一方で、他方、財政基盤の弱体化につながりうる。同族会社の大半は中小企業であって、外部からの資金調達が困難である実情からは、留保金課税の強化は諸刃の剣となりかねない。このような考慮もあり、留保金課税の対象となる同族会社の範囲は、緩和と揺り戻しの改正がみられ複雑化した。

(3) 同族会社の行為計算否認規定（法人税法132条）

例えば、個人Fはその娘の通う私立学校Uからの要請を受けて寄付をすることになった場合、本来ならばFが支払うべき私的な支出であるが、Fが唯一の株主たる同族会社Xに支払わせることで、寄附金の一部または全部の損金算入により（法人税法37条4項⇒本章Ⅲ3(1)）、法人税の軽減が可能となる。同族会社による恣意的な税負担軽減に対抗して、大正12年に行為計算否認規定が創設されており、同規定は数次の改正を経て、法人税法132条1項において次のように規定されている。

税務署長は、同族会社に係る法人税につき「更正又は決定をする場合において、その法人の行為又は計算で、これを容認した場合には法人税の負担を不当に減少させる結果となると認められるものがあるときは、その行為又は計算に

かかわらず、税務署長の認めるところにより、その法人に係る法人税の課税標準若しくは欠損金額又は法人税の額を計算することができる。」同族会社に特化した同様な行為計算否認規定は、所得税法157条１項や相続税法64条１項等にもある。これら条文は租税回避という文言を使わないが、学説はこれらを租税回避への対処規定と解してきた。租税回避の概念等は、第７章２で学び、ここでは法人税法132条の適用のされ方と適用要件を検討する。

まず、法人税法132条は、次のように適用される。同族会社の実際に行った行為計算は、①課税上無視され、②税務署長が通常あるべきと認める行為計算に引き直されて、それに租税法が適用され、税額等が算定される。租税法上、①と②あわせ、否認という。

先程の例では、①ＸのＵへの寄付の支払を行ったという行為は無視される。②本来、ＸからＦに賞与等として支払われ、その金銭をＦがＵに寄付するというのが通常あるべきと認められる行為とされ、それへ租税法を適用するので、個人Ｆへの給与所得課税と、Ｘの側では役員給与損金不算入制限規定の適用がなされる。②の通常あるべきと認める行為計算の内容をどのように決定するか曖昧だが、法人税法132条は、このような擬制に基づき課税を行う権限を税務署長に与えている。

次に、132条の適用要件は、「税の負担を不当に減少させる結果となると認められる」場合ということになる。この要件は、「税負担が減少する結果」と「不当性」の２つに分けられる。前者は、②の場合の法人税額と①の場合の法人税額の差で判断されよう。後者は、抽象的で、どのような場合に「不当」なのか文理解釈では導き出せない。このような概念は「不確定概念」と呼ばれる。

ここで「不確定概念」を課税要件とする法人税法132条は、課税要件明確主義（⇒第１章Ⅰ３(2)）に反しないのかと疑問に思うかもしれない。この点、裁判所は、同条が「客観的、合理的基準に従って同族会社の行為計算を否認すべき権限を税務署長に与えているもの」と述べ、違憲とはしなかった（最判昭和53・４・21訟月24巻８号1694頁）。学説では、不確定概念を二種類に分け、(i)中間目的や経験概念を内容とするもので、判例のいうように解釈を通じて基準を提示しうる不確定概念は違憲とはならず、他方、(ii)終局目的や価値概念を内容とす

る不確定概念（例えば、「景気回復のため」）は、租税政策上の判断を租税行政庁に委ねることを意味してしまうことになるから違憲である、という理解が有力である。では、不当性の要件は、どのように判断されてきたか、次の裁判例をみよう。

(4) 明治物産事件・最判昭和33・5・29民集12巻8号1254頁（百選60）

同族会社Xが、その兄弟会社である同族会社Aの株式を買収し、吸収合併を行ったことで、当時制度としてあった清算所得に対する法人税がゼロになった。税務署長は、法人税法132条（ただし、旧規定）の適用によりXの買収行為を否認し、本来あるべき清算所得に関する法人税額の決定処分を行い、これが争われた。最高裁は、「不当性」の解釈には触れず二審を正当と是認し、Xの買収行為が「否認の対象となるべき行為ではなかつた」と述べるにとどまったため、注目すべきは、下級審の判断である。

一審は、「非同族会社では通常なし得ないような行為計算」に注目したが、二審は、「純経済人の選ぶ行為形態として不合理」かが問われるとした。最高裁は後者を支持すると解される。実際「非同族会社では通常なし得ない」かの判断が不明確といえ、後の裁判例や学説もまた、純経済人の行為として合理的か否かという経済合理性基準で、「不当性」の有無を判断する傾向にある。

同族会社の行為計算否認規定は、他に、同族会社による無利息貸付に係る利息の認定や、過大な役員報酬や退職金の支給などに適用され、それらに対抗して法人税法22条2項や34条の旧規定などの個別否認規定が立法された。個別否認規定がある場合、行為計算否認規定よりも優先的に適用すべきであろう。

実際、法人税法132条は、その適用場面が限られてきており、「伝家の宝刀」などと呼ばれたが、近年、IBM事件（東京高判平成27・3・25判時2267号24頁）や、ユニバーサル・ミュージック事件判決（東京地判令和元・6・27平成27（行ウ）468号）の例もある。後者では、経済合理性判断にあって「法人税の負担が減少するという利益を除けば当該行為又は計算によって得られる経済的利益がおよそないといえるか、あるいは、当該行為又は計算を行う必要性を全く欠いているといえるかなどの観点から検討すべき」と述べられ、納税者に有利な判断が示された。

V 配当所得と株主法人間取引 (出資・分配)

鈴や金融事件・東光商事事件：
株主優待金は、配当所得として課税されるのか？

1 配当所得への課税

(1) 配当所得の内容と課税方法 (所得税法24条1・2項)

所得税法24条1項は、配当所得を法人から受ける①「剰余金の分配」②「利益の配当」③「剰余金の配当」④「基金利息」並びに、⑤「投資信託及び特定受益証券発行信託の収益の分配」に係る所得と定義する。配当所得は、株式等投資について法人から受け取るリターンとイメージされたい。配当所得への原則的な課税方法に特有な3つの点をまずみていく。

第一に、他の投資による所得と異なり、負債利子のみ控除可能とする点である。配当所得の金額は、収入金額から「株式その他配当所得を生ずべき元本を取得するために要した負債の利子」を控除した金額と定められている (所得税法24条2項)。配当所得の場合、投資先の業績次第では、金融機関等からの借入に係る支払利子を上回る収益が期待できるから、対応的な支払利息に限って控除が認められている。したがって、例えば、株式投資相談サービスや投資関連書籍等の支出があっても控除できない。株式保有に係る所得には譲渡益 (キャピタル・ゲイン) もあり、特にこれら費用ではどこまでが配当に係る必要経費かの線引きが難しい。なお、上記負債利子の控除により配当所得の金額がマイナスとなっても、損益通算はできない (同法69条1項)。

(2) 配当控除 (所得税法92条) と源泉徴収

第二に、税額控除を伴う点である。配当所得の金額は、総所得金額を構成し (所得税法22条2項)、原則的には総合課税を受ける。その計算上、所得税額から、配当所得の金額のうち一定の金額を税額控除することができる (同法92条2項)。これを配当控除という (同条3項)。配当控除の趣旨が法人税と所得税

の二重課税の緩和にあることは、既に述べた（⇒本章Ⅳ1(3)）。

　計算自体は複雑なので大きく端折るが、配当控除の額は、課税総所得金額等の多寡に応じ10％か５％を、配当所得の金額に乗じて計算される。このとき概ね課税総所得金額等が高い方に低い率が適用される。一律だと高所得者に有利となりうる。単純化した例を示そう。法人が所得100を獲得し、20の法人税を支払った後、税率45％である個人Ａの税額は（100-20）×45％－（100-20）×10％＝28となり、税率20％である個人Ｂの税額は（100-20）×20％－（100-20）×10％＝８となる。ＡとＢそれぞれの所得100への税負担総額は48（20＋28）：28（20＋8）となり、個人での税率比45：20に照らせば、Ｂに不利と分かる。

　第三に、配当等を支払う側の法人は、支払額の20％の源泉徴収税を納付しなければならない点である。（所得税法181条１項・182条２号。⇒第２章Ⅷ2(2)）。したがって、法人が株主に対してイレギュラーな支払を行うとき、それが配当所得に当たるかが問題となる。

(3)　鈴や金融事件・最判昭和35・10・７民集14巻12号2420頁

　株主相互金融会社Ｘが株主に支払った株主優待金が配当所得に該当し、源泉徴収の対象となるかが争われた。株主相互金融は、戦後間もない時期に全国で流行った特殊な融資方法である。Ｘは、株主に保有株式金額の３倍まで融資を行うが融資を受けない場合、会社の利益に拘らず、また株主総会の決議も経ず、一定の金銭を株主優待金として当該株主に支払っていた。

株主相互金融の仕組み

出資		借入		返済		株主優待金受領	
A →	金株	A	金株	A	金株	A ←	金株
B →	融主	B	融主	B	融主	B ←	融主
C →	会相	C ←	会相	C →	会相	C ←	会相
	社互		社互		社互		社互

銀行預金の場合

預金		借入		返済		預金利子	
D →	銀	D	銀	D	銀	D ←	銀
E →	行	E	行	E	行	E ←	行
F →		F ←		F →		F ←	

　最高裁は、所得税法上の利益配当には、商法上適法な配当だけでなく不適法

な配当も含まれるとの見解を示した。しかし、商法が前提とするのは「取引社会における利益配当の観念」なるものとし、その観念に照らせば、株主優待金が「利益配当と同一性質のものであるとはにわかに認め難い」と述べて、源泉徴収の対象とはならないとした。本件の株主優待金はいわば資金調達費用といえ、最高裁の判断は社会通念に合致する。ただ、何が利益配当かを決定づけるのか曖昧なままである。そして、次にみる事件判決は、上記と矛盾しうる。

(4) 東光商事事件・最判昭和43・11・13民集22巻12号2449頁

本件の争点は、上記事件と同様な株主優待金が、法人税法上損金算入できるかであった。最高裁は、これを否定する理由づけを2通りに示した。一つ目は、違法支出は損金不算入とされ、Xの資金調達方法は「商法が堅持する資本維持の原則に照らして許されない」から、株主優待金も損金不算入となるという。公序の理論の発想といえる（⇒第2章Ⅲ3(4)）。二つ目は、株主優待金は「株主たる地位にある者に対し株主たる地位に基づいてなされる金銭的給付」の性質を持ち、「配当以外のものではあり得」ないから、損金不算入となるという。同様な内容が争われた後の事件判決は、同様な結論を導くにあたり後者に依拠した（最判昭和45・7・16判時602号47頁）。

株主優待金は、鈴や金融事件判決では、利益配当に当たらず配当所得でないから源泉徴収の対象にもならないとされ、東光商事事件判決では、利益配当に当たるから損金不算入とされた。後者が公序の理論に拠った判断と考えれば、矛盾はない。両事件は旧法の下で争われ、かつ、株主相互金融なるものももはや歴史的存在といえ、読者にとって深入りは無用かもしれない。当時商法における利益配当の定義もない中、課税上の扱いを決める際、配当所得と配当控除をセットで捉え、二重課税排除の必要があるものを配当所得と扱うということを軸とする解釈もあり得たのではないかと指摘するにとどめる。

後は、上記判決を背景としてできた租税実務を押さえておく。所得税基本通達24-1によると、株主等の地位に基づき法人から供与された経済的利益は配当所得に含まれるが、同基本通達24-2によると、法人の利益の有無にかかわらず株主に供与される株主優待乗車券や入場券等は、利益処分とされない限り、配当所得とはされない。後者の扱いには、少額不追及や源泉徴収の困難さへの考

慮が働いたと考えられる。

(5) 上場株式等に係る特例

　配当所得には、選択的に、利子所得のように源泉分離課税で課税関係を終了できるという取扱いもある。(i)一つの法人から年間10万円以下の配当所得を受ける場合、20％の源泉徴収があるだけで、申告不要である（租税特別措置法8条の5第1項1号）。(ii)上場株式等に係る配当所得を受ける場合（発行済株式3％以上保有を除く）、15％の源泉徴収があるだけで、申告不要である（同項2号・同法9条の3）。ただし、これら申告不要の選択をした場合、負債利子控除や配当控除はもちろん適用がない。

　「貯蓄から投資へ」政策に基づき、課税方式の均衡化や株式譲渡損との損益通算範囲の拡大など金融所得課税の一体化が図られ、課税上の取扱いにおける貯蓄と投資の差が縮まるという流れがある。ここでは、個人投資を促す目的で作られた NISA（Nippon Individual Saving Account）を取り上げておく。

　NISA は個人投資家向け税制優遇制度で、英国の ISA（Individual Saving Account）をモデルに2014年導入された。金融機関の営業所に開設された非課税口座内の上場株式等の配当金や譲渡益は、毎年の新規投資額120万円を上限として5年間非課税となる（租税特別措置法9条の8・37条の14）。2024年からはより投資を促すため2階建ての新 NISA として刷新され、年間非課税枠が122万円となる。また、20歳未満を対象としたジュニア NISA（2023年で廃止）や NISA と選択的に、より少額かつより長期投資が可能な積立 NISA もある。株式市場での NISA の占める規模は僅かだが、金融庁調べによると、NISA 全体で、2019年末時点約1400万口座が開設され、過去5年間で倍増している。

2　法人株主取引

(1) 資本等取引の意義（法人税法22条5項）

　配当等を支払った法人側の扱いはどうなるだろうか。株主法人間取引と呼ばれる法人税法固有領域の話となる。株主法人間取引は、株主が株主の地位に基づいて法人と行う取引であり、その主要部分は資本等取引である。

　資本等取引は、①「資本金等の額の増加又は減少を生じる取引」、②「利益

又は剰余金の分配」、および、③「残余財産の分配または引渡し」の３つである（法人税法22条５項）。①は出資や減資、②は配当がそれぞれ典型例で、③は清算時の株主への払戻しであり、これらが益金や損金を構成しないことは、既にみた（法人税法22条２・３項⇒本章Ⅰ1(1)）。だが、資本等取引にあって、損益取引が完全に排除されるわけではなく、後述の通り混合取引と呼ばれるケースも存在する。

　以下、簡単な設例を用い、資本等取引についての課税上の取扱いをみる。なお、途中出てくる「資本金等の額」と「利益積立金額」は、法人税法を深く理解するための鍵となる。気にかけて読み進めてほしい。

(2)　出資（Contribution）

　例①-1として、個人Ｓが現金500を出資して株式会社Ｃ社を設立する場合、Ｃ社は現金500を「資本金等の額」に計上し、ＳにＣ株式を発行する。「資本金等の額」とは、会社法上の資本金の額に一定の調整を加えた金額であり（法人税法２条16号、同法施行令８条）、出資者からの拠出に係る原資部分といえる。Ｓは、Ｃ株式の取得価額を500とする（所得税法施行令109条１項２号）。

　例①-2として、現物出資、すなわち金銭以外の資産を出資する場合を考える。Ｓは、取得価額200で時価500の土地を、Ｃ社に現物出資する。ここでもＣ社は「資本金等の額」を500増額するとともに、土地の取得価額を500とする（法人税法施行令54条１項６号、同基本通達7-3-16の２）。他方、株主側Ｓは500－200＝300の土地の譲渡益課税が生じ、Ｃ株式の取得価額を500とする。

　次のⅥでみる組織再編税制のもと法人による現物出資で一定の要件を満たす場合、適格現物出資となり（法人税法２条12号の14）、帳簿価額での譲渡と扱われるから（同法62条の４第１項）、課税繰延が可能となる。例①-2の数値を使えば、Ｃ株式の取得価額を引き渡した土地の帳簿価額200（同法施行令119条１項７号）、出資された土地もＣ社の側で取得価額を200とするから（同令123条の５）、出資した法人に譲渡益課税は生じない。

　この取扱いでは、土地と株式に同じ取得価額を付すことで含み益が倍加していることに気づく。土地と株式の両方が売却され、含み益が実現してそれぞれに課税されれば、土地の値上がり益という経済的価値に対して、いわば二重課

税が生じる。課税上は、値下がり資産でも同様な扱いとなることに注意が必要である。適格現物出資を繰り返して高い帳簿価額を複製した後、子会社以下の会社が含み損を抱えた資産（株式）を一機に売却して損失を何倍にも計上するといった税負担軽減スキームが考えられるからである。米国法ではこれを阻止する立法がある。

例①-3として、債権者による債権の現物出資の場合を考える。これは、債権と株式を交換するという意味で、特にデッド・エクイティ・スワップ（Debt Equity Swap, DES）と呼ばれる。A社がC社に貸し付けた債権100は、業績悪化により回収見込みも薄く、その評価額が20となったとする。A社は株主としてC社と関わることでメリットがあるとし、債務免除をせず、C社に当該債権を現物出資（非適格）する。この場合、C社における「資本金等の額」は、100ではなく20増加する（法人税法施行令8条1項1号）。残り80はC社の債務消滅益となるが、再生手続中であれば期限切れ欠損金を利用でき課税を避けうる（同法59条1項1号・2項1号）。A社では、C株式の取得価額を20とし、残り80は寄付金と扱うことになろうが、合理的な再建計画に基づくものであれば、支援損失として損金算入が可能である（法人税基本通達9-4-2）。

DESは、企業再生の手法として有効であり、注目されてきた。なお、結果としてDESと同じ効果をもたらすものとして疑似DESと呼ばれるものもあるが、発展的なのでここでは省略する。

(3) 配当（Dividend）

例②-1として、C社は事業活動を行い200の所得を得て、法人税率20％により40の税を支払った後、課税後の160が残るとする。この160を配当しないで留保するとC社では「利益積立金額」と扱われる。「利益積立金額」は、法人が稼得した利益のうち課税済みの金額として計算された金額で（法人税法2条18号、同法施行令9条）、「資本金等の額」とは別個に扱われる。後に、C社がSに現金160を配当した場合、Sの側で配当所得160として課税を受ける。C社の側は配当された分160について「利益積立金額」を減額する（同条1項8号）。

例②-2として、現物配当、すなわち、金銭以外の資産を配当する場合を考える。C社が、取得価額200で時価500の土地を配当したとしよう。資本等取引と

はいえ、土地の譲渡の意味もあり、C社の側で値上がり益500－200＝300への課税が生じる（法人税法22条の2第6項）。このように、現物配当は、損益取引の性質も有すると考えられるから、「混合取引」と呼ばれることがある。Sは、土地の時価500を配当所得とし、取得価額を500とする。なお、組織再編税制のもと、現物分配や株式分配で一定の要件を満たすものが適格として課税繰延扱いを受ける場合がある（同法2条12号の15等）。

(4) みなし配当（法人税法24条、所得税法25条）

本章Ⅳ1で学んだ通り、法人の所得には、原則として法人段階と個人段階の二重課税がある。法人内部に留保された利益は、個人段階の課税が未だ終わっておらず、いわば課税関係が未完了の利益である。株主への分配（distribution）にはこのような利益が混ざっている場合があり、峻別を要する。この峻別に当たり重要な役割を果たすのが「資本金等の額」と「利益積立金額」である。すなわち、株主への分配のうち、後者に該当する部分を切り出し、配当所得（個人）や受取配当（法人）と同様な課税を行うことになる。これをみなし配当課税という。

みなし配当の額は、株主が法人から交付を受けた金銭の額および資産の価額の合計額が「当該法人の資本金等の額のうちその交付の起因となった当該法人の株式に対応する部分の金額を超える」部分の金額となる（法人税法24条1項、所得税法25条1項）。交付を行った法人は、みなし配当の額だけ「利益積立金額」を減額する（法人税法施行令9条1項8号）。

みなし配当が生じる事由としては、(i)合併、(ii)分割型分割、(iii)株式分配、(iv)資本の払戻しまたは解散による残余財産の分配、(v)資本金等の額を原資とする配当、(vi)自己株式の有償取得、(vii)出資の消却、(viii)組織変更が挙げられる（法人税法24条1項1-7号、所得税法25条1項1-7号）。ただし、(i)〜(iii)では適格の場合が排除される。

株主への分配行為の一つとしては剰余金の分配と並び、(vi)自己株式の有償取得も大事だが、紙幅の都合上、(iv)のうち、解散による残余財産の分配を事由とするみなし配当課税を確認する。例①-1と例②-1のもと、C社が配当せず利益積立金額160のとき清算、C社から残余財産の分配660をSが受けたとするとみ

なし配当の額は、660-500＝160となる。660のうち資本金等の額500は単なる元金の払戻しだが、残り160は利益積立金額からであることを確認されたい。株主が他にいれば持株数に応じた按分計算となる。またこの例では生じないが、分配額からみなし配当の額およびSの株式取得価額を控除した金額は、譲渡所得課税を受ける（法人税法61条の2第1項、租税特別措置法37条の10第3項4号）。

3　グループ法人税制

　経済的には一つの事業体といえるような法人グループを、単一の法人と同様な税制の下に置くことは適当でない場合がある。2010年改正においてグループ法人税制が創設され、大法人と一体とみられる中小法人への課税強化に「軽減税率」や「特定同族会社」に係る制限があることは、既に触れた（⇒本章Ⅰ1⑵、Ⅳ2⑵）。さらにここでみておきたいのは、法人グループ内部での資産の移転等である。これらに課税すれば、経済実態に合致せず、また、実際上、経営資源再配置の障害になりかねない。同税制の下、完全支配関係（法人税法2条12号の7の6）にある法人間の取引等について課税関係を生じさせない措置があり、以下に概略をみておく。なお、これらは、強制適用である。

　例えば、完全支配関係にある法人グループ内の兄弟会社たるA社からB社への譲渡損益調整資産の移転に係る譲渡損益は、B社によるグループ外部への移転等の時に、A社において計上する（法人税法61条の13第1項・2項）。譲渡損益調整資産とは、固定資産、土地、有価証券、金銭債権および繰延資産であって、これらから売買目的有価証券や帳簿価額が1000万円に満たない資産は除かれている（同法61条の13第1項括弧書、同令122条の14第1項）。

　また、例えば、同様なA社からB社への寄附金は、A社の側では全額損金不算入（法人税法37条2項）、B社の側では受贈益が全額益金不算入となる（同法25条の2第1項）。寄付で動いた経済的価値に係る調整として、寄附金の額だけ、A社株とB社株の帳簿価額をそれぞれ減算・加算し（法人税法施行令119条の3第6項）、また、A社とB社の「利益積立金額」をそれぞれ減算・加算する処理も同時的に行われる（同令9条1項7号）。

　なお、本書において、連結納税制度（2022年4月以降グループ通算制度へ移行）の説明は割愛する。

VI 組織再編税制

ヤフー事件：
被合併法人の欠損金は、合併法人に引き継げるのだろうか？

1 組織再編税制の基礎構造

(1) 組織再編成の課税上の取扱いにおける原則と例外

　A社は、C国との産業競争激化に備えT社の持つ業界最先端の技術を取り込むため、A社を合併法人、T社を被合併法人とする吸収合併を行う計画を立て交渉に入った。A社幹部らは、A社とT社が合併することでシナジー効果が期待でき、悲願であった年間売上目標額への足がかりとなると意気込む。合併計画では、租税法上、A社はT社からすべての資産と負債を譲り受けて、その対価としてA社株式を発行し、T社は、受け取ったA社株式をT社株主に引き渡して、消滅する段取りになる（法人税法62条1項）。しかし、そこへ両社の税務統括室長が「待った！」をかけた。このままだとT社がA社に対してなす資産の譲渡についてその値上がり益が実現するという。T社の資産の取得価額が200億円、時価が500億円であるから、500億−200億＝300億円がT社の課税所得となり（同条2項）、法人税額等は約100億円に上る。税負担がネックとなり、同計画は棚上げ、A社幹部はがっくりと肩を落とした。

　もし上記のような税負担があれば、機動的な組織再編成を委縮させ、日本企業の国際競争力を削ぐであろう。現行組織再編税制のもと、ある組織再編成が後述の(3)にみる適格要件等を満たすことができれば、適格組織再編成として例外的に、課税を繰り延べる扱いが認められる。すなわち、上記合併が適格合併であれば、A社は、T社から移転された資産等についてT社の取得価額200億円を引き継ぐことで課税が繰り延べられる（法人税法62条の2第1項、同令123条の3第1項）。結果、合併時に値上り益課税は行われない。

　また、T社株式と引き換えにA社株式を受け取った株主は、原則的には、T株について譲渡所得課税やみなし配当課税を受けることになる（⇒本章V 2(4)）

が、適格合併の場合みなし配当課税を受けず、(3)の対価要件を満たす場合、同様にしてＡ株の取得価額をＴ株の取得価額に置き換えることで課税が繰り述べられる（所得税法施行令112条１項）。このような課税繰延は、実現原則からの大きな逸脱といえ、理論上どのように理由づけされるのか、また適格であるための要件はどのようなものか。

(2) 組織再編税制の立法趣旨

2001年改正における組織再編税制の創設に先立ち、2000年10月の政府税制調査会が公表した「会社分割・合併等の企業組織再編成に係る税制の基本的考え方」が重要である。示された考え方は、「組織再編成により資産を移転する前後では経済実態に実質的な変更が無いと考えられる場合には、課税関係を継続させるのが適当」というものである。

これを前提に、「組織再編成において、移転資産に対する支配が再編成後も継続していると認められるものについては、移転資産の譲渡損益の計上を繰り延べる」とされ、また、「被合併法人の株主の旧株の譲渡損益についても、……株主の投資が継続していると認められるものについては、上記と同様の考え方に基づきその計上を繰り延べる」と説明された。すなわち、法人段階では移転資産への支配の継続性、株主段階では投資の継続性がある組織再編成では、その前後で経済実態に変更がないから、課税を見合わせるのである。

(3) 適格要件等

次に示す適格要件等を満たせば、ある組織再編成が適格と判断され、課税繰延が認められる。なお、説明の便宜上、合併を中心に適格要件等をみる。なお、他の組織再編成に係る適格要件は、各組織再編成の種類により若干の相違はあるものの、同様な経済効果を持つ取引への課税関係の整合性を重視して、基本的には同じような内容となっている。

第一に、会社法における組織再編成に合致するものでなければならない。例えば、経済的な効果としては合併に該当しても、会社法に基づかず、個別に資産を売却する取引として構成すれば、適格合併とならない。

第二に、資産等と交換に差し出す対価が、原則として資産等を受け入れた法

人の株式でなければならない（法人税法２条12号の８）。これを対価要件という。株式でなく金銭を受け取ってしまえば、通常の売買と同様であり、支配や投資の継続が途切れるからである。ただし、2017年改正により一定の緩和がある（同号柱書第３括弧書）。

　第三に、適格要件を充足しなければならない。合併の適格要件には、①企業グループ内合併の場合と②共同事業を行うための合併の場合に大別されていて、さらに①は(ⅰ)完全支配関係がある場合と、(ⅱ)支配関係がある場合に分けられている。

　①(ⅰ)は、適格要件として、完全支配関係だけを要求する（法人税法２条12号の８イ）。完全支配関係とは、一の者が法人の発行済株式等の全てを直接または間接に保有する関係をいう（同法２条12号７の６）。①(ⅱ)は、適格要件として、支配関係だけでなく、従業員引継要件と事業継続要件の要件すべての充足を要求する（同法２条12号の８ロ）。支配関係とは、一の者の法人の発行済株式等の50％超を直接または間接に保有する関係をいう（同法２条12号７の５）。従業員引継要件とは、被合併法人の合併直前の従業員総数の概ね80％の者が、合併後に合併法人の業務に従事することが見込まれることである。事業継続要件とは、被合併法人の合併前に行う主要な事業が合併後に合併法人において継続されることが見込まれることである。

　②については、その適格要件を総称して、共同事業要件と呼ばれ、①(ⅱ)で要求された従業員引継要件と事業継続要件に加えて、次の要件すべての充足を要求する（同法２条12号の８ハ、同法施行令４条の３第４項）。第一に、事業関連性要件は、被合併法人の被合併事業と合併法人の合併事業とが相互に関連するものであることである。事業関連性判定の要素は、法人税法施行規則３条に具体的な定めがあるので、一読されたい。第二に、事業規模要件は、合併に係る被合併法人の被合併事業と合併法人の合併事業のそれぞれの従業者の数や資本金の額等の規模の割合が５倍を超えないことである。また、同要件に代替して、特定役員引継要件があり、合併前の被合併法人と合併法人の双方の特定役員のいずれかが、合併後も合併法人の特定役員となることが見込まれることである。第三に、株式継続保有要件は、被合併法人の支配株主で合併により交付された合併法人の全部が継続して保有されることである。支配株主とは、発行済株式

の50％超を保有する株主をいう。支配株主がいない場合には、株式継続保有要件を満たす必要はない。

　ここで注意深い読者なら、株式継続保有要件を満たす必要のない場合、投資の継続と支配の継続の両方がなく、課税繰延を認める理由がないのではと訝るかもしれない。共同事業要件の存在は、合併前後における事業の継続性や関連性の存在から経済実体の不変更とみるか、または、「選択と集中」を支持する産業政策の要請によるとみるしかないであろう。

　以上に示した適格要件等を満たさない組織再編成は、非適格となる。非適格組織再編成は、もちろん原則たる時価取引としての扱いを受け、例えば、移転資産等の取得価額が時価よりも高い場合、その含み損を実現できる。ただし、これを狙った意図的な適格外しには、後述2(2)でみる組織再編成に係る行為計算否認規定の適用可能性がある（最判平成28・2・29民集70巻2号470頁）。

(4)　組織再編成の種類

　組織再編成としては、合併、分割、現物出資、現物分配、株式移転、および、株式交換の6つの種類がある。紙幅の都合上、これまでにみていないもののうち、分割のみ、簡単にとりあげる。

　分割は、一般に会社分割と呼ばれ、事業に関する権利義務の全部または一部を分割して他の会社に承継させる行為である（会社法2条29・30号）。例えば、家電メーカーがその白物家電事業のうち、冷蔵庫製造部門を丸ごと、他社にその株式と交換に引き渡すようなものとイメージいただきたい。分割には、移転先が既存会社たる吸収分割と、移転先が新設会社である新設分割とがある。さらに、対価となる株式等を、分割法人の株主に付与する分割型分割（人的分割、法人税法2条12号の9）と、分割法人に付与する分社型分割（物的分割、同法2条12号の10）とがある。よって、単純に組み合わせると4種類の分割があることになる。基本的には現物出資のアレンジといったところである。

　組織再編税制は、その創設後、会社法改正への対応や事業再編のさらなる円滑化のため、種類の増加と要件の緩和があり、複雑化している。2019年会社法改正では株式交付制度の導入があり、これに係る税制上の対処について、与党税制大綱は、組織再編税制等も含めた理論を整理したうえで対処の検討を行う

としており、注目される。

2　租税属性の引継ぎとヤフー事件

(1)　組織再編税制と欠損金の引継ぎ（法人税法57条2項）

　特に合併において、合併後に欠損金が引き継がれるかは重大な関心ごとである（欠損金の解説⇒本章Ⅲ5(2)）。組織再編税制の創設以前、欠損金は、合併法人と被合併法人のいずれが有するかで合併後に繰越控除できるかが決定されるという不均衡があった。被合併法人の欠損金額は引継ぎが認められないことから（最判昭和43・5・2民集22巻5号1067頁）、赤字法人を合併法人とし、黒字法人を被合併法人とする「逆さ合併」により、欠損金を合併後に利用する例がみられた。これを同族会社が行い、同族会社等の行為計算否認規定が適用されるケースもあった（広島高判昭和2・1・25行集41巻1号42頁）。

　組織再編税制創設時に立法された法人税法57条2項は、適格合併等の場合に限り被合併法人の未処理欠損金額が合併法人に引き継げることを定める。その上で、同条3項は、10年以内に発生した未処理欠損金額の控除制限をかける。すなわち、合併等前5年前からの支配関係があるか、あるいは、みなし共同事業要件を満たすことを条件として、合併後もその未処理欠損金を引き継げることになる。そして、この制限は、合併法人の合併後未処理欠損金額に対しても適用される（法人税法57条4項）。なお、非適格合併の場合、組織再編税制の創設以前の扱いのままである。

　例を用いて説明しよう。A社は3月決算法人であり、第5事業年度10月1日に、A社を合併法人、同じく3月決算法人のT社を被合併法人として、適格合併を行ったとする。合併前第4事業年度4月1日にA社はT社の発行済株式の100％を取得し、この合併は完全支配関係があることで適格となった。A社は、第3事業年度に1億円、第4事業年度に2億円の未処理欠損金額が生じた。T社は、第3事業年度に7億円、第4事業年度に10億円の未処理欠損金額が生じていた。当該合併後、T社の有する未処理欠損金額のうち第3事業年度の7億円は引き継げないが、第4事業年度の10億円は引き継げる（法人税法57条3項）。同様に、A社の有する未処理欠損金のうち、第3事業年度の1億円は引き継げないが、第4事業年度の2億円は引き継げる。

ただし、支配関係後の欠損金であっても、支配関係成立前に所有していた一定資産の売却に係る欠損金である場合には、さらなる引継控除制限がある（法人税法57条3項2号・62条の7、法人税法施行令113条）。支配関係前の資産含み損益を考慮しなければならないからである。

　上記合併について、みなし共同事業要件を満たせば、先の例で引き継げなかった欠損金は合併後も引き継げる。その要件は、2通りあり、いずれかを満たせば良い。第一に、㋐事業関連性要件、㋑事業規模要件、㋒被合併等事業の同等規模継続要件、㋓合併等事業の同等規模継続要件（法人税法施行令112条7項1～4号）のいずれも満たす場合、または、第二に、㋐事業関連性要件と㋔特定役員引継要件（同1号および5号）のいずれも満たす場合である。また、そもそも、適格合併の判定が共同事業要件に基づいて行われた場合であれば、上記諸要件を満たすことなく、欠損金を引き継ぐことが認められる（法人税法57条3項）。

　欠損金引継ぎの場面で、支配だけでなく事業の関連性や継続性を重視することは、一応筋が通る話ではある。欠損金繰越控除の趣旨は所得平準化であり、所得変動が事業の浮き沈みにより基因すると考えるなら、同じ事業を継続する限り、欠損金を引き継いでその事業から所得が出ればそれと相殺させるべきである。しかし、欠損金の発生が事業に関係ない投機的資産に基因する場合もあり、また特に事業の継続をみる要件は赤字事業の継続を促進させるかもしれないから微妙である。なお、欠損金等を狙った買収等への控除制限としては、法人税法57条の2もあるが、本書では割愛する。

　余談はさておき、みなし共同事業条件のうち㋐と㋔は、比較的充足しやすいことが立法時において認識されていた。㋐の事業関連性は広く捉えられるし、合併前に被合併法人に、合併法人の特定役員を送り込んでおくことで㋔も簡単に充足できる。案の定、このような形式的な充足が問題となる事例が生じた。しかし、㋔の適用の限定解釈による充足の否定がなされたのではない。また、㋔について裁判所は「双方の法人の中枢を継続的かつ実質的に担ってきた者が共同して合併後の事業に参画することになり、経営面からみて、合併後も共同で事業が営まれているとみることができる」と評価した。同事例で適用が争われたのは、次に紹介する規定である。

(2)　組織再編成に係る行為計算否認規定（法人税法132条の2）

　上記まで組織再編成の種類や適格要件等の基本事項だけを眺めたに過ぎないが、既にテクニカルである。これら諸規定を熟知することで、機動的な組織再編成を支えるタックス・プランニングが可能となろう。が、行き過ぎた場合が懸念される。

　前述の1(2)に示した政府税調の「……基本的考え方」は、赤字会社の有する欠損金の利用を狙っての組織再編成や、段階的な組織再編成による資産移転などによって巧妙な税負担軽減が仕組まれる恐れもあるとしており、対処のため、法人税法132条の2に組織再編成に係る行為計算否認規定が設けられた。組織再編成では非同族会社も関係してくるから、同族会社等の行為計算否認規定（法人税法132条⇒本章Ⅳ2(3)）では十分でなく特化した規定が必要であった（他に、所得税法157条4項、相続税法64条4項）。

　法人税法132条の2は、概ね次のように定められている。すなわち、組織再編成により資産・負債が移転した場合においてその行為または計算を認めると、「法人税の負担を不当に減少させる結果となると認められるものがあるとき」は、その行為または計算にかかわらず、税務署長の認めるところにより法人税の額等を計算し、更正または決定することができるとされる。かぎ括弧で抜いた部分は特に、同族会社等の行為計算否認規定にも同様の文言がある（⇒本章Ⅳ2(3)）。では、法人税法132条の2の適用が初めて争われて大変有名となったヤフー事件を最後にみておこう。

(3)　ヤフー事件・最判平成28・2・29民集70巻2号242頁

　ヤフーは、約542億円の未処理欠損金を有するI社の発行済株式全てを、ソフトバンクから購入して約1か月後、Xを合併法人、I社を被合併法人とする適格合併を行った。したがって、当該合併は、完全支配関係がある場合の合併であり、I社の有する多額の欠損金は、みなし共同事業要件を満たさない限り合併後に利用できない。実際、I社株式購入の約2か月前、Xの代表取締役社長であった者Pが、I社の取締役副社長に就任しており、I社に元からいた他の役員らはすべて退任したが、Pのみが合併後の役員にとどまることで、2(1)に示した㋪特定役員継続要件、ひいてはみなし共同事業要件を充足することが

できた。Xは、Ⅰ社の未処理欠損金額約542億円をX社の欠損金額とみなして、合併後の課税所得の計算上、損金に算入した。

　税務署長は、X社の一連の行為が、特定役員継続要件を形式的に満たすが、法人税額を不当に減少させたとして、組織再編成に係る行為計算否認規定たる法人税法132条の2の適用対象となると判断し、更正処分を行った。

　裁判所は、一貫して納税者側の主張を退けた。同規定の不当性判断について、下級審は、問題となった行為計算が経済取引として合理性があるか、組織再編税制の趣旨目的に反するかをみるとしたが、予測可能性を損なうものであり、また、事業目的のある組織再編成も同規定の射程に入りうるから、批判があった。最高裁は、次のように述べた。やや長いが重要であるので引用する。

　法人税法132条の2の趣旨および目的から、同条の「『法人税の負担を不当に減少させる結果となると認められるもの』とは、「法人の行為又は計算が……組織再編税制……に係る各規定を租税回避の手段として濫用することにより法人税の負担を減少させるものであることをいうと解すべきであり、その濫用の有無の判断に当たっては、[1] 当該法人の行為又は計算が、通常は想定されない組織再編成の手順や方法に基づいたり、実態とは乖離した形式を作出したりするなど、不自然なものであるかどうか、[2] 税負担の減少以外にそのような行為又は計算を行うことの合理的な理由となる事業目的その他の事由が存在するかどうか等の事情を考慮した上で、当該行為又は計算が、組織再編成を利用して税負担を減少させることを意図したものであって、組織再編税制に係る各規定の本来の趣旨及び目的から逸脱する態様でその適用を受けるもの又は免れるものと認められるか否かという観点から判断するのが相当である。」

　最高裁の判断は、法人税法132条の2の適用されるケースをより限定するとして評価された。後の裁判例も踏襲する（TPR事件・東京地判令和元・6・27平成28（行ウ）第508号、結論は請求棄却）。

　ただ、同族会社等の行為計算否認規定における不当性判断は、経済合理性基準によることを思い出せば（→本章Ⅳ2(4)）、同様な文言について異なる解釈があるのは、予測可能性の観点から問題ではないかと気づく。この問題はどのように解消されるべきか。

第4章
消費税（付加価値税）

I　付加価値税の仕組み

みんな消費税が嫌いなのに、なぜ消費税が各国に広まったのか？

1　消費税の分類

　広義の消費税は3つの軸で分類される。第1の軸は直接と間接である。直接消費税とは、消費者に直接課されるものである。例としてゴルフ場利用税や入湯税がある。間接消費税とは、納税義務者が消費者と異なり、租税負担が消費者に転嫁されることが予定されているものである（実態について⇒本章II 4）。消費税法による消費税は、講学上「付加価値税」（value added tax）ともいい、間接消費税である。

　第2の軸は個別と一般である。個別消費税とは、課税の対象として特に法律に掲げられた商品・サービスに対してのみ課されるものである。例として酒税やたばこ税がある。一般消費税とは、原則として全ての商品・サービスに対し課税されるものである。付加価値税も一般消費税である。

　第3の軸は単段階と多段階である。単段階消費税とは、製造から小売に至る取引段階のうちの一つにおいてのみ課されるものである。後述する米国の売上税（(retail) sales tax）は小売段階だけの税である。多段階消費税とは、製造から小売に至る複数の取引段階で課税するものである。付加価値税は多段階消費税である。

2　売上税・取引高税・付加価値税

無税の世界で、農家Aが麦を作り、Aがパン工場Bに麦を200で売り、Bが
スーパーCにパンを600で売り、Cが消費者Dにパンを900で売るとしよう。

米国の州や地方自治体が採用している売上税は、小売段階のみで課される。
売上税率が10%であるとすると、農家Aがパン工場Bに200で売り、Bがスー
パーCに600で売る部分は変化を受けず、Cが消費者Dに売る際に税抜価格900
でなく税込価格990で売る。説明の便宜のため消費税の負担が消費者に転嫁さ
れると仮定する（⇒本章Ⅱ4）。Cは税込価格990のうちの10/110、すなわち90
を納税する。なお、消費税における10%は10/110を意味し、所得税における
10%は10/100を意味する。大まかにいえば、消費税における25%と所得税にお
ける20%は、25/125＝20/100より、同値である。

	無税	売上税	取引高税	付加価値税
A	200	200 税0	$200 \times 1.1 = 220$ 税20	$200 \times 1.1 = 220$ 税20
B	600	600 税0	$(220 + 400) \times 1.1 = 682$ 税62	$600 \times 1.1 = 660$ 税60 − 20 = 40
C	900	990 税90	$(682 + 300) \times 1.1 = 1080.2$ 税98.2	$900 \times 1.1 = 990$ 税90 − 60 = 30

欧州で採用されていた取引高税（turnover tax）は、各取引段階で課せられ
る。やはり税率を10%とすると、農家Aがパン工場Bに税抜価格200でなく税
込価格220で売り、Aは税込価格220のうちの10/110、すなわち20を納税する。
BがスーパーCに売る際、無税下の600−200＝400を確保するため、BはCに
対して税込価格（220＋400）×1.1＝682で売る。Bは税込価格682のうちの
10/110、すなわち62を納税する。Cが消費者Dに売る際、無税下の900−600＝
300を確保するため、CはDに対して税込価格（682＋300）×1.1＝1080.2で売る
ことになる。Cは1080.2のうちの10/110、すなわち98.2を納税する。

売上税の下での総税額90と同じ税収を賄うためには、取引高税の下で税率を
下げればよい。例えば取引高税の税率を5%とすると、AがBに210で売り、
Aが10を納税し、BがCに640.5で売り、Bが30.5を納税し、CがDに978.525

で売り、Ｃが約47.025を納税し、Ａ・Ｂ・Ｃの納税額合計は87.525となり、税率10％の売上税の下での総税額90に近いものとなる。

　しかし取引高税には税率調整だけでは済まない問題がある。取引段階が多ければ多いほど、税負担が累積する。これをカスケード（cascade）効果という。cascade とは滝のように重なるという意味である。cascade を放置していると、取引段階が多いほど税制上不利に扱われるという非中立性が生じ、企業の垂直的統合を過度に促してしまう。垂直的統合とは、農家Ａとパン工場Ｂが合併したり、ＢとスーパーＣが合併したりというように、上下の取引段階をまたいで企業が合併等をすることである。

　ＡとＢが合併したとし、合併後の企業をＥと呼ぶとしよう。ＥがパンをＣに対し税込価格660で売り、Ｅが60を納税する。そしてＣはＤにパンを税込価格（660＋300）×1.1＝1023で売り、93を納税する。Ａ・Ｂの納税額合計よりもＥの納税額が少ないばかりでなく、Ｃの納税額も減り、ＣがＤに対して安い価格でパンを提供できるようになる。

　企業が垂直的統合をするかしないかについて、税制が非中立的に作用すると、企業の生産性が落ちる。例えば農家Ａとパン工場Ｂが合併するという場合に農家とパン工場の企業文化の擦り合わせが難しいといったデメリットがある。企業の統合の是非はビジネスの観点から決められるべきであり、税制が企業統合を促進することも阻害することも好ましくない。

　取引高税下の cascade をなくすためにフランスで付加価値税が発明された。cascade をなくすための仕組みが仕入税額控除である。余談であるがフランスの三大発明は、革命、メートル法、付加価値税である。

　ＢがスーパーＣにパンを税込価格660で売り、660のうちの10/110、すなわち60の納税義務が発生するが、ＢがＡに支払った220のうちの10/110、すなわち20についての税額控除の権利をＢに認める、というところが付加価値税の肝である。この場合、Ｂは60の納税義務と20の税額控除権を有し、差し引き40を納税する。税抜売上額600と税抜仕入額200との差額400を付加価値といい、付加価値について40という納税額が決まると考えてもよい。

　ＣはＤにパンを税込価格990で売り、990のうちの10/110、すなわち90の納税義務が発生し、仕入額660のうちの60の税額控除権を有し、90－60＝30を納税

する。税抜売上額900と税抜仕入額600との差額たる付加価値300について30という納税額が決まると考えてもよい。

　付加価値税の下でAとBが合併しEになったとすると、EがCにパンを税込価格660で売り、60を納税する。CはDにパンを税込価格990で売り、90の納税義務が発生し、60の税額控除権を有し、60−60＝30を納税する。したがって、AとBが合併するか否かという選択に対し、付加価値税は中立的である。

3　消費税法の構造

(1)　課税対象の人的範囲と物的範囲（消費税法4条〜13条）

　消費税法4条（課税の対象）1項が「国内において事業者が行つた資産の譲渡等には、この法律により、消費税を課する。」と定める（2項⇒本章Ⅱ1(4)）。

　「事業者」は2条1項4号で「個人事業者及び法人」と定義されており、所得税法・法人税法と違って個人と法人との区別がないのが特徴である。

　「資産の譲渡等」は2条1項8号で「事業として対価を得て行われる①資産の譲渡及び②[資産の]貸付け並びに③役務の提供」と定義されている。後述の非課税取引（消費税法6条）に該当しない限り、課税対象となる取引が幅広く定義されていることが分かる。

　例えば消費者が読み終わった本を中古書店に売る場合、「資産の譲渡」に該当するが、売主は「事業者」ではないため、また、売主にとって「事業として」の取引ではないため、消費税は課されない。また、消費者がスーパーでトマトを買う場合、納税義務者は消費税法5条1項により「事業者」と定められており、この場合はスーパーが消費税を納める。消費者に消費税の負担が転嫁され付加価値税の分だけ税込価格が上がることが制度上予定されているものの、消費者は納税義務者ではない。間接消費税と呼ばれるゆえんである。ただし消費税法5条1項の例外として9条1項が「売上高が千万円以下である者について……消費税を納める義務を免除する」（小規模事業者特例⇒4）と定める。

　なお、消費税法4条5項1号は「個人事業者が棚卸資産……を家事のために消費し、又は使用した場合」も「資産の譲渡とみな」している。所得税法39条と同様である（⇒第2章Ⅲ1(1)）。2号は「法人が資産をその役員……に対して贈与した場合」も「資産の譲渡とみな」している（(2)、28条3項参照）。

消費税法13条は「法律上資産の譲渡等を行つたとみられる者が単なる名義人であつて、その資産の譲渡等に係る対価を享受せず、その者以外の者がその資産の譲渡等に係る対価を享受する場合には、当該資産の譲渡等は、当該対価を享受する者が行つたものとして、この法律の規定を適用する。」と規定する。所得税法12条・法人税法11条と同様の規定であり（⇒第2章V1(1)）、法的実質に照らして「享受する者」を判定する。例として、牛肉出荷者Ｆが問屋Ｇに肉の販売を委託し、Ｇが買受人Ｈとの間で肉の売買契約を成立させた場合、Ｇとの売買契約の権利義務はＦでなくＧに帰属する（商法552条1項）が、原則として消費税法13条にいう「享受する者」はＦである（例外的にＧが享受する者であると認定された事例として大阪地判平成25・6・18税資263号順号12235）。

(2) 課税標準と仕入税額控除（消費税法28条〜30条）

消費税法28条1項前段が「課税標準は、課税資産の譲渡等の対価の額」とすると定める。後段は「法人が資産を4条5項2号に規定する役員に譲渡した場合において、その対価の額が当該譲渡の時における当該資産の価額に比し著しく低いとき」に時価譲渡を擬制している。

消費税の税率は7.8%（消費税法29条）であるが、地方税法72条の83が「地方消費税の税率は、〔消費税×〕78分の22とする」と定め、7.8%＋2.2%＝10%である。本書では計算の便宜のため消費税と地方消費税の違いを無視し、付加価値税率が10%であるという前提で説明する。

仕入税額控除について消費税法30条1項が「事業者（9条1項本文の規定により消費税を納める義務が免除される事業者を除く。）が、国内において行う課税仕入れ……については……課税標準額に対する消費税額……から……課税仕入れに係る消費税額（当該課税仕入れに係る支払対価の額に110分の7.8を乗じて算出した金額をいう……）……を控除する。」と定める。2のパン工場Ｂを例にとり、消費税と地方消費税の違いを無視して税率を10%とする（「110分の7.8」を「110分の10」と読み替える）と、「課税標準額に対する消費税額」が、Ｂの売上660のうちの60であり、「課税仕入れに係る消費税額」がＢの仕入220のうちの20であり、60から20を控除する（仕入税額控除または前段階税額控除という）ことで、Ｂの最終的な納税額は40となる。

(3) 帳簿等「保存」事件・最判平成16・12・16民集58巻9号2458頁（百選89）

　消費税法30条は付加価値税の根幹をなす仕入税額控除を定める最も重要な条文である。納税者から見れば仕入税額控除が認められねば困るし、課税庁から見れば仕入税額が嵩上げされたりしないよう確実な証拠を要求することになる。この点、同条7項が「課税仕入れ等の税額の控除に係る帳簿又は請求書等……を保存しない場合」に1項を適用しない、つまり仕入税額控除を認めない、と規定していた（「又は」は現在「及び」になっている）。

　最高裁は「保存」の文言に関し「事業者が、消費税法施行令50条1項の定めるとおり、［消費税］法30条7項に規定する帳簿又は請求書等を整理し、これらを所定の期間及び場所において、法62条に基づく税務職員による検査に当たって適時にこれを提示することが可能なように態勢を整えて保存していなかった場合は、法30条7項にいう『事業者が当該課税期間の課税仕入れ等の税額の控除に係る帳簿又は請求書等を保存しない場合』に当た」る（下線、引用者）と判示し、適時に提示できなくとも「保存」はしていたのだから仕入税額控除権はなくならないとする主張を斥けた。「保存」を下線部のように縮小解釈（⇒第7章1(2)）したものであり、学説には批判がある。

(4) 非課税取引（消費税法6条）

　消費税法の消費税は一般消費税であり、例外的に非課税取引と定められてない限り全ての「資産の譲渡等」（消費税法4条1項）に消費税が課せられる。例外が消費税法6条であり1項が「国内において行われる資産の譲渡等のうち、別表第一に掲げるものには、消費税を課さない。」と定める。講学上、非課税と免税の区別が重要であるが、本章II1(3)で詳述する。

　非課税取引とする趣旨は様々であるが、概ね、①取引の性質上消費税を課すことに馴染まないもの、②消費税を課すことが徴税技術的に困難なもの、③政策的に消費税を課してないものに分けられる。

　①の例として、別表第一の2号は支払手段としての有価証券の譲渡を挙げる。例えば2のパン工場Bが農家Aから麦を220で購入するにあたり220の価値の有価証券をBがAに譲渡した場合、Bに消費税を課すことは消費税の性質に照らしおかしい。とはいえ、支払手段たる有価証券等の範囲は難しい問題であ

り（例えば金塊は含まれない）、例えばbitcoin等の仮想通貨が支払手段に当たるのか、という問題があった。各国で対応が統一されていなかったところ、例えば、欧州司法裁判所は支払手段と判断した。日本では2017年改正で仮想通貨が支払手段として位置付けられた。よって、例えばBがAにbitcoinで支払いをしたならば、Bに消費税は課されない（消費税法施行令9条4項）。

　②の例として、3号は「利子を対価とする貸付金」等の金融取引を非課税としている。利子等から金融仲介役務に対応する部分を抽出して課税対象とすることが困難なので非課税としている。しかし非課税とすることで取引に与える歪みなどの問題がなくなるわけではない。また、金融仲介役務への課税が「困難」といえども不可能ではないため、金融取引を付加価値税においてどう扱うべきか、熱く議論されている。なお、ATM引落し手数料のように役務の対価としての性格が明瞭なものについては消費税が課される。

　③の例として、11号にいう「教育に関する役務の提供」が挙げられる。例えば大学の授業料や入学金について、取引の性質上消費税を課すことに馴染まないとはいえないし、徴税技術的に困難ということもないが、政策的に消費税を非課税とし、学生の負担を軽減しようとしている。ただし私塾の教育役務は含まれない。類似の趣旨に基づく非課税の例として6～8号の医療等が挙げられる。医療等を非課税とすることで病人・怪我人等の負担を軽減しようとするものである。もっとも、医療等が非課税になった経緯として、1989年に消費税法を導入する際に、医師会が非課税扱いを要請した、と言われている。

　不動産取引の扱いはややこしい。1号が土地の譲渡・貸付け全般を非課税とする。これが①②③何れの趣旨かについて学説上意見対立がある。他方、建物の譲渡は非課税取引ではない。事業者が不動産を販売する際、土地部分は非課税取引、建物部分は課税取引である。ただし事業者でない者が売却する場合は建物部分も含めて課税されない。また、13号は、建物を人の居住の用に供するために貸付ける場合を非課税とする。これは③の趣旨と解される。他方、事業用に建物を貸付ける場合は非課税ではない。

4　小規模事業者非課税および簡易課税制度（消費税法9条・37条）

　売上1000万円以下の事業者について消費税法9条1項は消費税納税義務を

「免除」している。「免税事業者」と呼ばれるが、講学上、非課税と免税は区別され、小規模事業者については人的非課税と理解した方がよい。小規模事業者であっても輸出取引に従事する場合は、課税事業者となることを選択し、本章Ⅱ1(3)の輸出免税（消費税法7条）の適用を受けることができる。

　2のCが小規模事業者であるとしよう。CがBから660で仕入れ、Dに990で売る場合、Cは消費税が課されないが、990の10/110の部分、すなわち90がCにとっての益税となるわけではない。税の無い世界でCは600で仕入れ、900で売り、300がCの手元に残ることと比べ、付加価値税のある世界でCが660で仕入れ、990で売る場合、330がCの手元に残るため、Cにとっての益税は90ではなく30である。Cが非課税であっても、仕入額が600から660に上がることによってCの負担が増えることは避けられないためである。小規模事業者非課税による益税問題は、無いわけではないが、見かけより小さいことに留意されたい。

　次に消費税法37条は、売上5000万円以下である場合に簡易課税制度を選択することを許容している。2のBが簡易課税制度を選択すると、Aからの仕入220に対応する仕入税額が20であることを無視し、Bの660の売上げに対応する消費税額60のうち60％すなわち36が仕入税額であるとみなしてもらえる。つまり、消費税法30条によればBは60から20を税額控除することしかできず40を納税しなければならなかったはずのところ、37条により60から36を税額控除することができ24を納税することになるため、本来の納税額と比べ16の益税が発生する。「60％」のみなし仕入れ率は、業種の実態に応じて、消費税法施行令57条1項において40％から90％の範囲で定められている。

　1989年の消費税法導入時、消費税の事務手続が増えることに中小企業が難色を示した。そこで自民党が中小企業からの批判を和らげるため、中小企業の手続的負担および金銭的負担を減らす特別措置として、小規模事業者非課税および簡易課税制度が導入されたという経緯がある。しかし、消費税法9条に関しては売上3000万円以下が1000万円以下に縮減された。消費税法37条に関しては売上げ2億円以下が5000万円以下に縮減され、消費税法施行令57条のみなし仕入れ率も業種の実態に応じて改められた。益税問題は、無くなったわけではないものの、消費税法導入時よりも小さくなっている。

II　付加価値税の政策論

付加価値税は逆進的だろうか？どんな救貧策が望ましいだろうか？

1　国際取引に関する付加価値税（輸出免税・輸入課税）

(1)　原産地主義の下での競争条件の歪み

国際取引について輸出国の付加価値税率を適用することを原産地主義（源泉地主義ともいう）、輸入国の付加価値税率を適用することを仕向地主義という。日本、X国、Y国の付加価値税率を順に10％、20％、0％と仮定しよう。

	日本10％	X国20％	Y国0％
農家	A　220　税20	E　240　税40	I　200　税0
工場	B　660　税40	F　720　税80	J　600　税0
小売	C　990　税30	G　1080　税60	K　900　税0
原産地主義	CがFから輸入 720＋330＝1050　税30 CがJから輸入 600＋330＝930　税30	GがBから輸入 660＋360＝1020　税60 GがBから輸入 600＋360＝960　税60	KがBから輸入 660＋300＝960 KがFから輸入 720＋300＝1020
仕向地主義	CがF／Jから輸入 660＋330＝990　税90	GがB／Jから輸入 720＋360＝1080　税180	KがB／Fから輸入 600＋300＝900

無税の世界で農家（A・E・I）が200の価値の麦を生産し、パン工場（B・F・J）が麦を仕入れて600の価値のパンを生産し、小売業者（C・G・K）がパンを仕入れて消費者に900で売ると仮定する。また、計算の便宜のため、付加価値税の負担は消費者に転嫁される（各事業者は無税の世界における取り分を確保できる）と仮定する（この仮定の非現実性について⇒4）。

課税がある世界での日本でのA・B・Cの税込価格および納税額は本章I2で見た通りである。X国ではEが税込価格240でFに売り、240×20/120＝40を納税する。Fは税込価格720でGに売り、120－40＝80を納税する。Gは税込価格1080で消費者Hに売り、180－120＝60を納税する。

Cに着目し、X国のFから輸入し（輸送費用等は無視する）、原産地主義が適

用されるとしよう。CはFから税込価格720で仕入れる。Cは自らの付加価値300について30を納税することを見据え、720 + 330 = 1050で消費者Dに売る。Cは30（= 1050 × 10/110 − 720 × 10/110）を納税する。Bから仕入れた場合と比べ対消費者価格が990から1050に上がるので、CはBから仕入れるよりFから仕入れる方が不利になる。逆にいうと、Cに売るにあたりFはBより不利になる。

　CがY国のJから輸入し、原産地主義が適用される場合、CはJから600で仕入れ、600 + 330 = 930で消費者Dに売る。Cは30を納税する。Bから仕入れた場合と比べ対消費者価格が990から930に下がるので、CはBから仕入れるよりJから仕入れる方が有利になる。

　同様にX国のGに着目しよう。原産地主義下でGが日本のBから輸入する場合、660で仕入れ、660 + 360 = 1020で消費者Hに売り、60 =（1020 × 20/120 − 660 × 20/120）を納税する。GがY国のJから輸入する場合、600で仕入れ、600 + 360 = 960で消費者Hに売り、60を納税する。Gは、Fから仕入れるよりBから仕入れる方が有利であり、Jから仕入れる方が更に有利である。

　同様にY国のKに着目しよう。原産地主義下で、Kが日本のBから輸入する場合、660で仕入れ、660 + 300 = 960で消費者に売る。KがX国のFから輸入する場合、720で仕入れ、720 + 300 = 1020で消費者に売る。Kは、Jから仕入れるよりBから仕入れる方が不利であり、Fから仕入れると更に不利である。

　以上をまとめると、原産地主義の下では、税率の低い国で製造することが競争上有利に、税率の高い国で製造することが競争上不利になってしまう。

(2)　仕向地主義の採用（消費税法7条・4条2項）

　原産地主義下における競争条件の有利不利を打ち消すべく、各国は国際取引において仕向地主義を採用している。日本では、消費税法7条1項が輸出取引について「消費税を免除する」（講学上「輸出免税」という）と定める。輸出免税は、消費税法6条の非課税取引（⇒本章 I 3(4)）や9条の人的非課税（⇒本章 I 4）と異なり、税抜価格での輸出を可能にするべく、仕入税額の還付請求権を残す。

(3) 非課税と免税（とりわけ輸出免税）との違い

　売上1000万円以下の者は非課税であるが（消費税法9条⇒本章I4）、輸出事業者は課税事業者になることを選択する例が多い。Bが非課税であるとするとAからの仕入220に関する20についてBに仕入税額控除権が発生しない。Bが無税の世界における400の取り分を確保するためには620で輸出することになる。他方、Bが課税事業者になることを選択して輸出する場合、Aからの仕入220に関する20の仕入税額控除を受けることができる。Bが輸出以外に売上が無い場合は20の還付（輸出戻し税ということもある）を受けることができる。このためBは600で輸出することができる。輸出免税は、輸出取引に0％の税率で課税し仕入税額控除権を残すともいえ、「ゼロ税率」とも呼ばれる。

(4) 仕向地主義（輸出免税・輸入課税）の下での競争条件の中立性

　輸出免税は日本だけでなくほとんどの国で採用されている。X国のFが日本やY国に輸出する場合も同様であり、Fは $600 \times 0/100 - 240 \times 20/120 = -40$ の納税義務を負う、すなわち40の還付を受けることができる。

　次に、日本のCが輸入する場合に着目しよう。消費税法4条2項が「保税地域から引き取られる外国貨物には、この法律により、消費税を課する。」と規定しており、輸入する場合には保税地域（税関）で仕入額にかかる消費税額を納めなければならない（講学上「輸入課税」という）。CがX国のFから輸入する場合、Fは税抜価格600で輸出し、Cは輸入時に日本政府に60を納税しなければならない。そして輸入時に納めた税額は消費税法30条に関し仕入税額控除権をCにもたらす。Cが消費者Dに $600 + 60 + 330 = 990$ で売る際、$990 \times 10/110 - 60 = 30$ を納税する。結局Cは合計で90を納税する。CがY国のJから輸入する場合も、Jは600で輸出し、Cは輸入時に日本政府に60を納税し、消費者Dに990で売る際、$990 \times 10/110 - 60 = 30$ を納税する。結局Cは合計で90を納税する。Cは、自国のBから仕入れる場合も外国のFやJから仕入れる場合も、有利不利がない。逆にいうと、Cに売るにあたり、BもFもJも有利不利がない。

　表のとおり、X国のGに売るにあたっても、BもFもJも有利不利がない。Y国のKに売るにあたっても、BもFもJも有利不利がない。

なお、日本の消費税法４条１項が「事業者」の「資産の譲渡等」に消費税を課すと規定していたのに対し、２項は主語に限定がない。つまり、消費者であっても輸入時には例外的に消費税の納税義務がある。

(5)　仕向地主義の困難とオンライン取引等への拡張

一見完璧な仕向地主義であるが、税関を通らない役務取引について仕向地主義（特に輸入課税）は適用しにくい。地理的に離れた者同士の間の取引は、前世紀においても郵便・電話等を利用して技術的に可能であったところ、近年の情報通信技術の発達により隔地者間取引は更に容易になっている。

例えば、日本企業であるソニーが日本の消費者向けに音楽ダウンロードサービスを提供する際、日本の付加価値税が課せられる。他方、米国企業であるアマゾンが日本の消費者向けに音楽ダウンロードサービスを提供する際、日本の付加価値税が課せられず、米国には付加価値税がなく、また州税としての売上税も課せられないことが多い。こうした競争条件の違いは無視し難いことから、役務取引にも仕向地主義を適用すべきことはかねてから議論されていた。特にEU（欧州共同体）では米国経由のテレコムサービスに付加価値税が課せられないことによる競争条件の違いが問題視され、EU非加盟国企業のEU域内顧客への役務提供について課税するための法改正がなされた。そして近年、日本を含め各国で同様の法改正が進んでいる。

役務の輸入課税は対事業者取引（B to Bという）と対消費者取引（B to Cという）に分けて考えられる。B to Bの役務輸入について、輸入国で付加価値税を課せなくても大問題ではない。例えば日本企業Cが付加価値税の無いY国のJから税抜価格600の役務を輸入し（X国のFから輸入する場合でもX国で輸出免税措置がとられていれば同様）、Cが日本の消費者Dに税込価格990で商品を提供する状況を考えよう。Cの輸入時に付加価値税を課せなくとも、CのDへの販売時にCに90の納税義務が発生し、Cは仕入税額控除を主張できないとすれば、日本で最終消費税込額990に対する90の税収は確保できる。Cが国内企業Bから税込価格660で役務を仕入れ税込価格990でDに商品を提供する場合、Cは90－60＝30を納税する。したがって、輸入課税が機能しなくても、Cが国内企業から役務を仕入れるか外国企業から役務を輸入するかの選択は歪まない。

「大問題ではない」が、無問題でもない。日本法人C'がDに非課税取引（⇒本章Ⅰ3⑷）として役務を提供する場合には問題がある。例えばC'が大学であり、Dに非課税取引としての教育を提供するとしよう。C'が外国企業から税抜価格600の役務を輸入し、Dに税抜価格900で教育を提供する場合、900－600＝300でC'の従業員の賃金等を賄うことができる。他方、C'が国内企業Bから税込価格660の役務を仕入れた場合、Dに税抜価格900で教育を提供すると、C'の従業員の賃金等に充てられる額は300でなく240になってしまう。非課税取引を行うC'（大学や銀行や医療機関等）にとっては、国内企業から役務を仕入れる方が外国企業から役務を輸入するよりも不利になる。そのため、BtoB取引については、輸入企業が輸入国政府に対し輸入額について付加価値税を納め（これは消費税法4条2項の貨物輸入に関する付加価値税納税義務と同様であり、売主でなく買主が納税するので reverse charge（リバース・チャージ）ともいう）、次段階の取引が非課税取引ではない場合だけ、輸入時の付加価値税額の税額控除を認めるのが世界の傾向である。

BtoC取引では、日本の消費者がリバース・チャージとして役務輸入時に日本政府に付加価値税を納めるという制度は機能しにくい。しかし役務輸入に課税しなければ、ソニーとアマゾンの比較のように、自国企業が競争上不利となる。このため、BtoC取引については、外国企業に役務輸入国で登録をさせ、外国企業自身に輸入国政府への付加価値税を納税させる（登録制という）のが世界の傾向である。

日本の消費税法が採用したリバース・チャージと登録制は、諸外国の例と少し異なるが、細かい執行の話なので本書では省略する。

2　付加価値税は逆進的か？

しばしば付加価値税は逆進的であると言われる。年収800万円の人が550万円を消費し50万円の付加価値税を負担する場合と、年収500万円の人が440万円を消費し40万円の付加価値税を負担する場合を比べると、50/800＝6.25％と40/500＝8％で低所得者の方が負担割合が高いからである。実際、高所得者の方が貯蓄率が高い（消費割合が低い）傾向にある。

しかし、こうした議論には2つ難点がある。第一に、租税の公平は単年度で

はなく一生涯で考えるべきである。多くの人は、働き盛りの時期に貯蓄をし、老年期に貯蓄を取り崩す。ある年度の高所得者の貯蓄率が高いからといって、その人が一生涯を通じて豊かであるとは言い切れない。

第二に、租税負担配分の公平を論ずる際の基準が所得であるべきか消費であるべきか自体が論争の的となっているところ、一方的に所得を基準として逆進的か否かを論ずるのは、論点の先取りである。消費額を基準とすれば、50/550＝40/440で負担割合は同じである。

一生涯を通じて高所得者の方が消費割合が低く、かつ、租税負担配分の公平を論ずる際の基準は消費ではなく所得である、といえて初めて、付加価値税は逆進的であるという評価に繋がる。

3　救貧策としての軽減税率（または複数税率）とその他の方法

付加価値税を逆進的と評すためには以上の慎重な議論を要するが、少なからずの国で、逆進性対策と表現するかはともかく救貧策として食品等に対する軽減税率が導入されている。しかし救貧策として軽減税率は悪手であるという評価が経済学界で世界的に確立している。

第一に、日本における仕入税額控除の要件は仕入に関する「帳簿及び請求書」（消費税法30条7項）であり、仕入の相手方が幾らの付加価値税を納めたかの情報がない。例えば、CがBから660で仕入れ、Cが税込価格990の10/110である90の納税義務から60の仕入税額控除を主張する一方、実はBに5％の軽減税率が適用されていて660×5/105＝31しか納税していなかったとすると、29の課税漏れが生じてしまう。この点、EUでは取引に際して授受されるインボイス（invoice）という紙に売主が幾ら付加価値税を納めるかについての情報も記載されており、インボイスに記載された額だけ仕入税額控除を主張するという形で、課税漏れを防いでいる（Bが31だけ納税する場合、BがCに渡すインボイスにも31という納税額が記載されるため、Cは90−31＝59を納税する）。軽減税率を導入するためにはインボイス制も導入すべきこととなる。日本の中小企業はインボイスに激しく抵抗してきたところである。

第二に、何を軽減税率の対象とするかについての政治闘争が激化する。消費税法導入理由の一つは、物品税の下での分類の煩をなくすことにあった。今ま

た物品税下での苦労に戻るのは馬鹿げている。また、例えば英国では新聞の付加価値税率が0％であるところ、英国政治家が新聞の付加価値税率を標準税率にしようと主張したならば、新聞等を通じてどんなスキャンダルが報道されるであろうか。

第三に、軽減税率の恩恵は高所得者が多く享受する。食品に軽減税率を導入した場合、高所得者の方がエンゲル係数が低いとはいえ、高所得者の方が高級食材を食べる傾向にある。救貧策として食費の付加価値税負担を緩和したければ、（低所得者の食費×一定税率）に相当する金銭を一律給付すべきである。

以上が学説上の標準的な議論であるが、2019年10月から食品と新聞について軽減税率が導入された。インボイス（適格請求書等保存方式）は2023年10月から導入される予定である。

4 付加価値税の負担の帰着の経済的実態

付加価値税の負担は消費者に転嫁されるとの前提で説明してきたが、法律上そのように予定されているだけであり、租税負担の帰着の経済的実態は市場によって決まる。

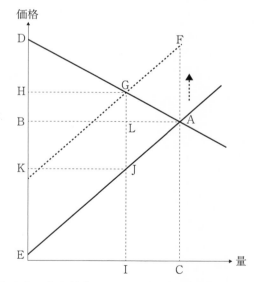

図の右下がり実線は需要曲線（demand curve）である。或る価格の時にどれだけの需要量があるかを示している。右上がり実線は無税の世界における供給曲線（supply curve）である。或る価格の時にどれだけの供給量があるかを示している。無税の世界ではA点が均衡（equilibrium）であり、Bという価格でCの量が取引される。

△ABDは、Bより高い価格でも消費者が買うつもりだった部分であり、消費者にとっての得である。△ABDを消費者余剰（consumer surplus）という。

△ABEは、Bより低い価格でも生産者が生産するつもりだった部分であり、生産者にとって得である。△ABEを生産者余剰（producer surplus）という。

　生産者に付加価値税納税義務が課せられると、税金分値上げしないと生産できなくなるため、供給曲線が右上がり破線のように上にシフトする。しかし均衡点はAからFに移らない。そんなに高い価格で買う人は少ないため、売れ残りが生じてしまう。生産者は多少値下げをせざるを得ず、課税後の均衡点はGとなる。この時、税込価格がHであり、税抜価格がKであり、生産者は税引後でKだけ受け取る。取引量はCからIに減る。HKが一単位当たりの商品の税額でありJKが取引量であるから、□GJKHが税収である。課税後の消費者余剰は△ABDから△GHDに減る。課税後の生産者余剰は△ABEから△JKEに減る。無税の世界における消費者余剰・生産者余剰合計と比べ、課税後の△AJGは失われてしまった価値である（死荷重または死重損失という。deadweight lossの訳）。□GJKHの税収は、公共財提供や再分配に充てられるため世の中から失われていない。

　税収である□GJKHのうち□GLBHの部分は、無税の世界で消費者余剰だった部分が課税後に税収に変化した部分である。同様に□LJKBの部分は、無税の世界で生産者余剰だった部分が課税後に税収に変化した部分である。付加価値税は、消費者と生産者の両方によって負担されるのである。図では□GLBHより□LJKBの方が若干大きい。付加価値税は消費者と生産者の両方によって負担されるが、負担割合は、需要曲線と供給曲線の傾きによって決まる。図では需要曲線の傾きより供給曲線の傾きの方が急であり、傾きが急である方が税収のうちの多くの割合を負担する。もしも需要曲線の方が傾きが急であれば、消費者の方が税収のうちの多くの割合を負担することになる。

　需要曲線と供給曲線の傾きは市場で決まる。政府は税率や課税対象者を法律で決めることができるものの、経済実質的に誰に負担させるかを決めることはできない。

　仮に付加価値税に相当する税を消費者が納税する（需要曲線が下方にシフトする）という図を描いても、付加価値税の負担は消費者と生産者の両方によって負担される。自分で図を描いて確認してみよう。

第5章

相続税・贈与税

I 相続税の仕組み

農地売主・買主相続事件：
農地売買契約途上で死んだ場合、相続財産は所有権か債権的権利か？

1 相続税の実態

2018年分のデータによると、1年間の死亡者数は約136万人であり、相続税の課税対象となった被相続人数は約11.6万人である。課税割合（11.6÷136）は8.5％にすぎない。ほとんどの家計で相続税は課せられないのが実態である。基礎控除縮減（⇒3(3)）により、課税割合が2013年以前の4％台から上がったとはいえ、相続税額は2兆1087億円にすぎず、消費税法の消費税の1％に相当する税額（2兆円弱）を少し上回る程度である。

これでも日本の相続税の課税割合や税収貢献度は他国より高い傾向にあり、日本人が日本の相続税を重いと感じることは間違いとも言い切れないが、相続税の是非を論ずる際、まずは以上の実態を知っていただきたい。

2 相続税・贈与税の存在意義

(1) 相続税の理念形：遺産税と遺産取得税

相続税（贈与税含む）の理念形は2つある。遺産税は、財産税として遺産に着目し課税しようとするものであり、英米で根強い発想である。遺産取得税は、相続人の富の増加に着目し所得税の補完として課税しようとするものであり、独仏で根強い発想である。ただしどちらも理念形であり、どの国も純粋な

遺産税や純粋な遺産取得税ではなく両方の要素を混ぜた税制を設計している。日本の相続税法は遺産取得税の体系に属すとされているが、後述の法定相続分課税方式は遺産税の発想も取り込んだものである。

(2) 相続税の意義

相続税の意義について最も知られているのは、「わが国税制の現状と課題：21世紀に向けた国民の参加と選択」290-291頁（税制調査会2000年7月答申）における次の4つである。

①所得課税の補完：無償の財産取得は所得であるが、所得税法9条1項16号で非課税とし、代わりに相続税法で課税する。

②富の再分配：累進税率の採用。

③被相続人の生前所得についての清算課税：各種の税制優遇措置や租税回避等により軽減されていた被相続人の個人所得課税負担を清算する。

④資産の引継ぎの社会化：公的社会保障給付が整備され老後扶養が社会化されたことにより遺産が従来ほど減少しない分を死亡時に社会に戻す。

(3) 遺産動機との関係

相続税（贈与税含む）の議論は、被相続人から相続人への無償の財産移転を念頭に置いて議論される傾向がある。しかし、現実の相続において、なぜ被相続人が遺産を遺すのかという動機との関連を考えると、必ずしも無償の財産移転とは限らない。遺産は3つまたは4つの動機に分けて分析される。

①偶発的遺産：いつ死ぬか分からないので多めに貯蓄し、消費しきれぬまま死んでしまった場合の遺産である。無償の財産移転といえよう。

②対価的遺産（交換的遺産）：被相続人が、老後の世話をしてくれた人に遺産を渡すというものである。生前贈与すると推定相続人が被相続人を見捨てるかもしれない。対価的遺産は無償とはいえないであろう。

③利他的遺産または贈与の喜び：相手に喜んでもらうために財産を贈与するもしくは遺産として渡す、または、相手が喜ぶかどうかではなく財産を贈与すること自体に贈与者が喜びを感じる、というものである。この2つを区別する意義がないではないが、どちらも無償の財産移転といえよう。

現実の遺産がどの動機に基づくかの判別は難しいが、被相続人が特定の推定相続人に遺産を渡すと宣言すると別の推定相続人が被相続人の許を訪れる回数が減る等の実証研究から、②は重要であると推測される。相続人が対価として遺産を受け取るならばそれは本来所得課税に服すべき雑所得（無償ならば一時所得）であるというべきところ、後述のようにほとんどの場合相続税の負担は所得税法により課税される場合よりも軽い。家族外に老後の介護を有償で頼む場合等と比べ、相続税法は家族内の有償の財産移転も含めて課税を軽くしている。

3　相続税の課税標準と税額の計算

(1)　課税対象（相続税法3条〜9条）

　相続税法1条の3第1項1号は「相続又は遺贈…により財産を取得した個人」を納税義務者と定める（2号以下⇒本章II2(2)）。

　しかし世の中には、法的に見て「相続又は遺贈」ではないものの相続または遺贈に類似した経済的価値の取得がある。例えば、被相続人が生命保険契約を締結して保険料を支払い、自らの死後、配偶者や子に保険金を受け取らせる、という場合、保険金が被相続人から相続人へと「相続又は遺贈」により承継取得されるという法律構成ではない。保険金受取人は生命保険会社に対する保険金請求権を原始取得するという法律構成である。しかし経済実質的には被相続人から保険金請求権者への相続または遺贈による経済的価値の移転と類似するため、相続税法3条1項1号は一定の条件を満たす保険金を相続または遺贈により取得したものと見なしている（⇒第2章X）。被相続人に支払われるべきであった退職金が被相続人の死亡により配偶者や子が受け取る場合も、同項2号に定められている。この他、相続または遺贈または贈与に類するが法的には異なるという場面について、相続税法3条から9条にかけて、相続または遺贈または贈与により取得したものとみなすことを定めている（7条について⇒本章II1(2)）。

　相続税法12条は、墓所や身体障害者の共済給付金や500万円までの生命保険金・退職手当金等を非課税財産として規定する。

(2)　債務控除（相続税法13条・14条）

　相続人は被相続人のプラスもマイナスも承継するので、相続税法13条1項1

号・2号は、「被相続人の債務で相続開始の際現に存するもの（公租公課を含む。）」「葬式費用」を課税標準から控除すると定めている。さらに14条1項が「控除すべき債務は、確実と認められるものに限る」と定めている。

「相続開始の際現に存する」「確実と認められる」の要件が曲者である。例えば、被相続人の積極財産が1億円の事業用財産だけであった一方で、被相続人の営む事業に従事していた従業員が将来退職する時に退職金3000万円を支払わなければならないことが被相続人死亡時に予測できていたとしよう。被相続人から相続人へ移転した経済的価値は7000万円であるように思われるが、将来支払わねばならない退職金支払債務は「相続開始の際現に存する」「確実と認められる」ものではないため、相続人は1億円を相続したという前提で相続税を納めねばならない（東京高判昭和55・9・18行集2巻9号1902頁参照）。

他方、被相続人が或る会社の全株式を保有しており、当該会社の資産の額が1億円であった一方で、当該会社は従業員が将来退職する時に退職金3000万円を支払わなければならないことが予測できる場合、この会社の株式の時価は7000万円として評価されるであろう。相続税法13条・14条における債務控除の制限が、被相続人の個人事業を相続するか、被相続人の保有株式を相続するかで、将来退職金支払債務の扱いが変わる、という非中立性をもたらしている。

(3) 基礎控除（相続税法15条）

2014年改正前の相続税法15条は「5000万円と1000万円に当該被相続人の相続人の数を乗じて得た金額」の控除を認めていた。相続人が1人なら6000万円、2人なら7000万円まで非課税であった。かつて課税割合が4％台であったと述べたが、つまり95％以上の相続においては、課税価格がこの基礎控除の額以下であったということである（⇒本章Ⅱ5(1)）。2014年改正により「3000万円と600万円に当該被相続人の相続人の数を乗じて得た金額」へと基礎控除額が縮減され、課税割合は増えたが（⇒1）、それでも1割に満たない。

被相続人が養子をとっていたら基礎控除額が増えるが、現在は15条にいう養子の数は原則として2人までとなっている。なお、相続税を減らす目的の養子縁組契約は有効である（最判平成29・1・31民集71巻1号48頁）。

(4) 法定相続分課税方式（相続税法16条・17条）

遺産取得税方式を基本とする日本の相続税法の中で、遺産税方式の要素を混ぜているのが相続税法16条であり、法定相続分課税方式という。

相続税法16条は「遺産に係る基礎控除額を控除した残額を…相続人が民法第九百条（法定相続分）…の規定による相続分に応じて取得したものとした場合におけるその各取得金額」に累進税率を適用して相続税額を計算させる。遺産分割協議等で遺産がどのように分けられたかに関係なく、法定相続分に応じて遺産を取得したことを前提として累進税率を当てはめるのである。

1000万円まで10％、1000万円〜3000万円まで15％、3000万円〜5000万円まで20％、5000万円〜1億円まで30％、1億円〜2億円まで40％、2億円〜3億円まで45％、3億円〜6億円まで50％、6億円超について55％の超過累進税率が規定されている。（贈与税と合わせた税率表⇒本章Ⅱ3）

相続税法17条は、各相続人（遺贈による財産取得者を含む）の相続税額について「相続税の総額に、…財産を取得した者に係る相続税の課税価格が当該財産を取得したすべての者に係る課税価格の合計額のうちに占める割合を乗じて算出した金額」と定める。相続税の総額を比例配分するということであるが、字面だけでは分かりにくいので数値例で確認しよう。計算の便宜のため、遺産はすべて現金であり、非課税遺産や債務控除は無いと仮定しよう。

Aが死亡し、実子であるBとCのみが相続し、遺産分割協議の結果、Bが1億円、Cが5000万円を取得することになったとする。基礎控除額は4200万円である（15条）。1.5億円−4200万円＝1億0800万円を2人が法定相続分に従い半々ずつ相続したと仮定する（実際のB・Cの遺産分割比である2：1は一旦無視する）。1人あたり5400万円について税率を適用し、5400×0.3−700＝920（万円）が1人あたり相続税額である（計算方法について⇒本章Ⅱ3）。相続税の総額は1840万円である。Bは遺産の2/3を受け取っているので、Bの相続税額は1840×2/3＝1227（万円）、Cの相続税額1840×1/3＝613（万円）である。

Dが死亡し、実子であるEとFのみが相続し、Eが1億円、Fが2億円を取得することになったとする。3億円−4200万円＝2億5800万円の半分（1億2900万円）ずつを受け取ったと仮定して累進税率を当てはめると、1人あたりの相続税額は3460万円である。相続税の総額は6920万円である。Eの相続税額

は6920×1/3＝2307（万円）、Fの相続税額は6920×2/3＝4613（万円）である。

1億円を相続で取得したBとEを比べると、Eの相続税額の方が多い。遺産の2/3を取得する強欲なBより、遺産の1/3しか取得してない慎ましいEの方が、相続税額が多い、と非難する学説もある。遺産を受け取った個人の担税力増加に応じて課税するという遺産取得税の趣旨に沿わない、という批判がかねてからあり、法改正も検討されかけたが、今のところ16条は維持されている。

仮に法定相続分課税方式がなかったら、B・C間で偏った配分をすると超過累進税率下で相続税負担が重くなる。Bが1億0800万円の2/3すなわち7200万円を、Cが残りの3600万円を取得したという前提で累進税率を当てはめると、Bの相続税額は1460万円、Cの相続税額は520万円、合計で1920万円であり、均等相続した場合よりも相続税の総額が増える。法定相続分課税方式下で、遺産がどのように配分されようとも相続税の総額は原則として変わらないため、偏った配分をするか均等配分をするかといった選択に対し中立的である。とりわけ、家業を継がせるため長子に多くの割合を相続させるとか、未成熟な末子の将来を案じて末子に多くの割合を相続させるとかいった要請に対し、相続税法16条は中立的に作用するという利点がある。

(5) 相続税負担の加算・減免（相続税法18条〜20条）

相続税法18条1項は、相続または遺贈による財産取得者が「被相続人の一親等の血族…及び配偶者以外の者」である場合、相続税額に20％加算した納税義務を課している。例えば甥・姪に遺贈すると相続税額が増える。

相続税法19条1項は、相続開始前三年以内に贈与があった場合に、その贈与によって取得した財産の価額を相続税の課税価格に算入するとしている。生前贈与によって相続税を回避することを防止するためである。

相続税法19条の2第1項は、被相続人の配偶者が法定相続分以下または1億6000万円以下の財産を取得する場合、相続税額はないものとする。夫婦共通で築き上げた財産であるが被相続人名義となっていた財産が、相続を機に半分配偶者に移転されるという場面を想起すると、配偶者に相続税を原則として課さないとする政策は首肯しうる面がある。しかし、同性婚等の非法律婚の場合は19条の2による恩恵が受けられないといった問題もある。

相続税法19条の3・19条の4は、相続人等が未成年者または障害者である場合に相続税の負担を少し軽くしている。

相続税法20条（相次相続控除）は、10年以内に相続が立て続けに起きた場合に税負担を軽くする。Gが死亡し、子のHが相続して相続税を納め、10年以外にHが死亡して、孫のIが相続するといった場合に、1回目の相続と2回目の相続の間隔が短いほど、2回目の相続に関する相続税の負担は軽くなる。

4　相続税の納税

相続税に関してはとりわけ第二次納税義務に注意されたい。3(4)でBの相続税が1227万円、Cの相続税が613万円という計算例を見た。BとCは「相続又は遺贈により受けた利益の価額に相当する金額を限度として、互いに連帯納付の責めに任ずる」（相続税法34条1項）とされる。例えば、Bが納税しないまま逃げた場合、CがBの代わりに納税義務を負うのである（ただし、Cが相続した利益を上限とする）。相続税を納める際、相続人の中で逃げ出す者がいないか注意しなければならない。

相続税は、相続開始後10カ月以内に申告しなければならない（相続税法27条1項）。しかし、10カ月以内に遺産分割協議を終え申告し納付まで済ませるのは難しいことも多く、相続税法38条は一定の要件の下で延納を認めている。

相続に際し、財産はあれども金銭で相続税を納付することが難しいということも珍しくないため、相続税法41条が例外的に物納も認めている。ただし、「金銭で納付することを困難とする事由がある場合」（1項）に限られるほか、物納に充てられる財産（2項）の順位も自由に選べないといった制約がある。

5　上野事件・最判平成22・10・15民集64巻7号1764頁（百選101）

被相続人が誤納した所得税額の還付請求訴訟を提起し、訴訟係属中に死亡し、相続人が訴訟を承継し、勝訴し、還付金を得た。課税庁は、この還付金は遡及的に被相続人が受けたものと扱われ、相続人に相続税が課されると主張した。原告は、この還付金は遡及せず、相続人の一時所得として課税されると主張した。裁判所は課税庁の主張を認めた。前述のように相続税は課せられない人の方が多いので、多くの納税者には有利な判決かもしれない。

6　相続財産の種類：農地売主・買主相続事件・最判昭和61・12・5訟月33巻8号2149頁（売主事案、百選75）、2154頁（買主事案）

　相続、遺贈または贈与により取得した財産の価額は「時価」（相続税法22条）で評価される。しかし、財産評価基本通達により実際の時価よりも低く評価される傾向にあったということを前提として踏まえていただきたい。

　先に買主事案をみていこう。被相続人が農地を買う契約の途中で死亡し、農地（財産評価基本通達による評価は299万円）の所有権は未だ得ておらず、代金1965万円も未払であった。相続により承継される権利義務は、売買代金所有権（1965万円）、売買代金支払債務（－1965万円）および農地所有権移転請求権（？円）である。農地所有権移転請求権が財産評価基本通達による場合と同様に299万円と評価されるのかが争点である。最高裁は、「相続税の課税財産は…所有権移転請求権等の債権的権利」であり、その「価額は右売買契約による当該農地の取得価額に相当する1965万」円であると判示した。

　次に売主事案（数値は実際の事案のそれではなく買主事案と揃える）をみよう。被相続人が農地を売る契約の途中で死亡した場合、相続により承継される権利義務は、売買代金債権（1965万円）、農地所有権（財産評価基本通達による評価は299万円）、農地所有権移転債務（買主事案と平仄を合わせるためには－1965万円と評価しなければならないであろう）であると考えられる。合計で299万円である。しかし、最高裁は「土地の所有権は…相続税の課税財産を構成しない」と判示し、農地所有権（299万円）を無視するとした上で、「課税財産となるのは、売買代金債権」である1965万円であるとした。

　農地の買主の相続においても農地の売主の相続においても、相続税の課税対象は、農地を財産評価基本通達に従って評価した場合の299万円ではないという帰結である。農地を相続した場合との公平が害される。財産評価基本通達による評価額が実際の時価よりも低くなってしまう傾向があるところ、買主相続・売主相続両事案で相続税の負担を軽くしたくないというご都合主義の課税庁の主張を、最高裁は認めてしまった。とりわけ、売主相続事案において農地所有権が相続税の課税財産ではないとした判断は、奇矯にすぎるという批判が学説では強い。

Ⅱ　贈与税と相続税との関係

公正証書贈与事件：
公正証書を用いて贈与すれば贈与税を免れられるって本当ですか？…嘘です。

1　贈与税の存在意義と位置付け

(1)　贈与の自由を重視するか、生前贈与による相続税回避を塞ぐか

　贈与税は財産保有者の財産処分の自由への侵害であるため課すべきでない一方、死亡後は自由への侵害がないため相続税課税は正当化される、という議論に一定の支持がある。しかし、生前贈与と死亡後の承継を区別する意義が皆無ではないものの、両者の境界線上にある遺贈の扱いに苦慮するであろう。
　現在の贈与税は、相続税が生前贈与により回避されることを防ぐためにある、と理解されている。

(2)　みなし贈与・東京地判平成19・8・23判タ1264号184頁

　本章Ⅰ3(1)で、法的に相続、遺贈または贈与でない場合であっても、経済実体に照らし類似する効果を持つ場合について相続税法3条～9条が、相続、遺贈または贈与により取得したものとみなすと定めていることを確認した。相続税法7条は「著しく低い価額の対価で財産の譲渡を受けた場合」に贈与により差額相当金額を取得したとみなしている。財産評価基本通達による相続税評価額が時価より低い傾向にあるところ、相続税評価額と同額で土地を購入した場合に相続税法7条が適用されないと裁判所が判断した。判決は「贈与税は、相続税の補完税として、贈与により無償で取得した財産の価額を対象として課される税であるが、その課税原因を贈与という法律行為に限定するならば、有償で、ただし時価より著しく低い価額の対価で財産の移転を図ることによって贈与税の負担を回避することが可能となり、租税負担の公平が著しく害されることとなる」ので「相続税法7条はこのような不都合を防止することを目的として設けられた」ものであり、「相続税評価額と同水準の価額かそれ以上の価額

を対価として土地の譲渡が行われた場合は、原則として『著しく低い価額』の対価による譲渡ということはできず、例外として、何らかの事情により当該土地の相続税評価額が時価の80パーセントよりも低くなっており、それが明らかであると認められる場合に限って、『著しく低い価額』の対価による譲渡になり得る」と判示した。

(3) 所得税法・法人税法・相続税法の振り分け

無償の資産移転について適用法条が以下のように異なる。

個人から個人に相続（限定承認を除く）または遺贈により資産が移転する場合、相続人等は相続税法により相続税が課せられる。限定承認に係る相続の場合、被相続人は所得税法59条1項により資産の譲渡損益を認識し、被相続人の所得税納税義務は相続人に承継される。遺贈を除く贈与により資産が移転する場合は、受贈者は相続税法により贈与税が課せられる。

個人から法人に贈与により資産が移転する場合、法人は法人税法22条2項により資産の時価に相当する益金を計上する。個人は所得税法59条1項により資産の譲渡損益を認識する。

法人から個人に贈与により資産が移転する場合、個人は所得税法35条の一時所得を認識する（相続税法21条の3第1項1号により贈与税非課税）。法人は法人税法22条2項・22条の2第4項により資産の譲渡損益を認識し、法人税法37条の寄附金損金算入限度額の範囲で損金算入する（⇒第3章I 3(3)）。

法人から法人に贈与により資産が移転する場合、受贈法人は法人税法22条2項により資産の時価に相当する益金を計上する。譲渡法人は法人税法22条2項・22条の2第4項により資産の譲渡損益を認識し、法人税法37条の寄附金損金算入限度額の範囲で損金算入する。

(4) 贈与税の着眼点たる人と期間

AがBとCに贈与し、DがBに贈与する場合、遺産税（⇒本章I 2(1)）の発想により贈与者Aに着目しBおよびCに対する贈与をまとめて課税するとすべきか、遺産取得税の発想により受贈者Bに着目しAおよびDから受けた贈与をまとめて課税すべきか、という問題がある。日本法は受贈者に着目している。

また、年度毎に贈与税を課すべきか、それとも相続税回避防止のため贈与税という趣旨に照らし相続までの受贈をまとめて課税対象とすべきかという問題がある。相続税法21条の2は原則として年度毎としており、28条1項が翌年2月1日から3月15日までの申告書提出義務を定める。

2 全世界財産課税と国内財産課税

(1) 相続税・贈与税回避のための住所変更と国籍

2000年改正前は、日本に住所を有する者が相続人・受贈者となる場合、財産所在地を問わず相続税・贈与税を課すとする一方、そうでない者が相続人・受贈者となる場合、日本所在の財産についてのみ相続税・贈与税を課すとしていた。そのため、住所を外国に移してから相続人・受贈者となるという租税回避が横行した（武富士事件⇒第6章I3(1)）。財産所在地の判定基準は相続税法10条で定められているところ、外国法人の発行する株式・社債や外国政府の発行する公債等が外国所在財産として扱われるため、日本の相続税・贈与税の回避のためにしばしば用いられていた。

(2) 対策立法

現在、日本の相続税・贈与税の課税が国外所在財産に及ばなくなるのは、被相続人・贈与者が日本に住所を有さず、相続人・受贈者が日本国籍を有するならば相続人・受贈者が五年超日本に住所を有していない場合か、または、相続人・受贈者が日本国籍を有しないならば相続人・受贈者が日本に住所を有してない場合、と限定されている（相続税法1条の3第1項2号以下・1条の4第1項2号以下・2条・2条の2）。租税回避対策は重要であるものの、対策立法が進んだ結果、日本と関わりの薄い人についても、全世界の財産について相続税・贈与税の納税義務を課すという状態になっているとの懸念もある。

(3) 中央出版外国信託事件・名古屋高判平成25・4・3訟月60巻3号618頁

日本在住の祖父から、米国国籍で米国在住であると主張する孫X（贈与者の子およびその妻が米国に住んでいる時に生まれ、受贈時は生後8か月であった）に、信託を通じて国外財産としての米国国債（約500万ドル）を贈与した事例である。

2013年改正前は、贈与者の住所と無関係に、受贈者が日本国籍を有さず日本に住所を有さない場合、国外財産に贈与税は課されないこととなっていた。なお、米国は遺産税（⇒本章Ⅰ2⑴）の体系を採用しているため、基本的に贈与者に着目して課税することになっているところ、贈与者が米国国籍を有さず米国に住所も有してないため、米国でも贈与税は回避できるという狙いであったと報じられている。

主たる争点はXの住所が日本にあったかである（一審は別の論点で判断したが省略する）。住所は民法22条にいう「生活の本拠」がどこにあるかで判断される（武富士事件⇒第6章Ⅰ3⑴）。二審は、「両親に監護養育されていたXについても…生活の本拠は長久手の自宅であると認める」、「Xは、出生から本件信託行為時までの期間のうち米国に183日滞在していたのに対し、日本には72日しか滞在していない旨主張する。確かに、通常であれば、滞在日数は住所を判断するに当たっての重要な要素の一つであるが、…Xは出生後間もない乳児であるという特殊な事情があったから、むしろ両親の生活の本拠を重要な要素として考慮すべきである上、滞在日数についても、本件信託行為後は、むしろ日本にいる期間の方が長くなっていることに照らすと、Xの出生から本件信託行為時までの米国における滞在日数が日本における滞在日数より長いことは、上記認定を左右するに足りない」とし、日本の贈与税課税を認めた。

3　贈与税の課税標準と税額の計算

相続税法12条に相当する非課税財産は相続税法21条の3で規定されているが、相続税法13条・14条に相当する債務控除の規定はない。

相続税法15条に相当する基礎控除として相続税法21条の5は60万円と定めているが、租税特別措置法70条の2の4により基礎控除は110万円に拡大されている。つまり、毎年の受贈額が110万円以下ならば贈与税は課せられない。

相続税法21条の6第1項が、配偶者控除として、配偶者間で居住用不動産（居住用不動産を取得するための金銭も含む）を贈与した場合に、2000万円を控除すると定める。同性婚夫婦等の非法律婚では適用を受けられないとか、なぜ居住用不動産を優遇するのか、といった公平・中立性の問題がある。

贈与税の税率は相続税法21条の7に定められている。2015年以降の贈与につ

いては租税特別措置法70条の2の5が特例贈与についての税率を定めている。相続税法21条の7は特例贈与でない贈与（一般贈与と呼ばれる）に適用される。特例贈与とは、直系尊属（父母、祖父母など）から20歳以上の子、孫などへの贈与であり、相続税法によるよりも税率を緩和しようとするものである。

相続税法16条と合わせ税率表は以下の通りである。税率の右の（　）内は速算のための控除額である。例えば、300万円が21条の7で課税される場合、$200 \times 0.1 + (300 - 200) \times 0.15 = 300 \times 0.15 - 10 = 35$（万円）と計算できる。300万円ではなく$\alpha$円（$200万 \leqq \alpha \leqq 300万$）と置くと、$200 \times 0.1 + (\alpha - 200) \times 0.15 = \alpha \times 0.15 + 200 \times (0.1 - 0.15) = \alpha \times 0.15 - 10$となることが分かる。

16条：相続		21条の7：一般贈与		特例贈与
〜1000万	10%	〜200万	10%	10%
1000万〜3000万	15%（50万）	200万〜300万	15%（10万）	15%（10万）
3000万〜5000万	20%（200万）	300万〜400万	20%（25万）	
5000万〜1億	30%（700万）	400万〜600万	30%（65万）	20%（30万）
1億〜2億	40%（1700万）	600万〜1000万	40%（125万）	30%（90万）
2億〜3億	45%（2700万）	1000万〜1500万	45%（175万）	40%（190万）
3億〜6億	50%（4200万）	1500万〜3000万	50%（250万）	45%（265万）
6億超	55%（7200万）	3000万〜4500万	55%（400万）	50%（415万）
		4500万超		55%（640万）

1000万円の受贈を10年間繰り返す場合と一度に1億円を受贈する場合を比べてみよう（何れも一般贈与であるとする）。

1000万円受贈すると、110万円の基礎控除を引いた残額890万円（他に受贈は無いとする）に相続税法21条の7の税率表を適用することとなり、$890 \times 0.4 - 125 = 231$（万円）である。10年間繰り返すと名目値合計で2310万円である（金銭の時間的価値は無視している）。

1億円受贈すると、110万円の基礎控除を引いた残額9890万円（他に受贈は無いとする）に相続税法21条の7の税率表を適用することとなり、$9890 \times 0.55 - 400 = 5039.5$（万円）である。基礎控除が1回しか適用されない上、高い税率が適用されるので、一度に多額を受贈する場合は税制上不利である。

もっとも、毎年少額ずつ受贈する（暦年贈与）ことにすれば贈与税額が低く

なると安心してはいけない。2020年に今後10年間毎年1000万円ずつ贈与すると約束したならば、10年間分の受贈の割引現在価値に相当する利益を2020年に受贈したと認定されうる（相続税法基本通達24-1）。相続税と所得税との関係に関し、相続開始後10年間にわたり被相続人の妻が毎年230万円ずつ受け取るという生命保険年金について、相続開始時に将来の年金受給権の現価に相当する利益が相続税の課税対象となる例（年金払い生命保険年金二重課税事件⇒第2章Ⅹ）を思い出してほしい。毎年少額ずつ受贈することで贈与税負担を軽くしようと考える場合、贈与契約を締結しないように気をつけねばならない。

4　相続時精算課税制度

相続または遺贈に適用される税率と比べ、一般贈与・特例贈与に関し、低い財産額で高い税率が適用される。これは日本の贈与税が単年度課税であること（⇒1(3)）と関連している。相続時の財産承継への課税が軽いことと比して、日本の贈与税制をそのまま適用すると生前贈与に強い負の誘因が働く。

このままでは親世代から子世代への財産移転が妨げられるため、2003年に相続時精算課税制度（相続税法21条の9から21条の18）が導入された。生前贈与の時点で軽く課税するにとどめ、相続時に生前贈与による財産取得と相続による財産取得をまとめて精算的に課税する、という選択肢を提供するものである。相続税の税額から、予め納めていた贈与税の税額を控除するし、相続税の税額より贈与税の税額の方が大きければ還付を受けることもできる（相続税法21条の15第3項・27条3項・33条の2）。「精算」であって「清算」（例えば法人税法14条1項21号等を参照）ではないことに注意されたい。

60歳以上である贈与者から20歳以上である推定相続人たる直系卑属への贈与財産について（相続税法21条の9第1項）、相続時精算課税制度の適用を選択する場合、贈与年において2500万円までの控除額（同法21条の12）を引いた残りの額に対し20％（同法21条の13）の税率で受贈者に課税がなされる。1(3)の課税対象者の話を思い出していただきたいが、例えばA・Dが夫婦で、その子である兄弟姉妹がB・Cであるとき、AからBへの贈与とAからCへの贈与について別々に相続時精算課税制度の適用を選択できるし、Bについても、AからBへの贈与とDからBへの贈与について別々に相続時精算課税制度の適用を選

択できる。

　一般論として相続税より贈与税の方が租税負担が重くなる傾向があるとはいえ、相続時精算課税制度を利用すれば納税者にとって常に有利になるとは言い切れないので、生前贈与をする際は税理士と慎重に検討されたい。

5　相続税・贈与税の特例

　本章I3(5)において人的事情に着目して相続税負担を加重・減免する規定をみたが、この他に対象物に着目した相続税・贈与税の特例規定が多数ある。ここでは2つを特に紹介する。

(1)　小規模宅地等の負担軽減：租税特別措置法69条の4

　2018年の課税割合8.5%（⇒本章I1）という数値について、相続人が2〜3人なら、基礎控除は4200〜4800万円（⇒本章I3(3)）であるところ、遺産が基礎控除を超える例は8.5%より多いのでは？との疑問が湧くであろう。

　課税割合を下げることに大きく寄与している規定が租税特別措置法69条の4である。被相続人保有の住宅等に一緒に住んでいた相続人が相続する場合に、小規模宅地等の評価額を20%に縮減している（同条1項1号。宅地の場合330m^{2}以下、事業用地の場合400m^{2}以下等）。例えば都内の宅地を相続する場合、1億円以上と評価されることも珍しくなかろうが、1億円の宅地でも2000万円であるとの前提で相続税法が適用される。

　住宅等を相続したが相続税納税資金が足りず住宅等を売ることになるのは酷であるという議論と、住宅等以外の財産を相続する場合との比較において小規模宅地等負担軽減は不公平・非中立であるという議論とを比較してほしい。

(2)　非上場株式等に係る納税猶予制度：租税特別措置法70条の7

　「中小企業における経営の承継の円滑化に関する法律」の一環として、2009年改正により租税特別措置法70条の7から70条の7の4として、非上場株式等の相続・受贈に関し、相続税・贈与税の納税猶予および免除制度が導入された。事業承継税制とも呼ばれる。

　中小企業では株式所有者が経営もしていることが多いところ、経営者の代替

わりとして株式が被相続人から推定相続人に相続・贈与により移転した際、相続税・贈与税の租税負担に耐えられず当該企業の存続が難しくなるという懸念がある。そこで、相続・贈与の後の5年間は後継者が株式を保有し続け、さらに雇用の80％以上を維持すること等を条件として、相続税・贈与税の納税猶予および免除を定めるものである。相続・贈与を機に企業が倒産してしまえば雇用の機会も失われてしまうという懸念にもこたえようとする制度である。同様に事業継続を要件として農地の相続税の納税猶予および免除等を定める租税特別措置法70条の6も参照されたい。

なぜ非上場株式についてなのであろうか。上場会社については所有と経営が分離されているし、相続人が株式を物納すれば、相続税の納税義務の履行と、事業の継続は両立しうる。2006年以降は非上場株式の物納も可能であるが、事業承継の様々なパターンにおいて非上場株式の物納の使い勝手が良いわけではないというところに、事業承継税制の意義を見出せる。しかし、納税猶予および免除制度は、事業承継と関係ない者との関係で不公平であり、事業譲渡より身内の事業承継を優遇する点で非中立的であるという問題もある。

6　公正証書贈与事件・名古屋高判平成10・12・25訟月46巻6号3041頁（百選76）

1985年に父から子への不動産贈与契約についての公正証書を作成したが、課税の時効が7年であったところ、所有権移転登記をすると税務署に情報が伝わるので、8年後の1993年に移転登記をしたという事案である。公認会計士のセミナーでこうした脱税の手口を聞いたとされる。

裁判所は、1985年の贈与は仮装（民法94条の通謀虚偽表示を参照）であり、真に譲渡がなされたのは1993年であると認定した。ただし、脱税の意図があったから1985年時点で贈与の真意が認定されない、という意味ではないことに留意されたい。脱税したいならば寧ろ1985年時点で贈与するという真意が私法上は強く推認されるとも考えられるからである。本件では、1985年より後においても父が不動産についてあれこれ口出しをするなど、所有権を手放したとはいえないという狭義の事実の認定の積み重ねがあって、1985年時点における贈与は仮装行為であった、との広義の事実認定が導かれている。

第6章

国際租税法

I 居住者・非居住者の区別

武富士事件：
日本人なのに香港に住所を移して日本で納税しないのはけしからん？

1 国際的二重課税

(1) 居住課税管轄（residence tax jurisdiction）と源泉（source）課税管轄

　租税法律関係では国籍（日本人か否か）よりどこに住んでいるかが重要である。所得税法2条1項3号が「居住者」を「国内に住所を有し、または現在まで引き続いて一年以上居所を有する個人をいう。」と定義し、5号が「非居住者」を「居住者以外の個人をいう。」と定義して、原則として住所に着目しているためである（4号「非永住者」の説明は省略する）。

　居住者・非居住者の区別により、課税所得の範囲が変わる。所得税法7条1号が、居住者の課税所得の範囲を「すべての所得」と定め、同条3号が非居住者の課税所得の範囲を「国内源泉所得」に限っている。国内源泉所得とは、国内で発生した所得である。逆にいうと、非居住者の所得のうち国外で発生した所得（国外源泉所得）について日本国は課税しないということである。課税を正当化する nexus（結びつき）がないからであると説明される。

　居住者（無制限納税義務者ともいう）の全世界所得に対する課税としての居住課税管轄、および、非居住者（制限納税義務者ともいう）の国内源泉所得のみに対する課税としての源泉課税管轄という二種類の課税管轄がある。

　居住者・非居住者の区別は原則として住所に着目しているため、日本人でも

外国に住所を有していれば、日本から見れば非居住者として扱われる。このため、外国居住の日本人の国外源泉所得について、日本は所得税を課さない。例外的に米国だけは citizenship（市民権）保有者の全世界所得に課税している。

　他方、外国人でも日本に住所を有していれば、日本の居住者として扱われる。日本居住の外国人に対しては、日本源泉の所得についても国外源泉の所得についても日本は所得税を課すということである。高校の世界史でボストン茶党事件の「代表なくして課税なし」という標語を教わるが、現実の租税法令に照らすと、選挙権がなくても居住または所得源泉がある国で課税される。

　個人（自然人）についての居住者・非居住者の区別に対応するものとして、法人は内国法人・外国法人に区別される。法人税法2条3号は「内国法人」を「国内に本店又は主たる事務所を有する法人」と定義し、同条4号は「外国法人」を「内国法人以外の法人」と定義している。内国法人（無制限納税義務者）に居住課税管轄としての全世界所得課税がおよび（法人税法5条）、外国法人（制限納税義務者）には源泉課税管轄としての国内源泉所得のみへの課税が及ぶ（同9条）。日本は本店に着目するので本店所在地基準という。欧州では法人の管理支配地を法人の居住地とする管理支配地基準の伝統が強い。国による法人居住地の認定基準の違いは租税回避の余地をもたらす。

　法令は、個人について「居住者」「非居住者」という語を用い、法人について「内国法人」「外国法人」という語を用いる。講学上、個人居住者と内国法人をひっくるめて「居住者」と呼び、個人非居住者と外国法人をひっくるめて「非居住者」と呼ぶことがある。なお、国際租税法に関し person（者）という語は個人・法人を含む。

　支店と子会社との違いに注意されたい。日本法人A社が米国にB支店を設立した場合、B支店は米国から見て外国法人（の一部）である。米国にB子会社を設立した場合、B子会社は米国から見て内国法人である。

(2)　国際的二重課税の発生

　国際租税法では二国モデルとしてR国、S国という記号が用いられることが多い。residence（居住）と source（源泉）である。R国（税率40％とする）の居住者（個人・法人を含む）であるAが、S国（税率30％とする）に投資をし、税引

前S国源泉所得100を得たとしよう。

　S国は、S国から見た非居住者であるAの国内源泉所得について源泉課税管轄を有する。S国は30の税を徴収する。R国は、R国から見た居住者であるAの全世界所得について居住課税管轄を有する。R国は40の税を徴収する。典型的には、R国・S国が居住課税管轄・源泉課税管轄を行使することにより、国際的二重課税が発生する。事例によっては、AがR国からもS国からも居住者と認定される居住課税管轄の競合もありうるし、問題の所得がR国からもS国からも国内源泉所得と認定される源泉課税管轄の競合もありうる。

　国際的二重課税を放置すると、Aは税引前所得100について税引後で100－30－40＝30しか手元に残らない。比較優位（⇒コラム6Ⅰ）に照らし、国際取引は両国の豊かさ（経済厚生）を高める一方、国際的二重課税を放置して国際取引が萎縮してしまうことは両国にとって損である。

2　租税条約

(1)　租税条約の目的

　国内法で国際的二重課税について救済を定めている例は多いものの、国内法だけでは国際的二重課税の救済が不充分になる恐れが強い。証明は後述するが、資本輸出国すなわちR国にとっては、AがS国で納めた税額の損金算入にとどめる（⇒本章Ⅲ1(1)）ことが、R国の経済厚生を高めるからである。

　租税条約の目的は、国際的二重課税の防止を図り、R国・S国間の経済交流を妨げないようにしようということである。近年は、国際的二重課税の防止に並び、国際的脱税・租税回避の防止も強調される（⇒本章Ⅴ2）。

　OECD（経済協力開発機構）がOECDモデル租税条約（最新は2017年12月18日版。「OECDモデル」と呼ぶ）を作成しており、二国間で租税条約交渉をする際の国際標準となっている。日本が締結する租税条約も、概ねOECDモデルを下敷きとしており、個別の国との交渉で微修正を加えている。OECDは先進国の集まりであり、資本輸出国（上の例のR国）に有利な内容が多い。これに対し、資本輸入国（S国）の立場になりやすい発展途上国に配慮すべきという考え方に基づいて、国際連合がUNモデル租税条約を作成している。しかし、UNモデルは、研究上参照はされるものの、国際的な影響力は弱い。

なお、通商の世界ではGATT/WTOのような多国間協定があるが、租税条約は長らく二国間で締結されるのが常であった。日本企業が米国に進出する際は日米租税条約が、ドイツに進出する際は日独租税条約が適用される。しかし、2018年以降、租税に関しても多国間協定（BEPS防止措置実施条約。BEPSについて⇒本章Ⅴ2）が締結されるようになっている。

(2)　二つの中立性（neutrality）と二つの二重課税救済方式

　租税条約は、S国の課税権を制限し、それでもなお発生する国際的二重課税について救済する義務をR国に課す。まず二重課税の救済からみていく。1(2)の国際的二重課税の放置が国際取引の萎縮を招くことの弊害について、伝統的に二つの中立性の観点から説明されてきた。

　第一に、AがR国に投資し税引前R国源泉所得100を得た場合、R国で40を納税すれば済み、税引後で60が手元に残る。国際的二重課税は、国内・国外どちらに投資するかという中立性（資本輸出中立性という）を阻害してしまう。

　第一の資本輸出中立性の観点から、国際的二重課税の救済方法として外国税額控除方式が推奨される。これは、R国が40の納税義務をAに課す際に、外国（S国）で納めた30の税額をR国での税額から控除する方式である。つまりAはR国に10だけ納税すればよい。計算式でいうと$100-30-(40-30)=60$が税引後で手元に残るため、自国に投資するか外国に投資するかについての選択が税制によって歪められなくなる。伝統的に米日で採用されている方式であり（ただし日本は2009年に政策変更をした。⇒本章Ⅲ2(2)）、OECDモデルでは23B条が規定している。

　第二に、S国居住者であるBがS国に投資し税引前S国源泉所得100を得た場合、S国で30を納税すれば済み、税引後で70が手元に残る。国際的二重課税は、国内・国外どちらから投資を受けるかという中立性（資本輸入中立性という）を阻害してしまう。。

　第二の資本輸入中立性の観点から、国際的二重課税の救済方法として国外所得免税方式（免除方式ともいう）が推奨される。これは、R国がAの国外所得について居住課税管轄を有するけれども税を免ずるという方式である。計算式でいうと$100-30-0=70$が税引後でAの手元に残るため、R国居住者であるA

がS国源泉所得を得ることと、S国居住者であるBがS国源泉所得を得ることについて、税制上中立的になる。伝統的に欧州で採用されている方式であり、OECDモデルでは23A条が規定している。

(3) 源泉課税管轄の制限1：PEなければ事業所得課税なし

次にS国の課税権の制限を概説する。第一の源泉課税管轄の制限は、「PEなければ（事業所得）課税なし」というルールである。OECDモデルでは7条1項が規定している。PE（permanent establishment：恒久的施設）は、同5条で定義されており、平たく言えばPEとは支店である。

R国居住者（個人・法人含む）であるAがS国に支店を設けてA社がS国で事業所得を稼ぐ場合、当該支店はS国から見れば非居住者（の一部）であり、当該支店がPEの要件を満たしている場合に限り、S国は非居住者たるAの事業所得について課税できる。R国税率40%、S国税率30%、支店に帰属する純所得が100の場合、AはS国に30を納税し、R国に40－30＝10を納税する（OECDモデル23B条）、またはR国では免税となる（OECDモデル23A条）。

AがS国にPEと認定されるような物的拠点をS国に設けないまま、AがS国の顧客と取引することが、情報通信技術のおかげで容易になっている。例えば、米国法人であるアマゾンがインターネットを通じて日本の顧客に音楽を提供する、等である。しかしS国は、PEを有さないAの事業所得に課税できず（⇒本章II 1(2)）、R国だけがAに課税できる。現在、経済のデジタル化に対応するため、一部のデジタル大企業の越境取引についてPEなしでもS国に課税権を認める調整をしている（2020年末に話をまとめる予定⇒本章V 2）。

(4) 源泉課税管轄の制限2：資本所得に対する源泉徴収税の減免

第二の源泉課税管轄の制限は、資本所得に対する源泉徴収税の減免である。資本所得（投資所得）とは、投資によって得る配当・利子等の所得である。

R国居住者（個人・法人含む）たるAが、S国居住者たるBに利子率10%で金員1000を貸し付けたとしよう。Bは元利合計1100をAに返済する。Aにとって100が利子としての所得である。なお、1000は元本の回収であり所得ではないことに留意されたい。金銭貸付等はAがS国にPEを設けなくても容易にでき

るため、PEなければ課税なしのルールは妥当せず、S国は源泉地国として非居住者たるAの100の所得に対し課税権を有する。ただし、S国の税吏がR国に出向いてAを調査することはできない（国際法違反となる）ため、BがAに100の利子を支払うという行為に着目し、源泉徴収としてBがAに代わりS国に納税する。この源泉徴収税は租税条約で減免されることが多い。例えば、S国が米国であれば、国内法で源泉徴収税率は原則30％であるところ、OECDモデルは11条2項で源泉地国の税率を10％に制限している。さらに日米租税条約11条3項は一定の条件下で源泉徴収税を免じている。

R国税率40％で、条約がS国税率を10％に制限している場合、BがAに税引前100の利子を支払う際、BはAに代わってS国に10を納税し、90をAに支払い、Aは40－10＝30をR国に納税する（OECDモデル23A条・23B条とも）。なお、Aが費用30をかけていて純所得が70である場合、AはR国に70×40％－10＝28－10＝18を納税する。R国での課税は費用控除後の純所得への課税であるが、S国での源泉徴収税は費用控除前の総所得への課税である。

3　武富士事件と法改正等

(1)　武富士事件・最判平成23・2・18判時2111号3頁（百選14）

Xは、日本の有名な消費者金融会社であるA社の創業者であるBおよびその妻Cの長男である。B・CがA社株式をXに贈与すると、日本で莫大な贈与税負担が発生する。そこで、Xは東京から贈与税が課せられない香港に住所を移した。ただし住所が移ったかが正に争点である。2000年改正前の相続税法は、日本に住所を有する者について受贈財産の所在地が国内か国外かを問わず贈与税を課すと規定する一方、日本に住所を有しない者の受贈財産については財産が国内に所在する場合に限り贈与税を課すと規定していためである。ただし、Xが日本に住所を有していないとしても、日本法人A社の株式をXが受贈すれば、それは日本所在の財産を受贈したということになってしまう。そこで、オランダ法人D社が間接的にA社を支配する法形式を作り、B・CはD社の出資口数（株式と同様と思っていただきたい）をXに贈与するとした。外国法人株式の所在地は日本ではないためである。

相続税法における「住所」という語は、民法22条の住所概念を借用したもの

であると考えられる。同条は「各人の生活の本拠を住所とする。」と規定している。したがって、受贈当時のXの「生活の本拠」が日本にあったか否かが争点となった。課税庁側は、「生活の本拠」は単純に滞在時間の長さのみで決まるものではなく、Xの居住意思は日本に残っていた、等の主張をした。

　一審は、住所判定は「客観的事実」に基づき、「居住意思」は「補充的な考慮要素」にとどまるとの判断基準を立て、Xの住所は香港にあると認定した。二審は、「客観的事実」および「居住意思を総合して判断する」との判断基準を立て、Xの住所はB・Cの家（Xも度々帰国してはそこに滞在していた）がある東京にあると認定した。一審では居住意思が低い考慮要素であったのに対し、二審では客観的事実と居住意思が並列されていた。

　最高裁は、「客観的に生活の本拠たる実体を具備しているか否かによって決すべきものであり、主観的に贈与税回避の目的があったとしても、客観的な生活の実体が消滅するものではない」（下線は引用者による）との判断基準を立て、Xの住所は香港にあるとした。最高裁判旨は「居住意思」の位置付けについて言及していないものの、民法学説のうち主観説ではなく客観説を採ったものと受け止められている。また、租税逃れの目的によって住所認定が左右される訳ではないことを最高裁は強調している。

　ところで、一審・二審・最高裁は、「住所」という借用概念の解釈に当たり選挙に関する星嶺寮事件・最大判昭和29・10・20民集8巻10号1907頁等を参照している。民法学説では、住所の判定基準は何のための住所判定かによって変わりうるという考え方（複数説）が有力であるが、本件一審・二審・最高裁とも、租税法独自の住所判定基準を考えようとはしていないため、選挙に関する判例から基準を変更する必要がないことを暗黙の前提としていることになる。なお、須藤正彦補足意見が、租税法上の住所という一つの法律問題について東京と香港の複数の場所に住所が認められうるかという議論をしているが、これは民法学で議論されてきた複数説とは違う論点であることに留意されたい。

(2)　法改正とその他の事案

　2000年4月1日以降、日本国籍を有する者が外国に所在する財産の相続や贈与に関し日本の租税負担を免れるためには、海外に5年超住んでいなければな

らない、等の法改正がなされた（相続税法１条の３以下⇒第５章Ⅱ２(2)）。１(1)で国籍は関係ないと述べたが、相続税法は例外的に国籍も考慮している。

　ほかに、住所をシンガポールに移して海外株式の譲渡所得に係る日本の所得税負担を免れた例がある（東京高判平成20・２・28判タ1278号163頁）。ハリー・ポッターの和訳者がスイスに住所を移したと主張し、日本・スイス間の相互協議（⇒本章Ⅳ１(6)）で日本居住であると判断された例がある。

(3)　国外転出時課税制度（所得税法60条の２以下）

　従来居住者であった者が国外に居住地を移すと、その者の保有する国外所在財産の含み益についての課税権が失われる。その対処規定として、国外転出時課税制度が導入された。諸外国では出国税（exit tax）とも呼ばれる。2015年７月１日以後に国外転出をする個人居住者が１億円以上の有価証券等を所有等している場合（国外居住親族への有価証券等の贈与等も含む）、譲渡所得が実現したとして課税する制度である。

コラム６Ｉ　比較優位（comparative advantage）

　Ａ国では農地1ha で麦を5t、米を10t 生産でき、Ｂ国では農地1ha で麦を3t、米を9t 生産できるとする。またＡ国・Ｂ国に農地は100ha ずつあるとする。Ａ国・Ｂ国とも50ha ずつ麦・米の生産に充て、両国間で交流がないとすると、Ａ国で麦250t、米500t、Ｂ国で麦150t、米450t を生産できる。

　Ａ国はＢ国より1ha あたり米生産量が多い（絶対優位（absolute advantage）という）ので、Ａ国は米をもっと作るべきであろうか。Ａ国で麦は米の２倍の農地を要するのに対し、Ｂ国で麦は米の３倍の農地を要する、という機会費用の発想を持ち込むと、Ａ国は麦生産に向いており、Ｂ国は米生産に向いている（比較優位という）と考えられる。

　比較優位を活かし、Ｂ国は米生産に農地100ha を充てるとしよう（特化という）。Ａ国では麦に90ha、米に10ha の農地を充てるとしよう。Ａ国で麦450t、米100t、Ｂ国で米900t が生産される。ここでＡ国の麦150t とＢ国の米400t を交換すると、Ａ国で麦300t、米500t、Ｂ国で麦150t、米500t を消費できる。前々段落と比べ、Ａ国で麦50t、Ｂ国で米50t が増えている。

Ⅱ　非居住者・外国法人に対する課税

日本ガイダント事件：
匿名組合契約を使うと日本での課税を回避できるらしい。

1　非居住者・外国法人への PE 課税における 3 つの関門

(1)　第一：所得源泉（source）

　非居住者・外国法人に対する源泉課税管轄の制限は、「PE（恒久的施設）なければ事業所得課税なし」と「資本所得に対する源泉徴収税の減免」に大別される（⇒本章Ⅰ 2(3)〜(4)）。S 国に PE を有する非居住者・外国法人は、S 国居住者・内国法人と同様に S 国で申告納税をすることになるが、3 つの関門があり、その相互関係について混乱しやすいので注意されたい。

　第一に問題となっている所得が S 国に源泉を有する所得でなければならない。日本では所得税法161条（法人税法138条）が国内源泉所得を定義している。なお、所得税法162条（法人税法139条）は、租税条約に異なる定めがある場合に租税条約が優先する（憲法98条 2 項参照）旨を定めている。

(2)　第二：閾値（threshold）としての PE 概念

　第二に問題となっている非居住者・外国法人が S 国内に PE を有していなければならない。非居住者・外国法人が S 国内に何らかの物的存在を有していれば常に PE に当たる訳ではなく、PE の定義を満たす程度の存在であるかが審査される。あるレベルを超える刺激により生理学的反応等が起きるラインを閾値と呼ぶところ、第二の関門は PE という閾値を超えるかの問題である。

　国によっては PE 以外の閾値を採用するところもあるが、主な取引相手国に関しては OECD モデルを下敷きとする租税条約が適用され、ほとんどの租税条約が OECD モデル 5 条の PE の定義を前提としている。PE の典型は「支店」であるが、定義については 3 で詳しく見る。PE という閾値で源泉課税管轄を制約することの意義は、R 国企業（個人・法人含む）の顧客が S 国にいよう

とも、顧客の存在だけでは S 国の課税権は根拠付けられないという点にある。

(3) 第三：所得の範囲…全所得主義と帰属所得主義

　第三に、閾値をクリアしたとして、申告納税の対象となる所得の範囲をどう画すかという問題がある。この点に関し2014年に日本は大改正をした。

　改正前の所得税法164条1項1号（法人税法141条1項1号）は「国内に支店、工場その他事業を行う一定の場所……を有する非居住者」が「すべての国内源泉所得」につき課税されると規定していた（全所得主義または総合主義という）。第一の源泉に関し日本に源泉があると判定される所得であっても、第二の閾値に関し原則として PE が無ければ日本で課税されない（同項4号に例外的な規定があるが本書では省略）が、PE があれば PE に帰属するか否かを問わず第一の源泉の判定を重視して課税対象に含めるということである。例えば、R 国居住者（個人・法人含む）たる企業が S 国に支店（PE）を有し、当該支店を通じて S 国の顧客と取引をして300の所得を稼ぐ他、当該企業本店が支店を経由せずに別の S 国の顧客と取引をして S 国源泉所得200を稼いだ場合、当該 PE が S 国に申告すべき所得は300にとどまらず500である。本店直取引による所得も PE に吸い込まれるという意味で吸引力（force of attraction）と呼ばれる（なお PE 帰属利得扱いの方が納税者に好都合なこともある⇒2(2)～(3)）。

　しかし、OECD モデル7条1項第2文は、R 国企業が S 国に PE を有する場合、「当該 PE に帰せられる利得に対して」のみ S 国は課税することができると規定している（帰属所得主義または帰属主義という⇒本章 I 2(3)）。先程の例でいえば、R 国企業本店直取引の200の所得は S 国で申告納税の対象に含められず、PE は PE 自体に帰属する300の所得だけ S 国に申告すればよい。そして、日本が締結している租税条約も帰属所得主義を採用していたところ、2014年改正により国内法上も日本は帰属所得主義を採用することになった。

　帰属所得主義下の税制では、第二の閾値たる PE が決定的に重要である。PE がある場合に限り S 国は課税することができ、第一の源泉に関しても PE に帰属する所得が国内源泉所得であると改正され（所得税法161条1項1号、法人税法138条1項1号）、第三の範囲の問題（所得税法2条1項8号の4、法人税法2条12号の18）と第一の源泉の問題が連動することになった。

2 源泉徴収課税とPE課税との関係

(1) PE帰属利得以外のソースルールと源泉徴収

改正後の所得税法161条（法人税法138条）は、1項1号のPE帰属利得以外にも、様々な所得の種類（配当、貸付金の利子、知的財産使用料等）に応じて国内源泉所得を定義している。所得税法第5章（212条以下）が、非居住者または法人の所得に係る源泉徴収について規定している。ややこしいが、外国法人が日本にPEを有する場合は法人税法141条以下が、外国法人が日本にPEを有しないが源泉徴収課税される場面については所得税法212条以下が適用される。所得税法213条が、場面に応じて20％、15％、10％といった税率を定めている。

さらに本章Ⅰ2(4)で見た通り、租税条約がS国の源泉徴収税率を減免させることが多い。OECDモデル10条は、S国法人からR国居住者に支払われる配当について、税率を5％（R国居住者がS国法人の25％以上を所有している場合）または15％に制限している。同11条は、S国で生じR国居住者に支払われる利子について、税率を10％に制限している。同12条は、知的財産の使用料について、S国は課税してはいけないとしている。

ただし、実際の二国間で締結される租税条約は、OECDモデルから微修正されることがある。例えば、日米租税条約11条は、一定の場合に利子についてS国は課税してはいけないとし、OECDモデルよりもS国の課税権を制約している。また、日印租税条約12条2項は、知的財産の使用料などについて、S国は10％まで課税してよいとし、OECDモデルよりもS国の課税権を許容している。一般に、資本輸出国（R国）は源泉課税管轄を制限したい一方、資本輸入国（S国）は源泉課税管轄を広げたいので、条約交渉は重要である。

(2) PE帰属利得に係る税率と源泉徴収税率

R国企業（個人・法人）がS国にPEを有しS国で課税に服する際、PEはS国企業（個人・法人）と同じ税率で課税される。PEが非居住者・外国法人の一部であるからといって、差別的にPEに重課することは許されない（OECDモデル24条：無差別取扱い）。例えばS国の法人税率が30％であるならば、R国法人がS国にPEを有する場合、PE帰属利得はS国で30％で課税される。

OECD モデル 7 条は「利得」（profit）という語を用いており、これは収入から費用を控除した純所得（net income）を意味する。PE が90の収入を得ていても、40の費用がかかっているならば、利得すなわち純所得は50であり、税率が30％ならば（90－40）×30％＝15の税を納めることになる。

他方、配当や利子に係る源泉徴収は、費用控除を考えない総所得（gross income）に税率を適用する。例えば、S 国居住者が R 国居住者に利子90を支払う場合、S 国の課税当局から見て R 国居住者の費用に関する調査ができないためである。OECD モデル11条は S 国の税率を10％までとしており、R 国居住者が利子収入90を得るために40の費用をかけていたとしても、費用を考慮することなく S 国で90×10％＝9 の税がとられる。源泉徴収では、所得を稼ぐ R 国居住者の代わりに支払者である S 国居住者が S 国に納税するので、実際に S 国居住者が R 国居住者に支払う源泉徴収税引後利子は90ではなく81となる。

R 国銀行の本店が直接 S 国居住者に利子率 9 ％で金員1000を貸し付け、当該銀行が他者から利子率 8 ％で金員1000を借り入れていたとすると、当該銀行は90の利子を受け取り80の利子を支出するので、（店舗維持費等その他の費用を無視すると）純所得は10である。しかし総所得90につき10％で源泉徴収課税を受けると、9 の税がとられてしまう。源泉徴収税率は通常の法人税率よりも低いことが多いけれども、純所得に対する租税負担としては重くなりがちである。

(3) 支店形態と子会社形態の比較

先程の例は、R 国銀行本店が直接 S 国居住者に金銭貸付をするというものであったが、R 国銀行が S 国に支店（PE）を有し、当該 PE を通じて S 国居住者に金銭貸付をしていたとしよう。PE が利子を受け取る場合、OECD モデル11条ではなく OECD モデル 7 条が適用される（OECD モデル11条 4 項。10条 4 項や12条 3 項も参照）。R 国銀行 S 国 PE が S 国居住者に利子率 9 ％で金員1000を貸し付け、当該 PE が他者から利子率 8 ％で金員1000を借り入れていた場合、当該 PE に帰属する利得（純所得）は90－80＝10であり、S 国の法人税率が30％であると 3 の税を納めるだけで済む。R 国銀行本店が直接 S 国居住者に金銭貸付をする場合よりも、S 国での納税額を抑えることができる。

R 国銀行が S 国に子会社を設立し、当該子会社が先程の PE と同様の取引

（9％での貸付け、8％での借入れ）をしたならば、当該子会社はＳ国居住者として扱われるのであるから、10の純所得について30％のＳ国法人税率で課税され、PEと同様の課税になるように見える。しかし、当該子会社がＲ国銀行親会社に資金を戻す際、利子の形態をとるにしても配当の形態をとるにしてもＳ国で源泉徴収税が課せられる可能性がある。金融業者は資本を多く抱えている方が信用力が高まるので、外国に進出する際、税の観点を抜きにしても子会社形態より支店形態の方が有利であるが、源泉徴収課税とPE課税との関係を考えると一層、支店形態の方が有利であることが多い。

他方、メーカー系の企業は、外国に進出する際に子会社形態を採用して、私法上の効力（有限責任等）を重視することが多い。

3　PE（permanent establishment：恒久的施設）概念

⑴　支店、工場、天然資源採取、建築工事現場等

PEの典型は支店であり、より一般的にはOECDモデル５条１項が「事業を行う一定の場所（fixed place of business）であって企業（enterprise）がその事業の全部又は一部を行っている場所」と定義している。enterpriseは、消費税法にいう「事業者」と同様、個人・法人を含む。同２項がPEの例示として「事業の管理の場所」「支店」「事務所」「工場」「作業場」「鉱山、石油又は天然ガスの坑井、採石場その他天然資源を採取する場所」を挙げる（日本では旧所得税法164条１項１号相当ということで「１号PE」とも呼ばれていた。今は「支店PE」）。同３項は、12箇月を超える建築工事現場もPEに当たるとする（日本では「２号PE」とも呼ばれていた。今は「建設作業PE」）。実際の租税条約では「12箇月」が「６箇月」等に短縮されている場合もある（この長短もＲ国・Ｓ国間の条約交渉の重要ポイントである）。

⑵　代理人PE

OECDモデル５条５項は、Ｒ国企業がＳ国の代理人を通じてＳ国で事業を行う場合も、PEを有するものとすると規定する（日本では「３号PE」とも呼ばれていた。今は「代理人PE」）。ただし同６項が、「通常の方法でその業務を行う仲立人、問屋その他の独立の地位を有する代理人」（まとめて「独立代理人」と呼

ばれる）は代理人PEに当たらないとしている。日本を含む大陸法系では、「仲立人」（商法543条：「他人間の商行為の媒介をすることを業とする者」）と「問屋」（商法551条：「自己の名をもって他人のために物品の販売又は買入れをすることを業とする者」）は、そもそも民法上の代理人（依頼者たる本人の名において契約を締結する権限を有する者）ではない（間接代理人と呼ばれる）。が、それはともかく、R国企業がS国内の独立代理人を通じて取引等をしている場合、独立代理人はR国企業から独立して自身の事業活動をS国で遂行している（R国企業の事業がS国内で行われているのではない）と考えられるため、S国がR国企業に課税するための十分な結びつき（nexus）がないと考えられたのである。他方、独立ではない、つまり従属代理人を通じてR国企業が事業をしている場合、当該代理人はR国企業の手足と見なせる。

　しかし、R国企業とS国の代理人候補者との間の契約次第で、同5項の要件を満たさないようにして（または同6項の要件を満たすようにして）代理人PE認定を回避することは容易である。大陸法系の国では問屋を用いて代理人PE認定を回避した判例が複数報告されている。日本でも判例こそないものの問屋を用いて代理人PE認定を回避している例があると想像される。OECD等で5項および6項の要件を見直すべきではないかと議論され、2017年版OECDモデルでは人為的な契約の仕組み方だけで代理人PE認定を回避することは許さないとした。しかし、元々代理人PE規定の存在意義が乏しい（代理人等がS国居住者であるならばS国は代理人等が得る代理等報酬に課税すればよい）こともあり、今後も代理人PEをめぐる議論は紛糾するであろう。

　なお、R国企業がS国に子会社を有している場合、子会社は当然に親会社に従属しているが、常に子会社が代理人PEに当たるわけではない（同7項。常に子会社が代理人PEに当たらないともいってないことに留意）。

(3)　準備的または補助的（preparatory or auxiliary）

　OECDモデル5条1項・2項・5項の重要な例外をなすのが4項である。R国企業がS国に物的施設を有しているものの、「企業に属する物品又は商品の保管、展示又は引渡しのためにのみ施設を使用する」など、準備的または補助的な性格の活動しか行っていない場合、PEに当たらないとする。代理人に

ついても4項の要件を満たせば代理人PEに当たらなくなる。

　米国企業アマゾンが日本国内に持つ倉庫等は、準備的または補助的な性格にとどまり、PEに当たらない（相互協議⇒本章Ⅳ1⑹）。他方、アマゾンではなく個人企業についてであるが、オンライン販売業者のPEを認定した例がある（東京高判平成28・1・28訟月63巻4号1211頁）。本屋の倉庫はPEではないが、倉庫業者の倉庫はPEである等、元々4項は整合性を欠いた妥協の産物である。

　BEPS対策（⇒本章Ⅴ2）の一環として、アマゾンのような企業の倉庫をPEに含めるという多国間協定が成立した。しかし、米国は当該条項を批准してないので、日米間では新しい多国間協定の当該条項が効力を持たない。

4　日本ガイダント事件・東京高判平成19・6・28判時1985号23頁

　X（原告、オランダ法人）は、米国企業ガイダントの関連会社の一つであり、日本で実際の事業を遂行している日本ガイダント社と匿名組合契約（商法535条）を締結した。Xが匿名組合員として営業者たる日本ガイダントに出資し、日本ガイダント社の事業利益の一部をXに分配することとした。

　当時の日本の所得税法161条12号（新1項16号）は「国内において事業を行う者に対する出資につき、匿名組合契約……に基づいて受ける利益の分配」を国内源泉所得と定義しているので、日本法が適用されるならば日本ガイダント社がXに利益を分配する際に源泉徴収税を課すことになりそうである。

　しかし租税条約に異なる規定があれば条約が優先される（憲法98条2項、所得税法162条）。これまでOECDモデル7条（事業利得）・10条（配当）・11条（利子）・12条（使用料）に関する源泉課税管轄の制限を見てきたが、OECDモデルは6条から20条まで所得の種類ごとにR国・S国間で課税権を配分している。そしてOECDモデル21条（その他の所得）は、6条〜20条に規定がない所得について、R国のみが課税できるとしている（S国課税権を否定）。

　当時の日米租税条約にはOECDモデル21条に相当する規定がなかった。仮に米国法人と日本ガイダント社が匿名組合契約を締結していたならば、条約によって日本の課税権が制約されないため、日本は国内法に基づき匿名組合契約による利益分配に課税することができたはずである。他方、当時の日蘭租税条約23条はOECDモデル21条に相当していた。ガイダントグループは、オラン

ダにXという法人を名目上設立したことにし、Xと日本ガイダント社の間の匿名組合契約であるので、国内法よりも日蘭租税条約が優先し日本は課税することができない、という結果を狙った（TKスキームと呼ばれる）。条約締結国外の者（本件では日蘭と無関係の米国法人）が条約による税の減免の特典（benefit）を利用しようとすることを条約漁り（treaty shopping）という。

　ところで匿名組合契約に基づく利益分配は「その他の所得」なのであろうか？確かに法人から株主への利益分配ではないので「配当」には当たらない。他方、「利子」は「すべての種類の信用に係る債権から生じた所得」（OECDモデル11条3項、日蘭租税条約12条4項）として広く解すという国際的な相場観がある。また、匿名組合の母法国であるドイツでは匿名組合契約に基づく利益分配は原則として利子（資本所得）として扱われる。しかし日本の課税庁は、問題の匿名組合契約に係る利益分配が「利子」に当たると主張しなかった。

　日本の課税庁は、Xが日本ガイダント社の施設を通じて日本にPEを有していると主張した。Xが日本ガイダント社と任意組合契約を締結していたならば、Xは日本にPEを有するといえるかもしれないが、匿名組合契約という出資と利益分配の関係でもってPEを有するといえるであろうか？実は欧米では、任意組合類似の契約に限らず、有限責任組合や匿名組合を含む利益共有関係でもPEを肯定することになっており、X自身もオランダの課税庁に対しては「匿名組合なので日本でPEを有するとして課税される」と申告していた。他方でXは日本の課税庁に対し日本にPEを有してないとの二枚舌を使った。

　Xの悪質さは際立っているが、それでも日本の裁判所は、PEの定義に関する日蘭租税条約5条1項の「企業［本件のX］がその事業の全部又は一部を行っているもの」の解釈として、PEを有してないと判断した。日本は条約解釈の節度を守ったといえるが、Xは日本での課税を免れた後オランダでも行方をくらまし、利益共有関係に関する欧日間のPE認定の違いが国際的二重非課税（課税の真空ともいう）を生むことになってしまった（米日間のPE認定の違いが国際的二重課税を生んだ例もある。東京高判平成17・7・26金判1223号2頁）。

　なお、日蘭租税条約改訂後は、匿名組合契約に基づく利益分配への日本の課税権が議定書（protocol）で留保されている（日米も同様）。

Ⅲ　居住者・内国法人に対する国際的二重課税の排除

外税控除余裕枠事件：

外国法人の代わりに日本法人が外国で租税を納付した形式を作出し、日本での納税額を減らし、関係者間で利益を分かち合おうという試み。

1　資本輸出国のみの豊かさと資本輸出国・資本輸入国合計の豊かさ

(1)　資本輸出国が自国のみの豊かさを追求：国家中立性

R国居住の投資家A（個人または法人）がR国投資とS国投資の選択に直面しているとする。R国の税率は40％、S国の税率は30％とする。Aは税引後所得の最大化を目指す。R国は、自国税収の最大化ではなく、国民所得（＝自国税収＋自国居住者税引後所得）の最大化を目指す。

S国投資税引前収益率が10％、R国投資税引前収益率が6％の場合、AがS国に1000投資すると税引前所得100が生じる。国際的二重課税が放置されていると、Aの税引後所得は100－30－40＝30となる。この時、R国の国民所得は70（R国税収40とAの税引後所得30の合計）である。AがR国に1000投資すると、税引前所得は60、R国税額は24、Aの税引後所得は36である。この時、R国の国民所得は60である。R国の国民所得最大化の観点からはAがS国に投資することが望ましい（国家中立性：national neutrality という）が、Aは税引後所得最大化を目指すのでR国に投資する。R国の国民所得最大化とAの税引後所得最大化を一致させるためには、R国は国際的二重課税を放置すべきではなく救済すべきでもなく、外国税額をAの所得から控除（deduction。外国税額所得控除、法人の場合は外国税額損金算入という）することが効率的である（⇒コラム6Ⅲ）。AのR国での課税所得は70、R国税額は28、Aの税引後所得は100－30－28＝42となり、Aは税引後所得最大化のためにS国に投資する。

次に、S国投資税引前収益率が10％、R国投資税引前収益率が8％であるとする。R国国民所得は、S国投資の場合100－30＝70、R国投資の場合80である。R国が外国税額の所得控除（損金算入）を認める場合、Aの税引後所得は、

S国投資の場合100−30−28＝42、R国投資の場合80−32＝48であり、AはR国投資を選ぶから、R国国民所得最大化の方針と齟齬が生じない。

(2) 資本輸出国・資本輸入国合計の豊かさを追求：資本輸出中立性

前段落の例で、AがS国に投資したら税引前収益100が生じる一方、R国に投資したら税引前収益80しか生じないのであるから、両国合計の豊かさの観点（資本輸出中立性）からは税制がS国投資を妨げないようにすべきである。

本章Ⅰ2(2)で見た通り、資本輸出中立性のためには、R国が外国税額の税額控除を認めるべきである。外国税額控除（credit）の下で、Aの税引後所得は、S国投資の場合100−30−(40−30)＝60、R国投資の場合80−32＝48であり、AはS国投資を選ぶ（⇒コラム6Ⅲ）。

R国が自国のみの豊かさを追求するならR国が自発的に外国税額控除制度を採用するとは限らない（⇒(1)）ため、租税条約で外国税額控除の適用を強制することで両国合計の豊かさを追求することが可能になる。OECDモデルでは23B条が外国税額控除を採用しているが（⇒本章Ⅰ2(2)）、23A条も配当・利子等の資本所得に関しては外国税額控除を採用している（⇒本章Ⅰ2(4)）。

しかしこの説明は揺らぎつつある。第一に歴史的事実として、多くの国が外国税額所得控除方式にとどまらず国内法で外国税額控除等の国際的二重課税救済措置を定めてきた（日本では法人税法69条等）。第二に、2で見るように多くの国が国外所得免税（exemption）に移行しつつあり、本書では説明しきれない様々な中立性概念が提唱されつつあるという理論的展開もある。

2　全世界所得課税から国外所得免税へ

(1) 支店形態と子会社形態の海外進出の比較：間接外国税額控除

R国税率を40％、S国税率を30％としよう。

R国法人たるA社がS国にPEに該当するB支店を設立し、B支店が税引前事業利得100を稼いだとする。S国はB支店から30の税を徴収し、R国は外国税額控除制度の下でA社から40−30＝10の税を徴収する。

R国法人たるC社がS国に100％子会社たるD社を設立し、D社が税引前所得100を稼いだとする。やはりS国はD社から30の税を徴収する。C社とD社

は別人格であり、Ｄ社の所得はＲ国から見て外国法人の国外源泉所得であるため、Ｒ国はＤ社が所得を稼いだというだけでは課税権を持たない（タックス・ヘイブン対策税制による例外について⇒本章Ⅴ１）。しかし、Ｄ社が税引後利益70をＣ社に配当すると、Ｃ社の所得に対しＲ国は課税権を行使できる。Ｄ社がＣ社に70を配当する際、Ｓ国は自国源泉配当所得に課税できる（OECDモデル10条参照）が、配当所得に係る源泉徴収税額はＲ国の外国税額控除で吸収されるので、説明の便宜としてＤ社がＣ社に配当する際のＳ国源泉徴収税率は０％であると仮定しよう。そうすると、Ｒ国は、Ｃ社の受ける70の配当所得について70×40％＝28の税を課すことになり、Ｃ社の税引後所得は100−30−28＝42となる（勘のいい人は外国税額所得控除と同様の計算結果であることに気付くだろう。Ｓ国源泉徴収税率が５％ならば、100−30−3.5−（28−3.5）＝100−30−28＝42）。

　Ａ社がＢ支店を設立するシナリオと比べ、Ｃ社が子会社としてＤ社を設立するシナリオの方が、税制上不利に見える。

　海外進出の際の支店形態か子会社形態かの選択の中立性を確保するため、2009年改正前の日本の法人税法69条８項は間接外国税額控除を設けていた。これは、日本法人（Ｒ国法人Ｃ社）が外国子会社（Ｓ国法人Ｄ社）から配当を受ける際、Ｄ社がＳ国で納めた税額について、Ｃ社とＤ社との法人格の違いを超えて、間接的に外国税額控除を認めるというものである。Ｄ社がＣ社に70の配当をする際、Ｄ社の税引後所得70はＳ国の税率を勘案すると税引前所得100に相当し、Ｃ社が70ではなく100の所得を受けたものと考え、100×40％＝40のＲ国仮税額から、Ｄ社のＳ国税額30の控除を認め、結局40−30＝10をＣ社はＲ国に納税することになる。間接外国税額控除があることにより、Ａ社とＢ支店、Ｃ社とＤ子会社のどちらでも有利不利はない、ということになる。

　なお個人株主について間接外国税額控除はない。

(2)　間接外国税額控除から外国子会社配当益金不算入へ

　間接外国税額控除は、内国法人の全世界所得に課税することを前提としているが、主に次の二点が懸念されるようになった。

　第一に、Ｓ国子会社からＲ国親会社に配当された際にＲ国の高い税率が適用される（Ｒ国税率とＳ国税率の差の税率で新たな課税がなされる）ため、Ｒ国への資

金還流を税制が妨げてしまう、と懸念される。

　第二に、日米等全世界所得課税を基本とする国の法人の外国子会社が最終的に日米の高い税率に服するため、蘭仏等国外所得免税を基本とする国の法人の外国子会社との競争において、不利であるとの懸念がある。法人税は費用控除後の利得に課されるため法人税は直接的には価格競争に影響しないとの説もあるが、資本を蓄積したり他社を買収したりする等の局面では日米の高税率が日系・米系企業の成長に悪影響を与える可能性がある。さらに、米欧間の通商紛争において、欧州が付加価値税により税収を確保し法人税収にあまり頼らずに済む一方、米国は連邦レベルで付加価値税を持たず法人税収への依存度が高いのであるが、付加価値税は輸出免税が認められることから、米系企業が欧系企業と比べ不利である、との懸念がある。もっとも第二の懸念が理論的に裏付けられるかについて激しい論争があり、第二の懸念は米系企業の政治的主張にすぎず資本輸出中立性を重視すべきであるとの議論も根強い。また、第二の懸念は米国で激しく論じられたが、日本では公式にはさほど論じられてない。

　2005年以来米国（ブッシュ・共和党政権）で全世界所得課税から国外所得免税（territorial taxation（領域内課税）ともいう）へ移行すべきとの議論が活発化したが、米国ではオバマ・民主党政権になってから議論が膠着した。一方、日本は2009年に法人税法23条の 2（外国子会社配当益金不算入）を立法した。日本法人の外国子会社が日本法人に配当した場合に、原則として日本は課税しないとすることで、第一の懸念に関し、日本への資金還流の阻害要因を減らそうとしたのである（なお、個人株主については従前から間接外国税額控除がなかっただけでなく、2009年以後も外国法人から受け取る配当が総合所得課税の対象に含まれる）。米国では日本より遅れてトランプ・共和党政権下の2017年改正で漸く国外所得免税に移行した。米国の共和党・民主党の態度の違いは興味深い。

　ところで、2009年に英国も同様に国外所得免税へ方向転換したのであるが、英国法人の外国支店・外国子会社両方について原則として英国では非課税とした。一方、日本では外国子会社からの配当のみが原則非課税であり、日本法人の外国支店については従来通り全世界所得課税の対象である。外国支店の所得は既に日本でも課税されているから日本に資金を還流しても新たに日本で課税に服することはなく、日本への資金還流を税制が阻害してはいない。

3　控除限度額と余裕枠の濫用

(1)　国別限度額方式と一括限度額方式

　R国（税率40％）法人たるA社がS国（税率30％）所在のB支店を通じて300の所得を稼ぎ、T国（税率50％）所在のC支店を通じて200の所得を稼いだとしよう。A社はS国に90、T国に100の税を納める。R国での外国税額控除はどのように適用されるであろうか。

　S国源泉所得については、300×40％＝120の仮税額から90の外国税額を控除し120－90＝30の税をR国納める。T国源泉所得については、200×40％＝80の仮税額から100の外国税額を控除し、20の還付とすると、R国の国庫の犠牲でT国の税収が潤うことになってしまう。外国税額控除は二重課税救済のための措置であり、T国の高税率による高負担は二重課税によるものではないから救済するに当たらない（その限りで資本輸出中立性は害されるが、T国の高税率のせいでT国への投資が過少となるのは仕方ない）とも考えられる。このように国別に外国税額控除の限度を計算する方式を国別限度額方式という。

　日本は国外源泉所得を一括してから外国税額控除の限度額を計算する一括限度額方式を採用している。500×40％＝200が控除限度額であり、200－（90＋100）＝10をA社はR国に納税する。A社がS国源泉所得300を稼ぎ90をS国に納税した段階では120－90＝30の余裕枠がある。一括限度額方式は、日本企業が高税率国へも安心して進出できるように、という政策目的に基づく。

(2)　外税控除余裕枠事件・最判平成17・12・19民集59巻10号2964頁（百選18）

　本件はりそな銀行（旧大和銀行）の事案であるが、三井住友銀行（旧住友銀行）、UFJ銀行（旧三和銀行）についても同様の判例がある。

　R国を日本、S国をクック諸島とする。S国法人B社が資本を求めており、B社の関連会社であるS国法人C社から融資を受けるとすると、B社がC社に返済時に利子を払うという法形式となる。この時S国税制下で15％の源泉徴収税が課せられる。

　本件では、C社がB社に融資するという法形式ではなく、C社がR国法人たるX銀行に預金し、X銀行がB社に融資するという法形式がとられた（正確に

はX銀行シンガポール支店が関係しているが、本書では省略）。数値を簡略化し、Ｃ社が利子率９％でＸ銀行に1000を預金し、Ｘ銀行が利子率10％でＢ社に1000を融資したとする。Ｂ社がＸ銀行に利子100を払う際、やはりＳ国の15の源泉徴収税が課せられ、実際にＸ銀行が受け取る利子は100－15＝85である一方、Ｘ銀行がＣ社に支払う利子は90であり、Ｘ銀行は損しているようである。

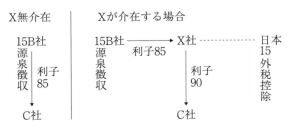

　しかし、Ｘ銀行が本件取引とは別に国外源泉所得500を稼ぎ外国で150の税を納め、Ｒ国の税率を40％とし、Ｒ国の外国税額控除の余裕枠が200－150＝50あるとすると、本件取引で新たにＸ銀行に生じたＳ国の15の税も余裕枠に収まる。Ｘ銀行が外国で納めた税額の分だけ日本での税額が減るので、Ｘ銀行にとって15のＳ国税額は実質的に負担とならない（正確には、国外源泉所得が500＋100－90＝510に増え、510×40％－(150＋15)＝204－165＝39がＲ国納税額となり、Ｓ国税額15のうち11が外国税額控除余裕枠に吸収されることになる）。

　外国税額控除を使うためＸがＢ社・Ｃ社の間にわざと入るような取引が認められようか？（2001年改正後法人税法69条および法人税法施行令141条４項により、本件のような異常な取引は外国税額控除の適用対象外と明文化された）。

　二審は、第一に、本件取引が仮装行為であるということはできず（事実認定・私法上の法律構成による「否認」について⇒第７章3(2)）、第二に、本件取引は「自らの外国税額控除の余裕枠を利用して、よりコストの低い金融を提供」するものであり「事業目的のない不自然な取引」とはいえない（課税減免規定の限定解釈について⇒第７章3(1)）、としてＸを勝たせた。

　しかし最高裁は次のように述べて逆転させた──「本件取引は、全体としてみれば、本来は外国法人が負担すべき外国法人税について我が国の銀行であるＸが対価を得て引き受け、その負担を自己の外国税額控除の余裕枠を利用して国内で納付すべき法人税額を減らすことによって免れ、最終的に利益を得よう

とするものであるということができる。これは、我が国の外国税額控除制度を
その本来の趣旨目的から著しく逸脱する態様で利用して納税を免れ、我が国に
おいて納付されるべき法人税額を減少させた上、この免れた税額を原資とする
利益を取引関係者が享受するために、取引自体によっては外国法人税を負担す
れば損失が生ずるだけであるという本件取引をあえて行うというものであっ
て、我が国ひいては我が国の納税者の負担の下に取引関係者の利益を図るもの
というほかない。そうすると、本件取引に基づいて生じた所得に対する外国法
人税を法人税法69条の定める外国税額控除の対象とすることは、外国税額控除
制度を濫用するものであり、さらには、税負担の公平を著しく害するものとし
て許されないというべきである。」

　「事業目的」の語はないが外国税額控除の趣旨目的から外れた濫用的取引に
ついて不適用もありうるという限定解釈の例として本判決は位置付けられる。

コラム6 Ⅲ　収益逓減（diminishing returns）の法則と最適資本配分

　資源を投入すればするほど全体の生産量は増えるが、一単位当たりの生産性
は少しずつ減っていくことを、収益逓減（収穫逓減とも訳される）の法則とい
う。例えば、明日の民法と商法の試験のために10時間あるとして、民法の勉強
をすればするほど民法の点数は良くなるであろうが、最初の1時間の勉強によ
る民法の点数上昇と比べ、最後の1時間の勉強による民法の点数上昇は低くな
るであろう。それより、後半の数時間は商法の勉強に充てた方が、民法・商法
総合の試験結果が良くなるであろう。どんな時間配分が総合的な試験結果の改
善に繋がるかは人それぞれであり、民法7時間・商法3時間が最適という人も
いれば民法4時間・商法6時間が最適という人もいよう。

　S国税率をT_s、R国税率をT_rとし、考察の便宜のためR国居住者のみが資
本（図のABの幅）を有するとし、R国投資とS国投資の最適な資本配分
（optimal allocation of capital）を考える。右下がりの上の線はR国投資税引前収
益率（R_rとする）を示す。Aに近い資本がR国に適しており、R国投資を増や
せば増やすほど、R国源泉所得は増えるものの一単位当たりの収益率は逓減す
る。左下がりの上の線（R_sとする）はS国投資税引前収益率を示し、Bに近い
資本がS国に適しているとする。

　無税下ではC（$R_s = R_r$）が均衡点であり、A-D間の資本がR国に投資され

D-B 間の資本が S 国に投資されるのが最適な資本配分である。

　左下がりの下の線は S 国投資税引後収益率を示す。国家中立性の観点から R 国が国民所得の最大化を考えるならば E（R_s（$1-T_s$）＝ R_r）まで R 国投資を増やすべきであり、A-F 間の資本が R 国に投資され、F-B 間の資本が S 国に投資されるのが、最適な資本配分である。しかし D-F 間の資本は S 国に投資されていれば C-G の収益を生んだはずであり、両国合計の豊かさを追求する観点からは、D-F 間の資本の R 国への投資は S 国に投資されていたならば生じていたはずの収益を犠牲にしていることになる。△ CGE で示される領域を死荷重（deadweight loss）という。死荷重があるということは非効率を意味する。

　右下がりの下の線は R 国税引後収益率を示す。もし R 国投資のみが課税され S 国投資が課税されなければ均衡点は H（R_s＝ R_r（$1-T_r$））となり、A-I 間の資本が R 国に投資され、I-B 間の資本が S 国に投資され、R 国投資が過少となり、△ CHJ の死荷重が生じてしまい非効率である。

　R 国投資と S 国投資が同じ税率に服するならば（前々段落では左下がりの下の線が R_s（$1-T_s$）を示していたが、ここでは R_s（$1-T_r$）とする）、税引後収益率の交点 K（R_s（$1-T_r$）＝ R_r（$1-T_r$））が均衡点であり、A-D 間の資本が R 国に投資され、D-B 間の資本が S 国に投資され、無税下と同様の最適な資本配分となる。

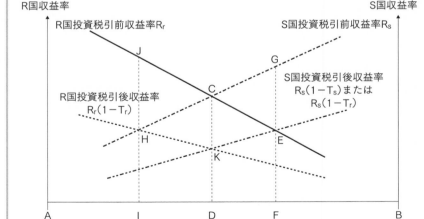

Ⅳ　移転価格税制、過少資本税制

アドビ事件：

アイルランド法人に仕事を任せれば日本での税額を減らせるよね。

1　移転価格（transfer pricing）：租税特別措置法66条の4

(1)　価格操作による租税負担軽減策

　R国の税率が40％、S国の税率が30％であるとし、R国法人A社とS国法人B社は関連会社であるとする。A社がR国で自動車を製造し、A社からB社に輸出し、B社がS国で消費者に販売するとする。

　A社の製造費用が400、B社の販売費用が200であるとし、消費者は900で車を購入するとする（輸出入にかかる輸送費用は無視する）。900 − 400 − 200 = 300がABグループ全体の利益である。A社がB社に車を600で売却していたとすると、A社単体の所得は600 − 400 = 200であり税額は80である。B社単体の所得は900 − 600 − 200 = 100であり税額は30である。AB合計の租税負担は110であり、AB合計の税引後利益は190である。

　A社がB社に車を500で売却していたとすると、A社単体の所得は500 − 400 = 100であり税額は40である。B社単体の所得は900 − 500 − 200 = 200であり税額は60である。AB合計の租税負担は100であり、AB合計の税引後利益は200である。前段落よりも企業にとって有利である。AB間の価格が600から500に変更されることで、所得がAからBに100移転していることが分かる。このように所得を移転させるような価格付けのことを「移転価格」という。

　A社の製造費用を下げたり、B社の販売費用を下げたり、B社の対消費者販売価格を上げたりすれば、AB合計の税引後利益が増えるであろう、と思われるかもしれない。しかし、A社が製造費用を下げようとしたら良質な原料等が調達できなくなるかもしれないし、B社が販売費用を下げようとしたら良質な従業員から退職してしまうかもしれないし、B社の対消費者販売価格を上げようとしたら消費者は別の車を買うようになるかもしれない。ここでは企業は市

場との関係で価格受容者（price taker）であり、製造費用・販売費用・対消費者販売価格は市場で決まるものであってA社・B社にとっては操作不能であるという前提をおいている（ABグループが自動車産業で独占的な地位を占めていれば価格形成者（price maker）として価格を操作できるかもしれないが、ここではそう想定しない）。ABグループにとって、AB間の車の卸売価格が操作可能である。

　S国課税庁としては、自国の税収が30ではなく60であるので、喜ばしい。R国課税庁としては、AB間の移転価格によって税収が減ってしまうので面白くない。そこでR国としてはAB間の不当に低い卸売価格を否認したい。

　なお、R国よりS国の方が高税率である場合、合理的な企業はAB間の卸売価格を高くすることで、AB合計の租税負担を減らしAB合計の税引後利益を増やそうとする誘因を持つ。数値例は自作されたい。この場合、S国がAB間の不当に高い卸売価格を否認したいと考える。

(2)　独立企業間価格（arm's length price）

　AB間の卸売価格500が低すぎると考えるR国が（または前段落のように卸売価格が高すぎると考えるS国が）日本である場合、租税特別措置法66条の4が移転価格に対抗する規定を定めている。同条1項は「法人が……国外関連者（外国法人で、当該法人との間にいずれか一方の法人が他方の法人の発行済株式……の百分の五十以上……を直接又は間接に保有する関係……）との間で資産の販売、資産の購入、役務の提供その他の取引を行つた場合に、当該取引（……「国外関連取引」という。）につき、当該法人が当該国外関連者から支払を受ける対価の額が独立企業間価格に満たないとき、又は当該法人が当該国外関連者に支払う対価の額が独立企業間価格を超えるときは、……当該国外関連取引は、独立企業間価格で行われたものとみなす。」と規定する。

　ABが関連社であるのでAB間の卸売価格を恣意的に操作することができるところ、移転価格税制は、ABが独立の関係であったならば付けられたであろう価格（英語でarm's length priceという。腕の長さ以上離れた他人同士の関係における価格という意味である。日本法は「独立企業間価格」と訳しているが、講学上は「独立当事者間価格」とも呼ばれる）で取引をしたという前提でR国はA社の所得を計算し直す（「当該法人が当該国外関連者から支払を受ける対価の額が独立企業間価格

に満たないとき」の場合。「当該法人が当該国外関連者に支払う対価の額が独立企業間価格を超えるとき」、すなわち AB 間の卸売価格が高すぎる時は、S 国は B 社の所得を計算し直す）。AB 間の卸売価格が幾らであろうと契約自由の原則より私法上は有効であるが、租税法令の適用に関してのみ独立企業間価格で取引されたという前提をとるということである。

(3) 基本三法（CUP 法・RP 法・CP 法）と「最も適切な方法」

　独立企業間価格算定方法について、2011年改正前は基本三法（租税特別措置法66条の 4 第 2 項 1 号イ〜ハ）と呼ばれる次の 3 つの方法が優先的に適用された。

　第一が独立価格比準法（comparable uncontrolled price より CUP 法と呼ばれる）であり、AB 間取引と同様の取引をしている独立当事者間の取引価格を AB 間の取引価格に擬する方法である。

　第二が再販売価格基準法（resale price より RP 法と呼ばれる）であり、B 社の再販売価格から B 社と同様の買い手企業の通常の利益率を引いたものとして AB 間の取引価格に擬する方法である。

　第三が原価基準法（cost plus より CP 法と呼ばれる）であり、A 社の仕入価格から A 社と同様の売り手企業の通常の利益率を足したものとして AB 間の取引価格に擬する方法である。

　しかし、基本三法の前提となる比較対象取引（comparables と呼ばれる）を見出すことは容易でないため、第四の方法として、AB 合計の利益を何らかの指標に基づき AB 間で適切に配分させるようなものとして AB 間の取引価格に擬する方法が同法66条の 4 第 2 項 1 号ニで許容されていた。さらに、現実に基本三法を使える事例は限られているため、2010年 7 月22日に OECD が加盟国に「最も適当な方法 most appropriate method」を用いるよう勧告したことを受け、2011年改正後、日本法の下で「基本三法優先の原則」がなくなり「最も適切な方法」（同法66条の 4 第 2 項柱書）を用いるべきこととなった。

(4) 対応的調整

　AB 間の卸売価格が600と設定されていたところ、S 国が移転価格税制を適用し、独立企業間価格は490であるとし、B 社の所得は100ではなく210である

として63の税を課したとしよう。Ｒ国が日本である場合、卸売価格600が租税特別措置66条の４第１項の「当該法人が当該国外関連者から支払を受ける対価の額が独立企業間価格に満たないとき」に当たらないとＲ国が考えるならば、Ａ社の所得は200のままである。AB合計の税引前利益は300でしかないのに、Ｒ国でＡ社の所得が200、Ｓ国でＢ社の所得が210であるとされると、110の所得について二重課税が発生してしまう。そこで、Ｒ国がＡ社の所得について200ではなく90に減額するような調整をする（Ｒ国で200×0.4＝80を徴税済みならば80－90×0.4＝44を還付する）ことを、対応的調整という。

OECDモデル租税条約は原則として法的二重課税（同一の者が同一の所得につき二国から課税を受けること）に対処しようとしている。前段落の例はＡ社・Ｂ社という異なる者が110の所得について二国から課税を受けること（経済的二重課税という）であり、法的二重課税と異なる問題ではある。

とはいえ、対応的調整がなされなければ、国際的経済交流の阻害要因を除去するというそもそもの租税条約の目的に適わない事態を招来してしまう。そこでOECDモデル租税条約９条２項は、Ｒ国にＡ社への課税について対応的調整をすることを要請している。東京高判平成８・３・28判時1574号57頁は、トヨタが米国で移転価格税制を受けたことについて、日米租税条約に基づき日本法人の対応的調整のため法人税額減額更正処分をしたという事例であり、日本法人所在地の座間市の条例なしで座間市の地方税額の還付も認めるとしたものであるが、地方税条例主義（⇒第１章１３）には違反しないと判断されている。

また、Ｒ国法人Ａ社とＳ国法人Ｂ社の関係を念頭に置いてこれまで説明してきたが、Ｒ国法人Ｆ社がＳ国にＧ支店（PEと認定されるとする）を有する場合、Ｇ支店に帰属する利得も独立当事者間原則によって計算されるべきことがOECDモデル租税条約７条１項および２項で定められている。そして、Ｒ国がＦ社について二重課税救済（OECDモデル租税条約23A条：国外所得免税または23B条：外国税額控除。⇒本章Ｉ２(2)）をする際、Ｓ国におけるＧ支店帰属利得の算定が独立当事者間原則に適っている限り、Ｒ国はＳ国におけるＧ支店帰属利得を前提としなければならない、とされている。例えば、Ｆ社の全世界利得が300であり、Ｓ国がＧ支店帰属利得は210であると認定し63の税を課した場合、23A条によればＲ国がＦ社に課す税額はＦ社本店所得が300－210＝90である

ことを前提として36となる。23B条によればR国がF社に課す税額は300×0.4－210×0.3＝120－63＝57となる。

(5) 独立企業間価格をめぐる国家間紛争

もっとも、OECDモデル租税条約9条2項が要請する対応的調整は、R国のA社に対する課税におけるR国が妥当とする独立企業間価格を前提としている。S国が独立企業間価格を490であると認定したからといってR国も独立企業間価格490を前提とすることまでは要請してはいない。もしかような要請があるならば、S国は際限なく高い独立企業間価格を認定しようとする（特にR国が外国税額控除を採用している場合、R国の税収の犠牲においてS国の税収として吸い上げるという意味でsoak-up taxと呼ばれる）であろう。

R国課税庁が独立企業間価格は560であると認定した場合、実際の価格600が「当該法人が当該国外関連者から支払を受ける対価の額が独立企業間価格に満たないとき」に当たらないものの、R国はA社の所得を200ではなく160に減額する義務を負う、というのがOECDモデル租税条約9条2項の要請である。

AB合計で300の利益しかないのに、S国で210の所得が、R国で160の所得が課税されるのであれば、なおも70の所得について二重課税が残ってしまう。企業側としては、課税庁の認定する独立企業間価格に従う謂れはなく、最終的には裁判で独立企業間価格について争う途が残されている。しかし、S国の裁判所による独立企業間価格の認定とR国の裁判所におけるそれが一致する保証はない。国際的な文脈において、S国における正しさとR国における正しさが整合する保証はない。

(6) 相互協議（MAP: mutual agreement procedure）・仲裁（arbitration）

そこで、OECDモデル租税条約25条（相互協議）は、両国の権限ある当局（competitive authority。日本では国税庁）が協議して、独立企業間価格を一致させるよう努めることを定めている。協議対象は移転価格のみではなく、租税条約の解釈適用にまつわる事柄である。居住地認定（⇒本章Ⅰ3(2)の和訳者の例）や、PEの存否（⇒本章Ⅱ3(3)のアマゾンの倉庫の例）や、PE帰属利得が協議対象になることもある。課税庁が相手国の課税庁に相互協議を持ちかけることもある

し、納税者側から自国課税庁に相互協議を要請することもある。しかし協議であるから移転価格等をめぐる紛争が解決する保証はないし、相互協議が決裂することもある。移転価格の相互協議が決裂すれば、RS国間の独立企業間価格認定の違いから二重課税が残ってしまう。

そこでOECDモデル租税条約25条5項に仲裁条項が創設された。2010年日蘭租税条約改定以後、日本も租税条約に仲裁条項を導入している。2年以内に相互協議がまとまらない場合に、仲裁として第三者が独立企業間価格等の結論を出し、両国はこの結論に従う義務を負う仕組みである。納税者は従う義務を負わないので裁判にいくことができるが、仲裁判断後に裁判にいく例は少ないであろう。普通の仲裁は、片方だけでも仲裁にかけるか否かについて拒否することができるが（例えばスポーツの日本代表選手選考に関し協議者側がスポーツ仲裁を申し立てても競技団体側が拒否した例があることを想起されたい）、25条5項の仲裁は拒否できない義務的仲裁である。2年で相互協議がまとまらなければ仲裁にかけるという圧力をかけることで2年以内に相互協議が決着することが期待されている。実際に仲裁手続にまでいくことは期待されていない。

仲裁において、仲裁人は両国の主張する独立企業間価格等に縛られず仲裁人自身が正しいと考える結論を出すという方式と、米国が提案したベースボール方式（野球選手と球団の紛争につき仲裁人はどちらかの主張を採用する、とすることで、両当事者の主張が接近する傾向があり、紛争解決に資するとされる。final offer（最終提案）方式ともいう）がある。

(7) 事前確認手続（APA: advance pricing arrangement または agreement）

ビジネスマンとしてはそもそも相互協議や仲裁や裁判にならないよう、取引をする時点で将来の移転価格紛争を予防するという発想が大切である。そのため、取引に際し事前に取引価格等が独立当事者間基準に適っているかを課税庁に尋ねる手続が事前確認手続として整備されている。unilateral APA（一国内APA）として一方の国の課税当局から価格について確認を得るものもあるし、bilateral APA（二国間APA）として二国の課税当局を巻き込んで価格について確認を得るものもある。

(8) 事業再編：アドビ事件・東京高判平成20・10・30税資258号順号11061
   （百選71）

　Adobe は米国系企業グループであるが、日本子会社が営んでいた日本での
販売機能を税率が低いアイルランド法人に移す事業再編（business restructur-
ing）をし、日本子会社の果たす事業機能を小さくすることで日本の課税当局
に納めるべき法人税額も小さくする、という租税回避を企図した事例である。

　独立当事者間基準に沿った租税回避であるため、移転価格税制ではこの種の
租税回避に国は対抗できない。実際、この裁判でも国は敗訴した。かつて、国
が独立当事者間基準を旗印として租税回避に対抗しようとしていたが、21世紀
に入り、企業側が独立当事者間基準を利用して租税回避をしている、という状
況である（BEPS 対策⇒本章Ⅴ2）。

2　過少資本税制（thin capitalization）：租税特別措置法66条の5

　R国法人A社がS国法人B社に1000を出資し株式を全て保有しているとす
る。B社が配当支払前・税引前の利益として150を稼いだとして、B社がA社
に配当100を支払った場合、原則として配当はB社の損金に算入されないため、
S国におけるB社の課税所得は150のままである。

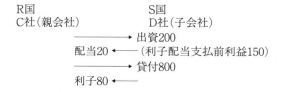

R国　　　　　　　　　　　S国
C社（親会社）　　　　　　D社（子会社）
　　　　　　　　───→　出資200
　　　　配当20 ←───　（利子配当支払前利益150）
　　　　　　　　───→　貸付800
　　　　利子80 ←───

　R国法人C社がS国法人D社の株式を全て保有するが、C社のD社への出資
は200に抑え、他にC社がD社に利子率10％で800の金銭貸付をしていたとす
る。D社の利子配当支払前・税引前の利益として150を稼いだとして、原則と
して利子支払80はD社の損金に算入されるから、S国におけるB社の課税所得
は150から70に減る。資本を減らし負債を増やすことを過少資本という。

　対策立法として、租税特別措置法66条の5は、日本法人が外国の親会社に過
大な利子を支払う場合に、利子支払の一部の損金算入を否定している。日本で
は、外国親会社の日本子会社における資本の3倍を超える負債について、利子

支払の損金算入を否定している。計算してみよう。

3　過大支払利子控除制限：租税特別措置法66条の５の２

　過少資本税制は親子会社間関係に着目している。関連企業グループ内での過大な利子支払による日本法人の課税所得圧縮に対抗するため、2013年以後、租税特別措置法66条の５の２が、大まかに言って日本法人の利益の半分を超える利子支払が外国の関連者に対してなされる場合に、損金算入を否定している。

コラム6 Ⅳ　持分割合40％の場合の移転価格

　移転価格税制の対象になるか否かの判定基準として、日本法は持分割合「百分の五十以上」と定めている（⇒ 1 (2)）。日本法人Ｃ社と外国法人Ｄ社が半々ずつ出資して外国に子会社Ｅ社を設立する場合も、Ｃ社・Ｅ社間の取引が移転価格税制の対象となる。持分割合が半々の場合、Ｃ社がＥ社との取引価格を恣意的に操作できないのが通例であり、「百分の五十超」とすべしと産業界から要望されている。しかし次の例を見ると、移転価格税制の適用対象を狭めることに難色が示されるのも理解できる。

　Ｃ社の税率が30％、Ｄ社・Ｅ社の税率が０％、Ｃ社・Ｄ社のＥ社に対する持分割合がそれぞれ40％・60％であるとする。価格操作前のＣ社・Ｄ社・Ｅ社それぞれの単体の税引前利益を c、d、e とすると、Ｃ社の税引後利益（Ｅ社持分を含みＥ社留保利益にＣ社居住地国の課税は及ばないとする）は $0.7c+0.4e$（①）、Ｄ社のそれは $d+0.6e$（②）である。CE間取引においてＣからＥに p だけ利益を移転させると、Ｃ社の税引後利益は $0.7(c-p)+0.4(e+p)=0.7c+0.4e-0.3p$（③）、Ｄ社の利益は $d+0.6e+0.6p$（④）となる。①と③を比べるとＣ社にとって価格操作は損である。しかし、同時にCD間取引においてＤからＣに $0.5p$ だけ利益を移転させると、Ｃ社の税引後利益は $0.7(c-p+0.5p)+0.4(e+p)=0.7c+0.4e+0.05p$（⑤）となり、Ｄ社の利益は $d+0.6e+0.1p$（⑥）となる。Ｃ社にとって①より⑤が得であり、Ｄ社にとって②より⑥が得である。１回の移転価格ではＣ社にとって損であるが、２回の移転価格を同時に遂行することで、Ｄ社に損させることなくＣ社が得となることが可能となりうる。

V タックス・ヘイブン対策税制、BEPS 対策

グラクソ事件：
日本に PE を有さないシンガポール法人の所得への課税は条約違反か？

1 タックス・ヘイブン対策税制：租税特別措置法66条の 6

(1) 外国子会社所得の留保と外国支店所得への即時課税

　日本法人A社が外国（S国）に子会社たるB社を設立した場合、B社はS国で課税される。B社は税引後所得からA社に配当を支払うことができるが配当する義務はない。配当がない限り原則として日本の課税対象とならない。B社がタックス・ヘイブン（tax haven。所得に対する税負担がないまたは軽い国・地域）に設立され、日本に配当されないままであると、所得がほとんど課税されないまま外国に溜め込まれる。これを放置すると、A社が外国法人と取引する際に間にタックス・ヘイブン子会社を介在させ、当該子会社に所得を溜め込むことが可能となる。他方、日本法人C社がS国にD支店を設立した場合、全世界所得課税なので送金等がなくても日本の課税が及ぶ。

　収益率が年10%、日本法人が40%の税率に服す一方S国法人は無税であると仮定し、A社の子会社たるB社とC社のD支店が元手 1 万を第 0 年度に投資するとしよう。D支店は第 1 年度に税引前収益1000を稼ぎ、400の税を負担し、税引後元利合計10600を再投資する。第 2 年度に税引前収益1060を稼ぎ、424の税を負担し、税引後元利合計11236を再投資する。これを10年繰り返すと$10000 \times 1.06^{10} = 17908$（税引後利益7908）となる。

　B社は第 1 年度に税引前収益1000を稼ぎ、元利合計11000を再投資する。第 2 年度に税引前収益1100を稼ぎ、元利合計12100を再投資する。これを10年繰り返すと$10000 \times 1.1^{10} = 25937$となる。ここでB社がA社に15937を配当し、同額が日本で課税所得に算入されるとすると（本章Ⅲ 2 (2)の外国子会社配当益金不算入を無視する）、税引後利益は$15937 \times 0.6 = 9562$となる。

　B社に日本の課税が及ばなくとも、B社からA社に配当した時に日本が課税

すればよい、としてしまうと、前段落のように課税繰延の点でD支店よりB社が有利になってしまう。そこで、軽課税国子会社利用による課税繰延の有利さを打ち消すために、B社の留保所得に対し配当がなくてもA社の所得として課税する必要がある、というのがタックス・ヘイブン対策税制の母法国である米国における説明である（米国ではCFC税制と呼ばれる。controlled foreign company/corporation：被支配外国会社/法人についての課税という意味である）。

1978年にタックス・ヘイブン対策税制（2010年改正後は外国子会社合算税制とも呼ばれるようになった）が日本に導入された際、立法担当者は米国法を参照していたが、制度趣旨は課税繰延対策ではなく租税回避防止であると説明している。課税繰延対策という趣旨を貫徹するならば、後述するようにB社が能動的な事業活動をしている場合でもA社居住地国における課税を及ぼすべきであるが、米国も含めほとんどの国（A社居住地国）は、B社が租税回避をしていると考えられる場合だけA社居住地国の課税を及ぼすとしている。さらに2009年改正により外国子会社から日本の親会社に配当した場合に原則として日本は課税しないこととなったため（法人税法23条の2⇒本章III 2(2)）、日本の親会社へ配当する時まで課税繰延をすることへの対策規定としてタックス・ヘイブン対策税制が要るという説明は、妥当しにくくなっている（⇒1(9)）。

米国法における課税繰延対策という制度趣旨説明は経済実体として算術的に明快であるが、現実には米国の議会でも課税繰延対策の徹底という制度趣旨は受け容れられなかった。他方、日本のように租税回避防止が制度趣旨であるといっても、ではそこでいうところの租税回避とは経済実体としてどのような回避なのか不明瞭である、というところに紛争の種がある。

(2) 外国関係会社と特定外国子会社等：租税特別措置法66条の6第1項

租税特別措置法66条の6第1項柱書は「内国法人［A社］に係る外国関係会社［B社］のうち、特定外国関係会社又は対象外国関係会社」の「適用対象金額」のうち、A社のB社持分割合に応じた額（「課税対象金額」という）を「［A社］の収益の額とみなして……益金の額に算入する」と規定する。雑駁に言えばB社の所得をA社の益金に合算するということである。

株式保有等要件として、日本法人A社を含む日本居住者・日本法人が外国法

人Ｂ社の株式等を50％超保有している場合にＢ社を「外国関係会社」（租税特別措置法66条の６第２項１号）と呼び、Ａ社がＢ社の株式等を10％以上保有している場合に、合算課税をする（実質支配関係が問われることもありうるが、説明を省略する）。例えば、Ｂ社を保有しているのが日本法人Ａ社、日本法人Ｅ社、外国法人Ｆ社であるとして、Ａ・Ｅ・Ｆ（それぞれ独立しているとする）の持分割合がＡ20％・Ｅ30％・Ｆ50％の場合は日本法人等が50％超保有ではないし、Ａ9％・Ｅ42％・Ｆ49％の場合は50％超保有ではあるが10％以上保有ではない。

　合算課税が起きうる「特定外国関係会社」（租税特別措置法66条の６第２項２号）とは、雑駁に言えばＢ社が現地で真っ当に事業活動を営むための法人であるとは考えられない場合、もっと雑駁に言えば、Ｂ社がペーパー・カンパニーにすぎないような場合を念頭に置いて規定されている。外国法人たるＢ社が現地で何％の税率で課税されていれば日本でタックス・ヘイブン対策税制による合算課税が発動しうるか、という分水嶺となる税率を、講学上トリガー税率と呼ぶ。かつては日本の法人税率（地方税を含む）の概ね半分である25％（25％以上ならばタックス・ヘイブン対策税制が発動しない）がトリガー税率であったが、諸外国の法人税率が下げられて、あまりにも多くの外国子会社が日本でタックス・ヘイブン対策税制の対象となりうるようになってしまうと、日本企業の海外展開に与える支障（日本でタックス・ヘイブン対策税制の対象とならない場合であっても対象となるかならないかの判定をしなければならないという手続上のコストも大きなものとなる）が、日本の租税負担を免れることの弊害よりも大きくなってしまうという考慮から、トリガー税率は20％まで下げられた（20％以下基準から、20％未満基準への改正もあった）。しかし、2018年改正で、ペーパー・カンパニーを念頭に置いた特定外国関係会社については、トリガー税率が30％に引き上げられた（同法66条の６第５項１号）。

　他方、「対象外国関係会社」（租税特別措置法66条の６第２項３号）とは、特定外国関係会社に当たらない場合（つまり、雑駁に言えば現地で真っ当に事業を営むための事務所を有しているといった場合）でも、現地で能動的な事業による所得（講学上、active income、能動的所得と呼ぶ）を得ている訳ではない場合、逆に言えば、寝ていても入ってくるような所得（講学上、passive income、消極的所得と呼ぶ）を得ている場合を念頭に置いて規定されている。この場合は、現地で20％

以上（同法66条の6第5項2号）の課税を受けていれば、タックス・ヘイブン対策税制の対象とならない。

(3)　ガーンジー島事件・最判平成21・12・3民集63巻10号2283頁

税負担が著しく低いかに関し、1992年改正前は指定制度（ブラック・リスト方式とも呼ばれる）として指定された国の子会社等がタックス・ヘイブン対策税制の対象になりうるとしていた。1992年改正後は前述のトリガー税率制度が採用された（当時は25％基準）。

英王室領ガーンジー島では、一定の条件下で納税者が0〜30％の範囲で税率を選ぶことができることとされていた（デザイナー・タックスと呼ばれる）。日本の損害保険会社たるA社が支配するガーンジー島所在子会社たるB社が当地で26％の税率を選択し納税した。B社が納付した金員が法人税に当たるかが問題とされた。法人税に当たらないとすれば、日本のタックス・ヘイブン対策税制が適用されるのみならず、外国税額控除の適用に関し外国で納付した税額は無いとされることになる。あからさまに日本を含めた高税率国のタックス・ヘイブン対策税制を回避するための仕組みをガーンジー島が用意しているということであるが、他方で、税率を納税者が選ぶことができるということが税としての性質を失わしめるのか（日本では税率を選ぶことができる制度は無いものの、様々な選択可能性が租税法令で用意されていることとどう違うのか）という問題もある。二審は、ガーンジー島での納付には強制性が欠けているので税ではない（日本のタックス・ヘイブン対策税制が適用されるし、外国税額控除は適用されない）と判断した。しかし最高裁は租税性を肯定し、日本のタックス・ヘイブン対策税制は適用されず、外国税額控除は適用されるとした。

(4)　active income と passive income

雑駁に言えばB社が active income を得ているならタックス・ヘイブン対策税制は発動せず、passive income を得ているならタックス・ヘイブン対策税制が発動する、という区別を日本も含め多くの国が採用している。しかし日英と米独とで着眼点が異なっていた。

米独等では取引単位（income approach または transaction approach という）で

passive/active 判定を行う傾向が強かった。他方、日本法は原則として外国法人単位（entity approach という）で passive/active 判定を行う傾向が強かった（英国も日本法を模倣していた）。しかし、度重なる法改正の結果、日本法も income approach を取り入れるようになり、着眼点の違いは小さくなった。

(5) 来料加工取引・東京地判平成24・7・20訟月59巻9号2536頁（百選70）

　日本法人A社の香港子会社B社が、中国の工場で製造した商品を非関連者に販売していた。当時の passive/active 判定基準の下では、B社の主たる事業が卸売業であるならば、非関連者に売るので active といえるとされるのに対し、B社の主たる事業が製造業ならば、本店所在地たる香港以外のところで製造しているので passive とされてしまう、という規定の構造であった。

　結論として passive とされてしまったが、香港と中国が別であるとはいえ、日本の租税負担を免れるための取引ではなかった。規定の不備であって（今は active 判定を受けうるように改正されている）、香港・中国で事業を営む真っ当な理由があるのであるから、タックス・ヘイブン対策税制を適用しないという税制の趣旨目的に沿った解釈（外国税額控除余裕枠事件について⇒本章Ⅲ3(2)）をすべきであるとも納税者側は主張したが、容れられなかった。

(6) デンソー事件・最判平成29・10・24民集71巻8号1522頁

　passive income の例として配当収入が挙げられる。日本法人A社のシンガポール子会社たるB社が株式保有を主たる事業としている場合、問答無用でタックス・ヘイブン対策税制の適用対象となるというのが当時の規定であった。しかし、B社は、東南アジア諸国の孫会社を統括して利益を高めようとしている（その後の法改正により、こうした統括会社については、タックス・ヘイブン対策税制の適用対象から除外されたが、本件の係争年度においては旧規定が適用されていた）のであって、漫然と配当収入をシンガポールに溜め込もうとしていたわけではないから、B社の収入の中で配当収入が占める割合が高いといえども、株式保有がB社の主たる事業であるとはいえない、と主張した。

　一審は、B社の所得のうち孫会社から受ける配当が多いというだけでは主たる事業が株式保有事業であるとはいえないとし、B社が株式保有事業以外の事

業に多くの資源を投入していることに着目し、主たる事業は株式保有事業ではないと認定した。二審は主たる事業は株式保有事業であると認定した。判断が分かれていたが、最高裁は、株式保有が主たる事業ではないと認定した。

(7) 二重課税の調整：租税特別措置法66条の7

日本法人A社の軽課税国子会社たるB社が外国で納めた税額のうち、A社の所得に合算された部分の所得に対応する部分は、日本で外国税額控除の対象となる。法人税法69条8項の間接外国税額控除は廃止されたが（⇒本章III 2(2)）、タックス・ヘイブン対策税制では間接外国税額控除同様の救済をする。

A社がB社の80%を保有しており、B社が税引前所得1000を稼いだとし、B社が現地で12%の課税を受けたとしよう。B社は現地で120の税を納付する。A社は1000の80%について合算課税を受けるため、日本の税率を30%とすると、$800 \times 30\% = 240$の納税義務が発生するが、$120 \times 80\% = 96$について間接外国税額控除の救済があり、$240 - 96 = 144$の納税をすることとなる。

他方、B社の所得がA社の手元でタックス・ヘイブン対策税制の適用を受けた後に、B社からA社に配当が支払われた場合、A社は課税されない。

(8) タックス・ヘイブン対策税制は租税条約（PE なければ課税なし）違反か：グラクソ事件・最判平成21・10・29民集63巻8号1881頁（百選69）

日本が日本法に基づき外国子会社の所得について課税することができることを当然の前提としてきたが、この前提自体が争われた事例である。日本法人A社がシンガポール子会社たるB社を有していたところ、B社が日本にPEを有してないのに日本が課税することは日星租税条約7条1項（OECDモデル7条1項に相当）の「PEなければ課税なし」に違反する、と納税者は主張した。国は、A社に対する課税処分であるため租税条約違反には当たらないと主張した。背景には、タックス・ヘイブン対策税制がフランスで租税条約に違反すると判断された一方、フィンランドで租税条約に違反しないと判断されたという国際的な意見対立があった。フランス、フィンランドの判決の後、OECDは、タックス・ヘイブン対策税制が原則として条約に違反しないという旨をコメンタリー（OECDモデル租税条約の解釈に関するOECD公式註釈書）に記載したが、

複数の国（オランダのように、元々タックス・ヘイブン対策税制を有してない国もある）の反対意見も記載されている。

　一審（二審でも維持）は、「誰に対して課税をするのかという観点を形式的に適用する論理は、日星租税条約の潜脱を容易に許してしまうおそれがある」として納税者の主張に一部配慮したが、「海外子会社から内国法人に対して利益移転が行われるのが当然であるにもかかわらず、そのような利益移転が行われていないとみられる場合に、内国法人に対し、本来あるべき利益移転が実際にあったものとみなし」て日本が課税することは許されると判示した。

　ところが、2009年改正により法人税法23条の2（⇒本章Ⅲ2⑵）が導入された後、一審の理屈は維持し難いものとなった。「本来あるべき利益移転」がB社からA社への配当であるとすると、2009年改正後は原則としてA社は課税されないのではないかという疑問が湧くからである。B社が租税回避をしている場合に法人税法23条の2は適用されないと考えればよいともいえるし、そもそも係争年度は2009年改正前であるから2009年改正は関係ないともいえるが、2009年改正は関係ないという論理で強行すると、2009年改正後にPEなければ課税なしルールを持つ租税条約を締結している国との関係においては（そして日本の主な貿易相手国とは租税条約を締結済みである）タックス・ヘイブン対策税制を適用できなくなってしまうのではないか、という懸念があった。

　最高裁は、日星租税条約7条1項が禁じているのは法的二重課税（⇒本章Ⅳ1⑷）であり、日本のシンガポール法人への課税を制限するにとどまるという文理解釈をした。続けて、「措置法66条の6第1項は、外国子会社の留保所得のうちの一定額を内国法人である親会社の収益の額とみなして所得金額の計算上益金の額に算入するものであるが、この規定による課税が、あくまで我が国の内国法人に対する課税権の行使として行われるものである以上、日星租税条約7条1項による禁止又は制限の対象に含まれない」と判示し、一審の「本来あるべき利益移転」という表現を避けた。

　最高裁は「日星租税条約……に関してOECDの租税委員会が作成したコメンタリーは、条約法に関するウィーン条約……32条にいう『解釈の補足的な手段』として、日星租税条約の解釈に際しても参照されるべき資料ということができる」とも述べた。傍論と位置付けられるであろうけれども、租税条約の解

釈の仕方に関してその後たびたび引用される部分でもある。

　さらに、涌井紀夫補足意見は、本件のB社の所得は株式譲渡益なので日星租税条約7条ではなく13条が問題になるのではないかと述べている。

　ところで、本件のA社は英系多国籍企業グループの一つであり、B社は英国法人の納税資金調達のために株式譲渡益を実現させたという事情があり、横から日本が課税するのはけしからんのではないかという問題もあった。

2　BEPS（base erosion & profit shifting：税源浸食と利益移転）対策

　本章Ⅳ1(8)アドビ事件で見たように、米系多国籍企業グループの租税回避は巧みである。そうした租税回避により tax base（課税対象）が削られ利益が軽課税国に移転されてしまっていることに対策を打つべきであるという政治的機運が米英で盛り上がり、2013年以降 OECD/G20で BEPS 対策として議論され2015年に報告書が出た。企業の租税回避を非難するだけでは不十分であり、元々の国際租税法が欠陥を含んでいたという反省に基づいている。

　利子控除の可否、PE 認定の人為的回避、CFC 税制の趣旨の見直し、移転価格税制の改良など検討課題は多岐にわたる。あるルールを変えれば得となる国と損となる国がどうしても出てくるところ、BEPS 対策は既存の課税権配分を根本的に変革するものではないという政治的な制約が課せられているため、BEPS 対策がどの程度成功するか、未知数である。

　2015年報告書の段階では、PE 概念を少し広げたものの（倉庫について⇒本章Ⅱ3(3)）、PE なければ事業所得課税なしルールは維持されていた。Google などのオンライン広告収益に対し、PE なければ事業所得課税なしルールのため課税が十分にできないという不満が高まり、仏英伊など一部の国は、国内法改正により Google などに課税すると宣言し（条約違反の恐れがあるが、仏英伊などは条約の関係する所得税とは別の税であると主張している。日独などは米国の報復関税を恐れて仏英伊などに追随してない）、PE なければ事業所得課税なしルールを国際的に見直せと脅しをかけた。2019年から、越境的な取引について PE がなくても課税権を配分するルールを議論中であったが、米国が抵抗を示しているとも報じられ、先行き不透明である。

第7章

租税法と私法、租税回避

相互売買事件：
租税負担を軽くするような法形式の選択は否認されるか？

1 租税法令の解釈

(1) 文理解釈の原則

論者により少しずつ表現が異なることがあるので、本章では金子宏『租税法第23版』（弘文堂、2019年）の表現を借り、「　」（　頁）と表記する。

今更であるが、租税法令は文理解釈（文言解釈ともいう）が原則である。租税法律主義の民主主義の観点から、様々な利害対立を経て課税要件は租税法令の文言に結晶していると理解するのが素直であるし、自由主義の観点からも、文理解釈から外れて課税することは納税者の予測可能性を害してしまう。

文理解釈のリーディング・ケースとされるのがホステス報酬計算期間事件・最判平成22・3・2民集64巻2号420頁（百選13）である。バー等の経営者がホスト・ホステス（一般に、給与所得稼得者ではなく事業所得稼得者である）に報酬を支払う際、源泉徴収しなければならないが、所得税法施行令322条「5000円に当該支払金額の計算期間の日数を乗じて計算した金額」を報酬から控除した額に税率を乗じて源泉徴収することとされていた。争点は、「日数」が、計算期間（通常は15日）を意味するか出勤日数を意味するかである。課税庁は、出勤日数が多いほどホスト・ホステスの必要経費が多額になる傾向に鑑みて作られた規定であるので「日数」は出勤日数であると主張した。かような規定の趣旨の理解もありえないではないが、最高裁は、経営者の源泉徴収の計算を簡便化する趣旨で「日数」という文言が用いられたという理解に立ち、文言通り「日数」は単純な日数（計算期間たる15日）を意味する、と判断した。

(2) 拡張解釈、縮小解釈、類推解釈

　租税法令をみだりに拡張解釈したり縮小解釈したり類推解釈したりしてはならないが、稀に、裁判所が拡張解釈、縮小解釈、類推解釈をした例もある。拡張解釈の例としてレーシングカー物品税事件・最判平成 9 ・11・11判時1624号71頁（競走用自動車が「小型普通乗用四輪自動車」に含まれる）、縮小解釈の例として最判平成16・12・16民集58巻 9 号2458頁（百選86⇒第 4 章 I 3(3)）、類推解釈の例としてサンヨウメリヤス土地賃借事件・最判昭和45・10・23民集24巻11号1617頁（⇒第 2 章Ⅵ 6(4)）、最判平成20・10・24民集62巻 9 号2424頁（都民税法人税割の還付加算金の起算日）があるが、例外的である。

(3) 借用概念と固有概念

　租税法令の中で用いられている概念の中には、民法、商法等から借用した概念（借用概念という。例えば所得税法83条の「配偶者」）と、他の法分野から借用した訳ではない租税法令固有の概念（固有概念という。例えば所得税法33条 1 項の「資産」）がある、という理解が通説的である。借用概念・固有概念は講学上の用語法であり、法令に根拠はない。借用概念・固有概念の二分法では上手く説明できない事例もある、という理解も近年有力になりつつある。が、まずは借用概念と固有概念を理解してから、次に二分法の限界を考えてほしい。

　固有概念の解釈方法については、例えば所得税法33条 1 項の「資産」の解釈については、租税法令の趣旨目的に沿って解釈するしかない。法人税法22条 2 項の「資産」については、金銭を含む「資産」と金銭を含まない「資産」がある、というように、規定の不備もあるけれども、仕方ない。

　借用概念の解釈方法については、法的安定性の見地から、「原則として、本来の法分野におけるのと同じ意義に解釈すべき」（127頁）である（統一説）、という理解が通説である。借用元と異なる意義に解釈すべき場面があるとしたら、民主主義の観点から借用元と異なる定義を明記すべきであるし、自由主義の観点からも納税者の予測可能性を害してしまう。租税の徴収確保または公平負担の観点から、借用概念であっても租税法独自に解釈すべきである（独立説）、という理解はほぼ支持されてない。必ずしも租税の徴収確保に資する解釈が優先するわけではないが、借用概念であっても租税法の目的に適合的な解

釈をすべきである（目的適合説）、という理解は通説ではないが有力ではある。しかし、統一説においても「別意に解すべきことが租税法規の文言またはその趣旨から明らかな場合は別」（127頁。リーディング・ケースは所得税法60条1項の「贈与」に負担付贈与は含まれないと縮小解釈した浜名湖競艇場用地事件・最判昭和63・7・19判時1290号56頁（百選41））と述べられているため、統一説と目的適合説との違いを教条主義的に捉える実益は乏しいといえよう。

(4) レポ取引事件・東京高判平成20・3・12金判1290号32頁

借用概念のリーディング・ケースとされるのは「住所」の例（⇒第6章Ⅰ3⑴）とレポ取引事件である。ここではレポ取引事件を見ていく。

レポ取引とは、国債等の再売買予約付売買である。例えば、日本法人J社がアメリカ法人U社に国債を2000で売り、1年後（実際は短期）、J社がU社から国債を2200で買い戻す（レポは repurchase の略）という取引である。この差額200（レポ差額という）は、J社がU社に売る時点とJ社がU社から買い戻す時点の間の金銭の時間的価値（time value of money）に相当するものである。

課税庁は、200のレポ差額が、J社からU社への利子支払に相当するものであり、U社の利子所得についてJ社が源泉徴収納付義務を負う、と主張した。前述のレポ取引は、JがUから2000を借入れて担保として国債を拠出し、1年後、JがUに元利合計2200を返済して担保を返してもらうことと、経済実質的に類似するからである。所得税法161条6号（当時）は「国内において業務を行なう者に対する貸付金（これに準ずるものを含む。）で当該業務に係るものの利子（政令で定める利子を除く。）」と規定しており、レポ差額が貸付金の利子に該当しないとしても「これに準ずるもの」には含まれる、とも主張した。

しかし裁判所は、売買という法形式を重視し、貸付金（民法587条の金銭消費貸借契約が典型）とはいえないし準ずるともいえない、とした。

2 節税・租税回避・脱税

(1) 節税・租税回避・脱税の定義

節税は「租税法規が予定しているところに従って税負担の減少を図る行為」（135頁）である。住宅ローン減税の要件を満たすように住宅ローンの契約を締

結し、結果として租税負担が軽減される、といった例が典型的である。裁判で問題になることはあまりない。

　脱税は、「課税要件の充足の事実を全部または一部秘匿する行為」（135頁）である。相続により財産を取得した者には相続税が課せられる（相続税法1条の3）という課税要件が法定されているところ、相続により取得した財産（例えば金塊）を庭に埋めて隠して相続税の申告をしない（または過少申告をする）、といった例が典型的である。脱税は犯罪（逋脱犯という）であって刑事罰の対象となりうるし（所得税法238条1項）、検察が動くほどではないとしても、隠蔽仮装による過少申告や無申告については重加算税（国税通則法68条⇒第1章Ⅱ2(1)。リーディング・ケースは最判平成18・4・25民集60巻4号1728頁（百選97）であるが、発展的勉強の材料とされたい）が課せられる。

　租税回避は「合理的または正当な理由がないのに、通常用いられない法形式を選択することによって、通常用いられる法形式に対応する税負担の軽減または排除を図る行為」（134頁。第1類型）、「租税減免規定の趣旨・目的に反するにもかかわらず、私法上の形成可能性を利用して、自己の取引をそれを充足するように仕組み、もって税負担の軽減または排除を図る行為」（135頁。第2類型）である。

(2)　租税回避（第1類型）の例

　所得税法33条1項の譲渡所得の定義は、譲渡概念を広げる（　）書きを付して「譲渡（……地上権または賃借権の設定……を含む……）による所得」としている。単に「譲渡による所得」と規定されていた場合、課税要件の一つである「譲渡」という要件を回避する方法として、次のようなものがある。

　例1として、Aがかつて3億円で購入した甲土地の時価が9億円であるとし、Bが9億円の現金を有している。AからBに甲の所有権が移転し、BがAに9億円の対価を支払う、というのが譲渡の典型例であり、Aは6億円の譲渡益について所得税が課せられる（短期か長期かは今は深入りしない）。

　例2として、Aが甲を無期限でBに賃貸し、BはAに毎年賃料1億円を支払うという契約をする。単に「譲渡による所得」と規定されていた場合、賃貸は譲渡ではない。たまたま、Bが9億円をAに無期限で貸し、AはBに毎年利子

１億円を支払う（元本９億円の返済の期限は定めない）という契約をする。たまたま、ＢがＡに支払うべき１億円の賃料債務とＡがＢに支払うべき１億円の利子債務とが釣り合っているので、相殺し、たまたま、ＡはいつまでもいつまでもＢに甲の返却を求めず、ＢはいつまでもいつまでもＡに元本９億円の返済を求めなかったとする。例２の法律構成に着目せず生の事実だけを見ると、例１と比べ、甲の利用状況や９億円の現金の動きは、同様である。しかし、例２は「譲渡」という課税要件を充足していないので、Ａに譲渡所得は生じないこととなる。

　現在は、「譲渡（……地上権または賃借権の設定……を含む……）による所得」という規定振りなので、例２であってもＡは課税要件を満たしうる。（　）内の規定は、不動産所得との区別のための規定であり（サンヨウメリヤス事件・最判昭和45・10・23民集24巻11号1617頁⇒第２章Ⅵ 6(4)）、例２の租税回避を否認（否認の意味については(3)で詳述）するためではないけれど、結果として譲渡の要件を広げているとはいえよう。

　脱税と租税回避の違いは「脱税が課税要件の充足の事実を全部または一部秘匿する行為であるのに対し、〔租税回避は〕課税要件の充足そのものを回避〔す〕る行為である」（135頁）と説明される。雑駁に言えば、脱税は嘘であり、租税回避は嘘ではない、ということである。

　他方、「節税と租税回避の境界は、必ずしも明確でなく、社会通念によって決めざるをえない」（135頁）。また、節税はあまり裁判にならないので、節税と租税回避の境界を論ずる実益はあまりないといえよう。

(3)　租税回避行為の否認

　「租税回避があった場合に、当事者が用いた法形式を租税法上は無視し、通常用いられる法形式に対応する課税要件が充足されたものとして取り扱うこと（減免規定については、その適用を否定すること）を租税回避行為の否認と呼ぶ」（135頁）。

　(2)の例２についてＡからＢへの甲の譲渡はないけれども「譲渡」という課税要件が充足されたとして課税することが、否認である。なお、ここでいう否認とは、租税法令の適用の前提を変える、というものであり、私法上は、契約自由の原則により譲渡ではないという法律構成が有効である。

現行法の「譲渡（……地上権または賃借権の設定……を含む……）による所得」という規定は、個別的に租税回避行為を否認しているといえる。このような場合に否認できることは当然である。

　議論の余地があるのは、否認規定がない場合、例えば、単に「譲渡による所得」と規定されていた場合に、例２についてＡからＢへの甲の譲渡があるとして、Ａの譲渡という課税要件充足の回避という目論見を否認してよいか、である。「最高裁判所の明確な判断はまだ示されておらず……下級審の裁判例は分かれている」（138頁）とされる。しかし、現在は、課税庁も否認規定なき場合に否認は許されない、という前提で裁判等をしているので、否認規定なき場合の否認が許されるかを議論する実益が乏しくなりつつある。

　例えば、1(4)のレポ取引事件において、売買という法形式が用いられている（これは租税回避（第１類型）の典型例といえる）ことを否認して貸付金の利子が支払われている、と課税庁が主張するならば、それは否認規定なき否認である。しかし、課税庁は、そのようには主張してない。初学者にはややこしいが、あくまで、所得税法161条６号の「貸付金」や「準ずる」の解釈の広狭を課税庁が主張していたにすぎず、否認を主張していたのではない。

(4)　租税回避（第２類型）の例

　第６章Ⅲ3(2)の外税控除余裕枠りそな銀行事件・最判平成17・12・19民集59巻10号2964頁（百選18）が典型例である。この事件でも、課税庁側は否認を主張していたのではなく、法人税法69条の適用範囲の広狭に関する主張をしていた（納税者が思っていたよりも裁判所による法人税法69条の適用範囲が狭かった、というにすぎない）、ということに留意されたい。

(5)　否認規定の解釈と立法

　所得税法33条１項の「譲渡（……地上権または賃借権の設定……を含む……）による所得」という個別的否認規定の解釈が問題となることはあまりない。

　難しいのは、法人税法132条や法人税法132条の２における「不当」といった幅のある概念の解釈である。第３章Ⅳ2(3)、第３章Ⅵ2(3)を参照されたい。

　近年、法人税法132条等よりも広く、一般的に租税回避を否認する権限を課

税庁に認める立法（GAAR：General Anti-Avoidance Rule。ガーと発音する）をすべきではないかという議論が、世界的に盛り上がっている。典型例は、ドイツの租税通則法42条1項の「租税法律は、法の形成可能性の濫用によって回避することはできない。[後略]」（136頁）という規定である。なお、第3章VI 2⑶では租税制度の濫用が問題となっていたように読めるが、ドイツの「濫用」の目的語は「法の形成可能性」、つまり私法であることに留意されたい。

　世界的に盛り上がっていると書いたが、日本ではGAARの立法の是非について賛否両論がある。GAARが立法されている国においても、課税庁が裁判で簡単に勝てるわけでもないので、仮に日本でGAARが立法されても（規定振り次第ではあるが）、裁判の勝敗に大きな影響を与える可能性は低いであろう。

3　租税回避行為の否認ではないが結果が否認と類する場面

⑴　二つの筋の概略

　否認規定なき場合の否認は許されない、ということを納税者側のみならず課税庁側も前提としているといえども、裁判は起きるし、結果が否認と類する場面もある。大まかに言って、二つの筋がある。第一に、租税回避（第1類型）について契約の真正性を否定する筋、第二に、租税回避（第2類型）について課税減免規定が限定解釈される筋である。第二の筋の典型例として外税控除余裕枠事件（⇒第6章III 3⑵）がある。なお、租税回避（第2類型）についても第一の筋（契約の真正性）で課税庁が勝負する余地はある（外税控除余裕枠事件で課税庁側は第一の筋の主張もしていた）が、租税回避（第2類型）について第一の筋で決着した例はまだないと見受けられる。

　第一の筋を詳述すると、納税者側が示す契約書等に書かれていることが真意（民法上の効果意思）を反映したものではないと裁判所が判断する場合、民法上も納税者側の主張する契約等が認められないということであるから、租税回避行為の否認ではなく、租税回避が成立していないことになる。否認とは違うという意味で、事実認定・私法上の法律構成による「否認」、とも呼ばれる。

　第一の筋で課税庁が勝った事例はあるので（任意組合という契約書の真意が否定され匿名組合契約に係る利益の分配であるとした東京高判平成19・10・30訟月54巻9月2120頁）、将来弁護士や税理士になろうと思う人は警戒しなければならない

が、第一の筋で課税庁が勝つのは容易ではないはずであるとの理解が学説では強い。租税負担を減らす動機で迂遠な法形式を選択しようとしているのであるから、その迂遠な法形式を採るために契約書等に書いていることが嘘である（真意の反映ではない）という認定は難しいはずである、というわけである。そのリーディング・ケースとされるのが次の相互売買事件である。

(2)　相互売買事件・東京高判平成11・6・21判時1685号33頁（百選17）

　C氏が乙地を保有していたところ、乙を売ってほしいとD社がCに申し込んだ。Cは、代替地等をDが用意するなら売ってもよいと答えた。そこで、Dが第三者から丙地を時価7億円で購入し、代替地として用意した。

　CとDは次のような契約を締結した。CがDに乙地を7億円で売る。DはCに丙地を4億円で売る（7億円で買ってきたのに！）。3億円足りないのでDはCに差金決済として3億円を支払う（相互売買契約）。Cの総収入金額は7億円である、との前提でCは申告した。

　これに対し課税庁側は、次のように主張した（一審も同旨）。契約書には相互売買の法形式が書かれているけれども、CとDとの間の真意は乙地と丙地との交換契約である。Cは乙地を譲渡して、丙地（時価7億円）と3億円を得たので、Cの総収入金額は10億円である。

　二審は、相互売買の法形式を選択したCの意図が租税負担軽減を図ることであったと「優に推認できる」と判示しており、二審もCの契約が奇矯であると考えていることが窺える。それでも、交換契約の方が「直截である」が、租税負担軽減を図るための迂遠な相互売買の「法形式を採用することが許されないとすべき根拠はない」と判示して、Cの請求を認容した。

　なお、上告不受理決定は2003（平成15）年6月13日であった。最高裁も4年間悩んだことが窺えるが、悩んだ末に二審の結論を是認したということでもある。

事項索引

●著者紹介

浅妻章如（あさつま・あきゆき）
立教大学法学部教授
東京大学大学院法学政治学研究科博士課程公法専攻修了（2004年）、博士
（法学）
［第1章Ⅰ・第2章Ⅵ～Ⅹ・第4章～第7章］

「所得源泉の基準、及び net と gross との関係（1～3・完）」法学協会雑誌
121巻8～10号（2004年）
「第4章　離婚・死別と租税法」「第5章　最判平22・7・6と最大決平25・
9・4後の相続税（廃止）と所得税」金子宏監修『現代租税法講座第2巻家
族・社会』（日本評論社、2017年）
『租税法概説　第3版』（共著、有斐閣、2018年）
『ホームラン・ボールを拾って売ったら二回課税されるのか』（中央経済社、
2020年）

酒井貴子（さかい・たかこ）
大阪府立大学経済学研究科教授
京都大学大学院法学研究科博士後期課程公法専攻修了（2007年）、博士（法
学）
［第1章Ⅱ・第2章Ⅰ～Ⅴ・第3章］

『法人課税における租税属性の研究』（成文堂、2011年）
「第9章　欠損金の移転——組織再編税制と連結納税制度」金子宏監修『現
代租税法講座第3巻企業・市場』（日本評論社、2017年）
『租税法　第2版』（共著、有斐閣、2020年）

日本評論社ベーシック・シリーズ＝NBS

租税法
（そぜいほう）

2020年9月30日第1版第1刷発行

著　者————浅妻章如・酒井貴子
発行所————株式会社　日本評論社
　　　　　　　〒170-8474　東京都豊島区南大塚3-12-4
電　話————03-3987-8621（販売）
振　替————00100-3-16
印　刷————精文堂印刷株式会社
製　本————株式会社難波製本
装　幀————図工ファイブ

検印省略　　©ASATSUMA Akiyuki, SAKAI Takako　　　ISBN 978-4-535-80693-1